Veröffentlichungen
der Vereinigung der Deutschen Staatsrechtslehrer

Heft 10

Ungeschriebenes Verfassungsrecht

Enteignung und Sozialisierung

Berichte

von

Ernst v. Hippel
Hans Peter Ipsen
Alfred Voigt
Helmut K. J. Ridder

Verhandlungen der Tagung der Deutschen Staatsrechtslehrer
zu Göttingen am 18. und 19. Oktober 1951

Mit einem Auszug aus der Aussprache

Berlin 1952

Walter de Gruyter & Co.

vormals G. J. Göschen'sche Verlagshandlung · J. Guttentag, Verlagsbuchhandlung · Georg Reimer · Karl J. Trübner · Veit & Comp.

Archiv-Nr. 24 89 53
Satz: Walter de Gruyter & Co., Berlin W 35
Druck: Buchkunst, Berlin W 35

Inhalt

I. Erster Beratungsgegenstand: Ungeschriebenes Verfassungsrecht

1. Bericht von Professor Dr. Ernst v. Hippel, Köln . . . 1
2. Mitbericht von Privatdozent Dr. Alfred Voigt, Heidelberg 34
3. Aussprache 46

II. Zweiter Beratungsgegenstand: Enteignung und Sozialisierung

1. Bericht von Professor Dr. Hans Peter Ipsen, Hamburg 74
1a. Leitsätze hierzu 120
2. Mitbericht von Privatdozent Dr. Helmut K. J. Ridder, Frankfurt 124
2a. Leitsätze hierzu 148
3. Aussprache 150

III. Verzeichnis der Redner 178

IV. Verzeichnis der Mitglieder der Vereinigung der Deutschen Staatsrechtslehrer 179

V. Satzung der Vereinigung 184

I. Erster Beratungsgegenstand:

Ungeschriebenes Verfassungsrecht

1. Bericht von Professor Dr. Ernst v. Hippel, Köln

Das Thema dieses Referates, um dessen Erstattung der Vorstand unserer Vereinigung Herrn Voigt und mich gebeten hat, ist so umfangreich und zugleich nach Seiten des Grundsätzlichen wie auch der Einzelbehandlung schwierig, daß sich die Referenten zu einer gewissen Aufteilung entschlossen haben. Besteht doch nur so Hoffnung, daß wir den Wünschen wenigstens einigermaßen entsprechen können, welche von Seiten der mehr praktisch-empirisch wie der mehr grundsätzlich-theoretisch interessierten Kollegen an uns etwa gerichtet werden könnten. Und so ist beabsichtigt, daß von mir mehr die grundsätzliche Seite der hier sich stellenden Probleme behandelt werden soll, während Herr Voigt sein Augenmerk mehr auf die Einzelfragen richten wird. Damit ist natürlich nicht gemeint, daß jeder Referent die Ausführungen des andern, der eine als seine Grundlage, der andere als die Ausführung seiner Grundbetrachtung ohne weiteres ansieht oder sich in bezug auf den von ihm nicht behandelten Bereich jeder Stellungnahme enthält. Wohl aber wird so eine gewisse Arbeitsteilung angestrebt, die im Interesse der Gesamtbehandlung förderlich sein dürfte.

I

Die Rechtsverfassung als Abbild der moralischen Weltverfassung

Im Jahre 1916 hat ein prominentes Mitglied der hiesigen Fakultät, Herr Smend, einen Beitrag in der Festschrift für Otto Mayer veröffentlicht unter dem Titel „Ungeschriebenes Verfassungsrecht im monarchischen Bundesstaat". Erschütternd zeigt sich hier, wie sehr im Verlauf nur einer Generation sich die Voraussetzungen des öffentlichen Lebens in Deutschland geändert haben und zugleich in Frage gestellt worden sind. Denn während Herr Smend damals noch ausgehen konnte von einem Ordnungszustand, der sich zwar bereits in einer Krise befand, aber eine Ergänzung aus sich selbst heraus noch zu erlauben schien, muß heute die Frage nach ungeschriebenem Verfassungsrecht gleichsam absolut gestellt werden, da weder der Begriff der Verfassung noch der des Rechts, ja, vielleicht nicht einmal der Begriff dessen, was als geschrieben oder ungeschrieben anzusehen ist, noch festzustehen scheint.

Damit ergibt sich heute zugleich die Notwendigkeit, *grundsätzlich*, ja *radikal* zu sprechen, auch auf die Gefahr hin, Anstoß oder Verwunderung zu erregen, da das, was als öffentliches Leben in Agonie liegt, durch kleine Mittel und halbe Maßnahmen offensichtlich *nicht* mehr gerettet werden kann. Dies aber gilt entsprechend auch für den juristischen Bereich, aus welchem die Prinzipien für die Gestaltung der Gemeinschaft ja schließlich erfließen müssen, will er sich seinerseits nicht nur als bloße Technik im Dienst der jeweils herrschenden Strömungen der Macht und Leidenschaft betrachten. Besteht doch unsere Aufgabe als Staatsrechtler, wenn anders wir irgend einen Anspruch auf *grundsätzliche* Bedeutung innerhalb des öffentlichen Lebens erheben wollen, jedenfalls auch darin, der *Welt des Tages Richtlinien* zu geben. Denn offenbar kann unter *juristischem* Gesichtspunkt das Recht nicht als eine *Funktion der Politik* betrachtet werden, vielmehr handelt es sich *darum*, die *Politik zu einer Funktion des Rechts* zu machen. Dies aber kann nur dann erreicht werden, wenn es gelingt, *Kategorien des Rechts* herauszuarbeiten, welche *nicht relativ* sind, d. h. jeden beliebigen Inhalt erlauben, sondern solche, die durch ihren Sinngehalt gegenüber dem öffentlichen Wesen einen im *echten* Sinne *verbindlichen* Charakter tragen, insofern ihre Verletzung zwar möglich bleibt, aber, gesehen unter dem Gesichtspunkt wahren menschlichen Miteinander-Lebens, töricht, wenn nicht gar ruchlos ist.

Diese grundsätzliche Aufgabe unseres Fachbereiches stellt sich so auch für den kleinen Ausschnitt dieses Referates, wobei ich mir nicht anmaße, hier mehr geben zu wollen als einen vielleicht brauchbaren Ausgang für die Diskussion wie für vertiefendes und verfeinerndes Nachdenken. Auch bitte ich mir eine gewisse apodiktische Form des Vortrages zu verzeihen, da nur so das Gemeinte in kurzer Zeit in hinlänglicher Klarheit und gleichsam in seiner Grundstruktur sich deutlich machen läßt.

Nun kann die Frage nach ungeschriebenem Verfassungsrecht, die also als eine *grundsätzliche* hier sich stellt, offenbar nur beantwortet werden, wenn zunächst über das *Wesen von Verfassung überhaupt* Klarheit besteht. Und zwar Klarheit nicht sowohl im Hinblick darauf, ob etwa diese oder jene Bestimmungen im Sinne der Dogmatik zum Verfassungsbereich zu rechnen sind oder auch nicht, als vielmehr darüber, was das Wesen von Verfassung an sich ausmacht. Denn jedes Suchen nach ungeschriebenem Verfassungsrecht wird sinnvollerweise in Richtung dessen erfolgen müssen, was als die *Konstitutionsprinzipien von Verfassung überhaupt* anzusehen ist. Insofern aber die Konstitutionsprinzipien jeder konkreten Verfassung ihrerseits bedingt werden durch das, was sich als die Wurzel, das Urbild oder die Grundvorstellung von Verfassung überhaupt bezeichnen läßt, muß auf dieses Problem zunächst eingegangen werden.

Es ergibt hier nun eine Betrachtung der Wirklichkeit die vielleicht überraschende Tatsache, daß die Verfassung menschlicher Gemeinschaften ohne Hinblick auf die Verfassung der Welt als solcher, des Kosmos, sinnvoll nicht gedacht werden kann und, soviel ich sehe, auch nie vorgestellt worden ist. Müssen doch die universalen Grundlagen der Gesamtweltordnung in irgend einer Beziehung als Konstitutionsprinzipien in jeder partikularen Ordnung — und sei es die eines Ameisenstaates — notwendigerweise wiederkehren. Während aber diese Prinzipien sich im Ameisenstaat naturhaft und wie von selber auswirken, folgt aus der Freiheit des Menschen im Hinblick auf Böse und Gut, daß die Beziehung seiner Gemeinschaften auf den Kosmos nicht nur eine bloß naturhafte ist, sondern erst von ihm geschaffen werden muß. Denn da der Mensch nicht nur Durchgangspunkt allgemeiner Gesetze ist, sondern auch im Verhältnis zum Kosmos Subjekt und Person eben durch seine Freiheit, muß er die Verfassung seiner Gemeinschaft im Guten wie im Bösen selber zum Kosmos in Beziehung bringen, und er allein hat so die Möglichkeit, das Urbild zu verfehlen.

Liegt so das Urbild menschlicher Gemeinschaft in der vorausgesetzten und vorgestellten Ordnung des Kosmos als solchem, so besteht andererseits die Möglichkeit, bestätigt durch die Erfahrung, diese Grundverfassung der Welt und Urordnung des Seins als eine moralische oder als eine mechanische zu denken. Ohne daß dies im einzelnen hier näher ausgeführt werden kann, darf doch gesagt werden, daß dem Denken aller sinnverbundenen und insofern positiven Zeiten die Weltverfassung als eine moralische erscheint, d. h. als eine solche von sinnerfüllter und sinngebender Inhaltlichkeit. Es gilt dies sowohl für die Weisheit der indischen Veden wie für die des alten China, das in den kosmischen Urbildern und in dem Prinzip des Tao, Naturgesetz und moralisches Gesetz zugleich, die maßgeblichen Konstitutionsprinzipien auch für die Ordnung des Menschen fand. Und dieses Sinnverhältnis, welches ausgedrückt werden könnte in dem Satz „Was Oben besteht, gilt auch für Unten", womit die Maßgeblichkeit des moralischen Weltgesetzes für den menschlichen Bereich ausgedrückt werden soll, findet sich gleichermaßen, wenn auch jeweils abgewandelt, in den positiven Zeiten des alten Ägypten, Mesopotamien, Persien und Israel, ja auch bei den Inkas, Tolteken und, wenn auch auf niederer Stufe, bei den Primitiven.

Während dabei in den frühen Kulturen, aber auch noch in der Antike, der Einklang der menschlichen Ordnung mit der kosmischen Urbildlichkeit durch Mysterienstätten, durch Seher, Propheten und in anderer Weise als ein unmittelbarer angestrebt ward, suchte diesen der Idealismus der griechischen Philosophie mehr mittelbar in Form der Ideenerkenntnis, in dem der freie Gedanke die kosmischen Urbilder in begrifflich-rationaler Aussagbarkeit, doch auch so verpflichtend wiederzugeben sich mühte. Und in der Theokratie des christlichen Mittelalters verband sich dann die Glaubensgewißheit der neuen Offenbarung, die ihrerseits an die Stelle der alten Mysterien trat, mit der logisch-moralischen Evidenz der großen antiken Denker. Zugleich zeigt hier etwa die dritte Bitte des Vaterunsers: „Dein Wille geschehe wie im Himmel also auch auf Erden", daß auch nach christlicher Auffassung die wahre Ordnung der kosmisch-übersinnlichen Welt für die irdische Gemeinschaft maßgeblich ist und daß sie daher vom Menschen im Bereich seiner Freiheit verwirklicht werden soll.

Erweist sich so das Verfassungswesen einmal verbunden mit dem, was ich im Sinne des eben Gesagten zusammenfassend als die moralische Weltverfassung bezeichnen möchte, so findet sich andererseits früh schon und deutlich jedenfalls seit der Antike eine Gegenströmung, welcher die kosmische Weltverfassung als moralisch leer erscheint, und die hieraus für die politische Verfassung des menschlichen Bereichs die entsprechenden Folgerungen zieht. Diese Strömung fand in der Antike ihren Ansatz insbesondere in der Atomistik Demokrits, derzufolge blinde Notwendigkeit die Welt bewegt und der also die Weltverfassung als eine nur mechanische gilt. Und diese Grundvorstellung liegt dann, im einzelnen verschieden, zugrunde dem Staatsdenken der Sophistik, sie findet sich bei Epikur, bei Lucretius Carus, im Nominalismus des Mittelalters und sie bricht schließlich als philosophischer Empirismus, Sensualismus, Positivismus, Rationalismus und Materialismus in der Neuzeit wiederum hervor. Eine Tatsache, die auf dem Bereich der Staatsphilosophie und des Verfassungsdenkens durch Namen wie Bacon, Hobbes, die Encyklopädisten, Rousseau, Marx u. a. gekennzeichnet werden kann.

Allen diesen Standpunkten gemeinsam ist dabei eine Vorstellung von der Weltverfassung, welche in dieser grundsätzlich nur das Mechanisch-Mathematische als wirksam anerkennt, womit sie zugleich als moralisch leer und ohne objektive Sinnverbindlichkeit erlebt wird. Entsprechend erscheinen dann auch auf dem menschlichen Verfassungsbereich die Sinnfragen als subjektiv, womit von Rechts wegen nun Böse und Gut in gleicher Weise als mögliche Konstitutionsprinzipien des Verfassungsaufbaus gelten. Denn da die mechanische Weltverfassung objektive Sinnkriterien nicht enthält, muß Sinngebung im Verfassungsbereich nun zu einem Akt menschlichen Beliebens werden. Ja, es erscheint so gesehen geradezu als ein Kriterium wissenschaftlichen Denkens, sich zwischen Böse und Gut „neutral" zu verhalten, da die in der Weltverfassung vorausgesetzte Gleichgültigkeit gegenüber dem moralischen Bereich ein entsprechendes Verhalten auch im menschlichen Leben fordert.

Nun liegt aber die Krise des modernen Staatswesens und seine moralische Grundschwäche eben darin, daß man die im kopernikanischen Weltbild enthaltene Vorstellung der Weltverfassung als einer mechanischen in den juristischen Bereich hineintrug und ihr zugleich verfassungsgebende Kraft zuerkannte. Dabei geht es hier nicht um die naturwissenschaftliche Frage nach der Berechtigung und der Tragweite jener neuzeitlichen Grundvorstellungen von der Natur und den Bewegungsgesetzen der Himmelskörper. Wohl aber bedeutet es die notwendige Voraussetzung für die Gesundung des öffentlichen Lebens, zu begreifen, daß jenes Weltbild einer mechanischen Himmelsverfassung für den juristischen Bereich keinerlei unmittelbare Bedeutung besitzt und durch das Bild der moralischen Weltverfassung überhöht werden muß. Denn die mechanische Weltverfassung, entstanden durch die Emanzipation des Naturgesetzes von der moralischen Weltenordnung, gilt, wenn überhaupt, nur für den Bereich der physisch-dinglichen Welt und damit für den gleichsam untersten Teil der Weltenordnung. Dagegen besitzt dies naturalistische Weltbild keine unmittelbare Bedeutung für den juristischen Bereich, in dem es gerade um sinnvolle Lebensgestaltung und menschliche Freiheit geht.

Nun wurde jedoch das kopernikanische Weltbild aus einer bloßen Theorie über die Bewegung der Himmelskörper dem naturwissenschaftlichen Denken immer mehr zum Ausdruck der Verfassung des Kosmos überhaupt. Damit erhob sich auch für das Staatsdenken die Frage, ja, die Versuchung, sein Bild von Verfassung an dem, was hier als Urbild der kosmischen Gesamtverfassung sich zu ergeben schien, zu orientieren. Dieser Versuchung unter dem Eindruck der äußeren Erfolge der Naturwissenschaft erlegen zu sein, kann als die Grundsünde der modernen Jurisprudenz und zugleich als der Grundfehler neuzeitlichen Verfassungsdenkens bezeichnet werden. Denn wenn auch immer Reste von dem blieben, was das Mittelalter als moralische Weltordnung verehrte und was auf dem profanen Bereich als Anerkennung objektiver Werte und natürlicher Rechte weiterlebt, so vollzog doch die Jurisprudenz als solche im „Rechtspositivismus" ihren Anschluß an den Positivismus und Materialismus der Naturwissenschaften, womit folgerichtig, doch unversehens, der Mechanismus der vorgestellten Himmelsverfassung auch für sie maßgeblich ward.

Es kennzeichnet dabei den naturwissenschaftlichen wie entsprechend auch den juristischen Positivismus, daß er als Elemente der Wirklichkeit nur das Stofflich-Sinnenhafte und das dies in Form bringende Naturgesetz anerkennt. Und dieser gleichsam objektiven Seite des Seins korrespondieren auf seiten des Subjekts Sinnesempfindungen und rationales Vermögen. Damit aber fehlt dieser naturalistischen Weltauffassung die Mitte. Sie ist moralisch gesehen leer. Denn wenn auch der Deismus der klassischen Physik ursprünglich von der Ansicht ausging, daß in einer räumlich und zeitlich als unendlich gedachten Welt alle Kräfte und Spannungen in einer Art Harmonie ständen, worin man zugleich die Allgegenwart und Ewigkeit Gottes erlebte, so ist doch im Laufe des 19. Jahrhunderts auch dieser metaphysische Hintergrund verblaßt. Aber auch dort, wo er bestand oder etwa noch besteht, ändert dies nichts an der grundsätzlichen Tatsache, daß jene mechanische oder physikalische Weltauffassung, die sich aus dem kopernikanischen System entwickelte, unmittelbare Bedeutung nur für den Mechanismus der Welt und also gleichsam für ihr äußeres Skelett besitzt und für all das, was hier als Zahl Maß und Gewicht sich etwa feststellen läßt. Dagegen muß der juristische Bereich, in dem es um sinnvolle Lebensgestaltung und menschliche Freiheit geht, seinem Wesen nach notwendig auf Werte und also auf die moralische Weltverfassung bezogen sein.

Indem also die nur begrenzte Bedeutung dessen, was als die physikalische oder mechanische Weltverfassung sich bezeichnen läßt, durch eine Art Verdunkelung des geistig-moralischen Bewußtseins immer weniger gesehen ward, kam es dahin, daß die vom Gesamt des Kosmos zunächst emanzipierte und dann mit diesem gleichgesetzte mechanische Weltverfassung eine entsprechende Emanzipation der juristischen Verfassungen von der moralischen Weltverfassung zur Folge hatte. So wie im Kosmos Kraft, Stoff und Zufall zu herrschen schienen, wobei blinde Kraft zwar notwendig nach Kausalprinzipien, aber moralisch zufällig und damit sinnentleert den Weltenstoff zur Form gestalten sollte, ward die Verfassung auch der menschlichen Gemeinschaften juristisch vorgestellt. Die als wahre Wissenschaft sich gebende Forderung wertfreien Denkens, die nur ihren radikalsten Ausdruck im Überpositivismus der „Reinen Rechtslehre" Kelsens gefunden hat, ist aber ihrem Wesen nach sinnwidrig für einen Bereich, der wie der des Rechts seinen Sinn, seine Würde, ja, selbst seine logische Möglichkeit eben aus Wertungen erhält und der auf dem Grundwert der Gerechtigkeit aufbaut.

Entsprechend mußte der mechanische Verfassungsbegriff, durch den Rechtspositivismus für seinen Bereich übernommen, zur rechtlich-moralischen Entleerung des juristischen Verfassungsbegriffs führen[1]). Liegt doch für den Rechtspositivismus eine verbindliche Gemeinschaftsordnung bereits dort vor, wo eine souveräne Macht gemäß ihrem Willen eine Verfassung aufstellt und machtmäßig durchsetzt, deren Anordnungen sich die „Gewaltunterworfenen" zu fügen haben. Denn das hier sich aussprechende juristische Weltbild ist nur ein Abbild für den kosmischen Mechanismus, die vermeinte Weltverfassung der klassischen Physik, wobei dem Stoff oder der Masse in der Natur der als Masse oder „Material" für juristische Anordnungen gedachte Mensch in der Rechtsverfassung seinerseits entspricht. Und wie die Weltverfassung als gestaltet erscheint durch die Urkraft eines blinden Urwillens, der in den Naturgesetzen etwas wie seinen berechenbaren Ausdruck findet, soll auch die Rechtsverfassung auf dem souveränen Grundwillen der sie tragenden politischen Macht beruhen. Damit aber erhält auch das Rechtsgesetz, durch das dieser souveräne Wille sich kundtut, die moralische Leerheit des bloßen Naturgesetzes, da seine Inhaltlichkeit eine beliebige und also moralisch gesehen zufällige ist. Zugleich erscheint nun als eigentliche Aufgabe des Juristen, diesen souveränen Grundwillen rational und gleichsam mathematisch zu erfassen. Damit aber entspricht der Jurist in dieser mechanisch gedachten und also moralisch zufälligen Rechtsverfassung dem Physiker und Techniker in seinem Verhältnis zur mechanischen Weltverfassung, d. h. er ist dazu da, den rechtlichen Mechanismus durch seinen Scharfsinn zu begreifen und anzuwenden, indem er sich ihm unterwirft und sich bemüht, ganz „objektiv" zu sein, d. h. bloß Diener und Werkzeug dessen, was als ein Übermenschliches an Macht durch seine Ablösung vom moralischen Kosmos zugleich nun ein Untermenschliches ist.

Es hat sich also insgesamt das eigentümliche Phänomen der neuzeitlichen Bewußtseinsentwicklung ergeben, daß durch den Verlust eines universalen kosmischen Weltbildes, d. h. eines solchen, das sowohl den moralischen wie den mechanischen Kosmos umfaßt, die Weltverfassung zuletzt als eine nur mechanische begriffen wurde. Und indem sich die Jurisprudenz als Rechtspositivismus an der Naturwissenschaft und damit an der mechanischen Weltverfassung orientierte, übernahm sie für ihren Bereich, der doch als ein Sinn gebender, richtender und Sinn vermittelnder zunächst der moralischen Welt angehört, auch die physikalische Vorstellung von Verfassung. Dabei wird hier das Wort Moral nicht im subjektiven Sinne persönlicher Gewissenseinsicht, sondern im objektiven Sinne der für diese geltenden allgemeinen Verbindlichkeit verstanden. Verfassung erscheint so

[1]) Siehe dazu auch Josef Esser, Wertgrundlagen des Verfassungsrechts in „Zeitschrift für österreichisches Recht", 1946, Nr. 2, S. 1 ff.

für den Rechtspositivismus als eine Ordnung von beliebiger Inhaltlichkeit, durch eine souveräne Macht auferlegt und durch Gesetze wirksam gemacht, die den verfassunggebenden Grundwillen durch die ihm verbundene Macht staatlicher Organe wenigstens angenähert so durchzusetzen suchen, wie in der mechanischen Weltverfassung der Wille des Kosmos als durch Naturgesetze und Naturprozesse realisiert erscheint. Ja man kann feststellen, daß in derselben Weise wie in den Naturwissenschaften sich der Ansatz des Systems vom Persönlichen eines freilich nur abstrakten Gottesbegriffs auf das Unpersönliche allgemeiner Gesetze verlagerte, auch in der Rechtswissenschaft die Auffassung vom persönlichen Herrscherwillen sich zu Machtprinzipien an sich und Gesetzen unbestimmten Ausganges verschob.

Ich weiß sehr wohl, daß gegen Feststellungen dieser Art sich heute noch starke Emotionen erheben, da sie den Einzelnen gleichsam in seiner juristischen Ehre anzutasten scheinen, indem sie ihn diesem Weltbild verbinden. Aber nicht um das Tun oder Nichttun des Einzelnen handelt es sich hier, der auch in einer verfehlten Grundordnung sich wie ein Mensch verhalten und also ihr widerstehen kann, sondern um die Tatsache der positivistischen Grundordnung selber. Daß diese aber in dem gekennzeichneten Sinne rechtleeren Denkens sich entwickelt hat, kann auch empirisch leicht gezeigt werden. Bedeutet doch etwa die Sowjetverfassung nichts weiter als einen radikalen Grenzfall des positivistischen Weltbildes, d. h. einen solchen, bei dem der Rechtsverfassung die physikalische Weltverfassung schrankenlos als Vorbild dient unter Abstoßung all dessen, was an traditionellen Werten der europäische Positivismus etwa noch bewahrte. Aber auch die Verfassung des Dritten Reichs war in ihrer Art nichts anderes als ein Abbild der mechanischen Weltverfassung, deren moralische Leere und bloßer Zwangscharakter durch den Begriff des blinden, bedingungslosen und besinnungslosen Gehorsams adäquat zum Ausdruck kam.

Dabei wäre es irrig, die Verfassung des Dritten Reichs als einen Abfall von der herrschenden Rechtslehre und gleichsam als deren Verkehrung anzusehen, vielmehr ward sie durch diese juristisch wie politisch erst ermöglicht. Hat doch bereits lange vor dem Dritten Reich der Philosoph Leonard Nelson[8]), indem er eine Anzahl führender und in ihrer Art bedeutender Vertreter des Rechtspositivismus analysierte, konkret und unwiderleglich dargelegt, daß es sich hier um eine „Rechtswissenschaft ohne Recht" handelt und also um eine solche, die keine Beziehung zur moralischen Weltverfassung hat, sondern die nur an dem Machtgedanken der mechanischen Naturordnung sich orientiert.

---

[8]) Leonard Nelson, Die Rechtswissenschaft ohne Recht, 1917.

Man kann also insgesamt im Hinblick auf das bereits Gesagte zunächst feststellen, daß jenes Bild einer mechanischen Weltverfassung, das durch große Naturforscher wie etwa Häckel in seiner „natürlichen Schöpfungsgeschichte" dem Bewußtsein weitester Kreise eingeprägt wurde und dessen suggestiver Kraft ein so großer Jurist wie Jhering in seiner Begründung des Rechtspositivismus erlag[3]), heute wissenschaftlich nicht mehr haltbar ist, ja, daß es philosophisch gesehen bereits zur Halbbildung gehört. Denn das Gesamt der Welt besteht eben nicht nur aus der Horizontale des Sinnenseins und dem dieses erkennenden Vermögen, sondern nicht minder aus der Vertikalen des Geistig-Moralischen, von der aus das Äußere allein verbindlich geordnet, bewertet, zur Qualität gebracht, d. h. mit Gut und Böse, Recht und Unrecht verbunden und so auf die moralische Weltenordnung als ein Urbildliches bezogen werden kann. Ja, es hat sich in überraschender Weise gezeigt, daß auch auf dem Bereich der Naturwissenschaften selber jener Positivismus, der auszog, Tatsachen zu finden, überall auf Sinnstrukturen der Welt gestoßen ist, so ungern er dies auch heute noch anerkennt.

So erklärte erst jüngst der bedeutende Botaniker Wilhelm Troll in einem Vortrag über „Grundlagen des Naturverständnisses"[4]):

> „Trotz der vorwiegend nominalistischen Tendenzen, mit denen die Forschung an die Natur herangegangen ist, hat sich diese der empirischen Forschung in einem früher nicht einmal zu ahnenden Ausmaß als sinndurchwirkter Kosmos erwiesen. Von der Anerkennung dieser Tatsache und der aus ihr zu ziehenden Folgerungen wird das Schicksal der Naturwissenschaft abhängen, die zu bloßer Technik entarten müßte, falls es ihr nicht gelingen sollte, die Sinnentleerung rückgängig zu machen (C. F. v. Weizsäcker) und so den Nominalismus zugunsten einer realistischen Auffassung des natürlichen Reichs zu überwinden."

Was aber so bereits für den Bereich der Naturordnung gilt, d. h. das Ungenügen der mechanischen Weltauffassung auch für diesen zeigt, gilt in erhöhtem Maße für die Rechtsverfassung, welche durch den Begriff des Rechts selber ja von vornherein auf die Vertikale der Werte und damit auf die moralische Weltverfassung verweist. Und wie sehr jene Gefahr, zum bloßen Techniker zu werden, die Troll bezüglich der Naturwissenschaft feststellt, im Rechtsbereich droht, zeigen alle jene Verfassungen, in denen das Bild der mechanischen Weltverfassung voll realisiert wurde, womit der Jurist eben zum Techniker der politischen

[3]) Siehe E. v. Hippel, Rudolf von Ihering als Begründer des Rechtspositivismus in „Neues Abendland" 1951, S. 322ff.

[4]) W. Troll in „Jahresbericht der Görres-Gesellschaft 1950/51", S. 32.

Macht und zum Interpreten und Diener beliebiger Willensimpulse geworden ist[5]). Zugleich bezeugen gerade diese Verfassungen, indem sie den Juristen nötigen, entweder Verbrechen zu begehen oder zum Märtyrer zu werden, daß die hier angeblich bestehende Rechtsverfassung zu Unrecht den Namen des Rechts trägt, da sie als nicht mehr der moralischen Weltordnung verbunden sich von vornherein im rechtsleeren Raum bewegt und damit ihre Emanzipation vom Ganzen des wahren Kosmos erkennen läßt.

Wesensmomente des ungeschriebenen Verfassungsrechts

Es ergab sich bisher, daß die Rechtsverfassung mit der moralischen Weltenordnung oder Weltverfassung in einer notwendigen inneren Beziehung steht. Denn die menschliche Welt als eine solche der Freiheit und nicht sowohl gegeben wie aufgegeben, kann als eine Rechtswelt nur im Hinblick auf etwas gestaltet werden, was menschlichem Tun Sinn und Verbindlichkeit gibt. Eben dies aber ist die moralische Weltverfassung, an der sich die menschliche Verfassung daher notwendig orientieren muß.

Es ergab sich weiter, daß das bewußte und mehr noch unbewußte Bestreben des Rechtspositivismus, die juristische Verfassung im Hinblick auf den vorgestellten Weltenmechanismus zu gestalten, sich eben vom Rechtsboden aus nicht halten läßt. Denn das Recht als Grundidee und Grundwert menschlichen Seins gehört dem moralischen Kosmos an, so wenig dies die Geltung der Naturgesetze ausschließt. Indem dem Rechtspositivismus das Recht zur Tatsache, d. h. zum Produkt politischen Willens und politischer Macht ward, unterwarf sich die Jurisprudenz dem, was zu richten und zu ordnen gerade die Aufgabe des Rechts ist, und emanzipierte sich, ihren eigentlichen Sinn verkennend, vom Ganzen der wahren kosmischen Verfassung zugunsten eines Teils derselben, der mechanischen Weltverfassung, welche für sie zwar als Tatsache Bedeutung hat, aber rechtliche Qualitäten nicht verleiht.

Aus diesem Verhältnis des Rechts zur moralischen Weltenordnung ergibt sich nun zunächst der Begriff einer Rechtsverfassung an sich. Und zwar läßt sich sagen, daß eine Rechtsverfassung nicht in einem groben oder auch feineren Sinne als ein Prinzip der Verteilung politischer Macht angesehen werden darf, soll sich nicht Rechtsdenken in politische Soziologie und Anbetung der Macht unversehens verwandeln. Verfassung im rechtlichen Sinne kann vielmehr nichts anderes bedeuten als

[5]) Siehe Valentin Tomberg, Degeneration und Regeneration der Rechtswissenschaft 1946.

den Versuch einer sinnvollen Grundordnung für konkretes menschliches Zusammenleben in Raum und Zeit. Und wenn dieser Versuch auch nur dann als wirklich im äußeren Sinne angesehen werden kann, wenn er als praktische Grundlage des Gemeinschaftslebens in Kraft steht und also positiv ist, so erhält er rechtliche Bedeutung und also Verbindlichkeit doch nur dadurch, daß er der moralischen Weltverfassung entspricht[6]). Eine Rechtsverfassung muß also grundsätzlich bestrebt sein, von der moralischen Weltverfassung in einer bestimmten Zeit und Lage soviel zu verwirklichen, als menschlich gesehen zumutbar ist, d. h. die Möglichkeiten einer bestimmten Gemeinschaft nicht überfordert.

Entsprechend bedeutet die im äußeren Sinne sichtbare und geschriebene Verfassung, auf welche der Rationalismus der Neuzeit und sein Glaube an das Papier einen so übermäßigen Wert legt — denn was man schwarz auf weiß besitzt, kann man getrost nach Hause tragen —, nur einen Teil der Rechtsverfassung überhaupt. Und zwar verhält sich der geschriebene Teil der Rechtsverfassung zu ihrem Ganzen grundsätzlich ebenso, wie der sichtbare Teil der Schöpfung zum Gesamt des Kosmos, aus dem heraus er allein begriffen werden kann. Recht entsteht eben nicht, wie der Positivismus meint, allein von unten her als bloße Satzung einer politischen Grundmacht, es kann aber auch nicht, wie es das rationale Naturrecht meint, aus allgemeinen Prinzipien und also wie von Oben her mit logischer Notwendigkeit bis in die konkrete Gestaltung hinein deduziert werden. Recht entsteht vielmehr aus einer Verbindung von Oben und Unten, wobei sich Oben gleichsam die Vorbilder und Anforderungen befinden, denen jedoch der Mensch aus moralischer Phantasie und insoweit selbst schöpferisch und frei in der verschiedensten Weise genügen kann.

Da das geschriebene Verfassungsrecht, insofern es sich überhaupt um eine Rechtsverfassung handelt, bereits eine juristisch verbindliche Entscheidung unter verschiedenen Möglichkeiten bedeutet, muß das positive ungeschriebene Verfassungsrecht in dem ihm zugehörigen geschriebenen seinen Ansatz finden. Nur kann es von Rechts wegen nicht egozentrisch gewonnen werden, d. h. im Hinblick auf Macht und Willen von beliebiger Inhaltlichkeit oder die bloße Subjektivität von Meinungen, sondern nur theozentrisch, d. h. also im Hinblick auf das, was an sich gilt und rechtens ist.

Auch die positive geschriebene Verfassung als eine Rechtsverfassung ist notwendig auf diese objektive Inhaltlichkeit der

---

[6]) Über Positivität und Verbindlichkeit siehe E. v. Hippel, Einführung in die Rechtstheorie, 3. Aufl., 1950.

moralischen Weltverfassung bezogen und kann auch in sich als eine verbindliche Ordnung nur im Hinblick auf die moralische Weltverfassung verstanden werden. Denn andernfalls wäre Verfassung nicht eine verbindliche Ordnung für menschliches Zusammenleben, sondern wirklich nur eine Zwangsordnung des Eigennutzes der jeweils Herrschenden.

Das geschriebene Verfassungsrecht als die sichtbare und lesbare Verfassung ist also nur ein Teil dessen, was als das Ganze einer Rechtsverfassung überhaupt anzusehen ist. Die positive und sichtbare Verfassung schwimmt gleichsam im Meer des Unsichtbaren, Ungeschriebenen, zu dem sie eben als Rechtsverfassung gehört. Denn das Recht wurzelt und gründet im übersinnlichen Bereich und wird im sinnlichen nur realisiert.

Hier liegt es nun nahe anzunehmen, daß die moralische Weltverfassung mit dem, was man als ungeschriebenes Verfassungsrecht bezeichnen könnte, einfach identisch sei. Dies gilt jedoch nur für einen Teil der ungeschriebenen Verfassung, nämlich demjenigen, welcher die überpositiven Werte und Konstitutionsprinzipien enthält, auf deren Beachtung der Charakter der Verfassung als einer Rechtsverfassung beruht.

Allerdings sind diese Prinzipien und Werte auch in der geschriebenen Verfassung, insofern sie eine Rechtsverfassung ist, mehr oder weniger enthalten. Trotzdem können sie verstanden und in ihrer Gänze gefunden werden nur im Hinblick auf die moralische Weltverfassung und aus dieser heraus, von der sie nicht abgetrennt werden dürfen, sollen sie nicht alsbald der Willkür und dem Subjektiven zur Beute fallen.

Auch die teilweise Immanenz der Ideen in der positiven Verfassung hebt deren Transzendenz an sich dieser gegenüber und also die Geltung der moralischen Weltverfassung nicht auf.

Nun gibt es jedoch außer den allgemeinen Prinzipien, welche das überpositive ungeschriebene Verfassungsrecht ausmachen, auch ein ungeschriebenes Verfassungsrecht im engeren Sinne, das man als positives ungeschriebenes Verfassungsrecht bezeichnen könnte. Dieses positive ungeschriebene Verfassungsrecht ist nicht identisch mit der moralischen Weltverfassung. Wohl aber kann es nur im Hinblick auf diese gefunden werden, indem nämlich das geschriebene Verfassungsrecht so ausgelegt, gestaltet und weitergebildet wird, daß es der moralischen Weltverfassung genügt.

Und zwar erhebt sich das Problem des positiven ungeschriebenen Verfassungsrechts zunächst dort, wo echte Lücken im Text der geschriebenen Verfassung bestehen, die ausgefüllt werden müssen, damit diese überhaupt anwendbar ist. Dies gilt etwa von der im Bonner Grundgesetz offen gebliebenen Frage, ob der Bundespräsident verpflichtet ist, jede Person zum Minister zu ernennen, die ihm der Kanzler zur Ernennung vorschlägt, ob also die Ernennung nur ein Formalakt ist oder eine Ermessensentscheidung. Nicht grundsätzlich, sondern nur graduell verschieden hiervon ist aber das Problem der Gewinnung maßgeblichen Rechtssinnes überall dort, wo zwar dem Wortverstand nach eine Regelung vorliegt, die gebrauchten Begriffe aber wie etwa der der demokratischen Grundordnung, der Freiheit, der menschlichen Würde usw. vieldeutig sind. Denn auch hier ist die vorhandene Regelung weitgehend ungeschrieben und erst zu gewinnen, da das Gesagte zwar vielleicht bestimmte Möglichkeiten der Auffassung ausschließt, aus sich allein heraus aber nicht verstanden werden kann, sondern mehr nur eine Überschrift darstellt für die erst zu gewinnende und also ungeschriebene Inhaltlichkeit des nur angedeuteten Begriffssinnes.

Die moralische Weltverfassung ist also nicht das positive ungeschriebene Verfassungsrecht einer konkreten Verfassung, da sie endgültige und überzeitliche Ordnungskriterien enthält, welche in ihrer Totalität zu verwirklichen heute noch keine menschliche Gemeinschaft in der Lage wäre. Denn jede menschliche Gemeinschaft und ihre entsprechende Rechtsverfassung ist immer unvollkommen und befindet sich erst auf dem Wege zum Guten an sich, das in der moralischen Weltverfassung urständet. Doch kann das ungeschriebene Verfassungsrecht gefunden werden, indem das geschriebene im Hinblick auf die moralische Weltverfassung ausgelegt wird. Denn das positive ungeschriebene Verfassungsrecht, das als Korrelatbegriff seinerseits ja eine geschriebene oder doch positive Verfassungsordnung bereits voraussetzt, gehört selber der positiven Ordnung an. Es unterscheidet sich von der geschriebenen Verfassung grundsätzlich nur dadurch, daß es aus dem Übersinnlichen heraus ständig erst gewonnen werden muß, indem das sinnlich Vorhandene, aber für sich allein Unvollkommene und Unverständliche der geschriebenen Verfassung seine nähere Konkretisierung dadurch erhält, daß die Prinzipien der moralischen Weltverfassung zur Auslegung, Ausgestaltung und Konkretisierung des bereits Bestehenden verwandt werden.

Es liegt hierin zugleich ausgedrückt, daß der Mensch und also auch seine Gemeinschaft, sofern er bestrebt ist, dem Guten zu dienen — was eine Rechtsverfassung bereits ihrem Begriff nach zu tun beansprucht —, hinleben muß auf die moralische Zukunft, d. h. jenen Weg des Aufstiegs einschlagen muß, welcher die moralische Weltverfassung in immer größerem Umfang in das menschliche Leben einbezieht.

Auch liegt hierin der Wert des ungeschriebenen positiven Verfassungsrechts. Denn ohne die Möglichkeit, das geschriebene Verfassungsrecht eben durch das ungeschriebene ständig an der moralischen Weltenordnung neu zu orientieren, würde jede geschriebene Verfassung bereits im Moment ihrer Fixierung veraltet, tot, wahrheitslos, starr und lebenshindernd sein.

Um das Gemeinte wenigstens an einem Beispiel zu erläutern, sei etwa angenommen, daß eine Verfassung den Begriff der „Demokratie“ in einem normativen und damit rechtsbedeutsamen Sinn verwendet, ohne ihn jedoch inhaltlich näher zu bestimmen. Es würde dann logisch die Möglichkeit bestehen, diesen Begriff im Sinne bolschewistischer Auslegungsmethoden mit der Tyrannis gleichzusetzen und ihm also einen entsprechenden Inhalt unter Beibehaltung des Begriffs Demokratie zu verleihen. Zugleich ließe sich gegen ein solches Verfahren vom Boden des philosophischen Nominalismus und Positivismus aus grundsätzlich nichts einwenden. Denn wenn die Allgemeinbegriffe keinen objektiven Inhalt haben, sondern bloße Zwecksetzungen sind, ist es erlaubt, dem Begriff Demokratie jeden gewünschten Inhalt zu geben und wird die Rechtsfrage nach der Zulässigkeit eines solchen Verfahrens identisch mit der Machtfrage, ob es politisch möglich ist. Denn die mechanische Weltverfassung als moralisch leer gibt der Willkür Raum. Dagegen gilt vom Boden einer Rechtsverfassung aus, d. h. einer solchen, die das Gute grundsätzlich anstrebt, daß die moralische Weltverfassung es verbietet, den Begriff der Demokratie in diesem nominalistischen Sinne auszulegen. Denn der Begriff Demokratie enthält in sich seinem objektiven Sinngehalt nach, so vieldeutig im Umkreis er immer ist, jedenfalls als seinen Kern ein Moment der Freiheit, das irgendwie in unverfälschten Wahlen oder Abstimmungen zum Ausdruck kommen muß. Daher ist es im echten Sinne rechtswidrig, den Begriff Demokratie so auszulegen, daß eben die durch ihn gegebene Freiheit durch Verkehrung seines Sinnes aufgehoben wird.

Aus der moralischen Weltverfassung folgt also hier, daß es verboten ist, Verfassungsrecht lügenhaft auszulegen, weil die Idee der Wahrheit konstituierend für jede Rechtsverfassung ist und also auch nicht gestattet, daß ungeschriebenes Verfassungsrecht in wahrheitswidriger Weise gebildet wird.

Die praktische Bedeutung dieser Frage zeigt hinlänglich die gegenwärtige Lage der Menschheit. Erlaubt doch die Leugnung der moralischen Weltverfassung es heute weiten Teilen der Welt, jeden Begriff des Verfassungsrechts nach Willkür zu bilden und auszulegen. Die nominalistische Verkennung der Allgemeinbegriffe, einst ein Problem der Logik, ist damit auch im Leben Wirklichkeit geworden.

Hätte man weiter bereits in der Zeit der Weimarer Republik begriffen, daß positives Verfassungsrecht notwendig auf die moralische Weltverfassung bezogen ist, so wäre es nicht möglich gewesen, auf legalem Wege die Demokratie in die Tyrannis des Dritten Reiches zu verwandeln. Dies konnte vielmehr allein dadurch geschehen, daß man die Verfassungsbegriffe nur im Hinblick auf ihre Form, nicht aber im Hinblick auf ihre inhaltliche Bezogenheit ernst nahm und so nicht sah, daß die moralische Weltverfassung auch den Mißbrauch von Verfassungsformen verbietet, und daß zugleich durch den Bezug auf sie die rechtlichen Grundbegriffe eine inhaltliche Qualität und Verbindlichkeit erhalten.

Es könnte gegenüber dem bereits Gesagten eingewendet werden, daß ungeschriebenes Verfassungsrecht doch offenbar Gewohnheitsrecht sei, von dem bisher nicht die Rede war. Aber ganz abgesehen davon, daß vom Gewohnheitsrecht auf staatlichem Gebiet in Deutschland nicht viel zu finden ist, zumal jene Praxis, welche zweimal bereits zur Katastrophe führte, nicht wohl als guter alter Rechtsbrauch neu empfohlen werden kann, gilt auch gegenüber dem Gewohnheitsrecht jenes Problem des ungeschriebenen Rechts, von dem ich hier sprach. Denn das Gewohnheitsrecht unterscheidet sich von dem geschriebenen positiven Recht nicht durch das, was man das stofflich-leibliche Dasein des Rechts im Sinne seines äußeren Inkraftstehens bezeichnen kann, sondern nur durch die Art, wie diese Tatsache sich manifestiert. Daher hat auch das Gewohnheitsrecht um sich jenes Unsichtbare, was sich als die Seele des Rechtlichen oder auch sein sinngebendes Prinzip eben im Hinblick auf die moralische Weltordnung bezeichnen läßt, und es kann ohne Berücksichtigung dieses ungeschriebenen und unsichtbaren Teils der Verfassung, in dem ihr Höheres und Überleibliches liegt, in rechtlich begründeter Weise nicht ausgelegt, ja nicht einmal gefunden werden. Ist es doch ein positivistischer Grundirrtum, anzunehmen, daß Gesetz, d. h. Satzung, und Gewohnheit für sich bereits Rechtsquellen darstellen.

Vielmehr findet das Recht seine wahren Quellen in der moralischen Weltverfassung und in der diese anerkennenden und zum Ausgang nehmenden Freiheit des Menschen.

Durch diese Grundvoraussetzung für Recht an sich erweist sich auch die positivistische Vorstellung als unhaltbar, daß es nämlich möglich und zulässig sei, das ungeschriebene Verfassungsrecht ohne Bezugnahme auf die moralische Weltenordnung allein aus dem „Willen des Gesetzgebers" zu gewinnen.

Hat doch der Wille des sogenannten Verfassungsgesetzgebers Bedeutung nur innerhalb des Ermessensbereichs, welchen die moralische Weltenordnung gewährt und kann für sich allein nicht als rechtsbildendes Faktum betrachtet werden. Auch kommt hinzu, daß bereits das Faktum eines souveränen Rechtswillens, der als Bezugspunkt für die Auslegung der Verfassung verwendet werden könnte, etwa im Bonner Grundgesetz gar nicht oder nur bedingt gefunden werden kann. Denn diese Verfassung, bei welcher die Besatzungsmächte Pate standen, die ausgearbeitet wurde durch ein recht zufälliges Gremium und hinter welcher nicht einmal die Form einer allgemeinen Volksabstimmung steht, hat auch empirisch keinen eigentlichen Willensträger, auf den sie als vermeinte Rechtsquelle zurückgeführt werden könnte. Daher können auch die verschiedenen Standpunkte und Ausführungen zur Beratung des Grundgesetzes, welche die Kommentare zu diesem so sorgfältig gesammelt haben, nicht als verbindliche Ergänzung des geschriebenen Verfassungsrechts und gleichsam als das ungeschriebene ohne weiteres angesehen werden, selbst wo sie etwa eine gewisse Einhelligkeit zeigen sollten. Vielmehr bedeuten diese Ausführungen im besonderen Sinne nur Material, dem Bedeutung insofern nur zukommt, als sich in ihm Rechtsgedanken zutreffend und daher als solche zu beachten aussprechen oder positive Zweckgesichtspunkte zum Ausdruck kommen, deren Berücksichtigung der Sinn der Verfassung offenbar verlangt.

Verbietet sich so der voluntaristische Ausgang von Rechts wegen, da nicht Wille und Macht Recht schaffen können, sondern nur das Recht recht geübtem Willen Verbindlichkeit zuerkennen kann, und fehlt darüber hinaus dem Bonner Grundgesetz es schon an dem bloßen Faktum jenes souveränen Rechtswillens, auf welchen der Positivismus abzustellen pflegt, so kommt hinzu noch ein anderes: nämlich die Bezugnahme des Bonner Grundgesetzes selber auf überpositive Rechtsprinzipien.

Indem Art. I des Grundgesetzes die staatliche Gewalt in den Dienst der Würde des Menschen stellt, indem weiter unverletzliche und unveräußerliche Menschenrechte als Grundlage jeder menschlichen Gemeinschaft bezeichnet werden, wird der Boden der positivistischen Rechtsauffassung verlassen und die moralische Weltverfassung an Stelle der mechanischen als überpositiver und verbindlicher Bezugspunkt der Verfassung anerkannt.

Es kann dabei hier nicht näher untersucht werden, inwieweit dieser grundsätzliche Standpunkt im einzelnen folgerichtig durchgeführt worden ist und wieweit damit jene positivistische Grundkonzeption, auf der die Weimarer Verfassung noch beruhte, wenigstens im Bereich der Bundesrepublik schon als voll überwunden angesehen werden kann. Denn an der Tatsache des Hinweises auf überpositive Grundsätze im Bonner Grundgesetz besteht kein Zweifel. Damit aber ist auch der voluntaristische Ausgang des Positivismus insoweit selbst unter dem Gesichtspunkt des positiven Rechts rechtswidrig und wird durch das Grundgesetz ein Realismus anerkannt, dessen Wesen nicht der Unglaube, sondern der Glaube an eine objektive moralische Weltenordnung und also an eine moralische Weltverfassung ausmacht. Und zugleich erscheint diese überpositive Ordnung und ungeschriebene Verfassung in der Verfassung als ein Inhaltliches, das als solches für das positive Recht verbindlich und dieses überhöhend ist.

Ehe dabei auf dies Inhaltliche eingegangen werden kann, was als ein Ungeschriebenes hinter der geschriebenen Verfassung steht, und ohne welches die geschriebene Verfassung weder im Rechtssinne verstanden und ausgelegt noch weitergebildet werden kann, muß noch auf einen Einwand eingegangen werden, der sich hier grundsätzlich erhebt. Man könnte nämlich meinen, etwa im Hinblick auf eine zukünftige Verfassung Deutschlands, daß jene offenen und Wertbegriffe, die gleichsam hinweisen auf das überpositive Recht, im Interesse der Eindeutigkeit ausgetilgt werden müßten. Auch liegt diese Vorstellung dem Positivismus nahe, für den die wertoffenen Rechtsbegriffe notwendig ein Ärgernis bedeuten, da seinem Grunddogma bloßer Erfahrung zufolge der Bereich des Werthaften ein außerwissenschaftlicher und nur subjektiver ist.

Nun käme aber ein solches Bemühen, das etwa unter dem Vorzeichen der Klarheit und Eindeutigkeit sich erheben könnte, der Sache nach auf den Versuch hinaus, die positive Rechtsverfassung gegen die moralische Weltordnung gleichsam abzudichten und von ihr zu emanzipieren. Da aber die Emanzipation der Rechtsverfassung von der moralischen Weltverfassung sich gerade als der rechtliche Grundirrtum der Neuzeit ergab, darf sie auch nicht unter dem Vorzeichen vermeinter Klarheit angestrebt werden. Ja, man kann feststellen, daß weder die Rechtssprache noch selbst die Sprache des gewöhnlichen Lebens ein solches Verfahren erlaubt, die urteilen und werten und also nicht bloß Tatsachen und rationale Zusammenhänge kennen.

Ich komme damit zu der Frage nach dem, was als ein Inhaltliches und Sinnverleihendes hinter jeder geschriebenen Verfassung steht, die sich als eine rechtliche mit Grund betrachtet. Eine Frage, die man auch als eine solche nach den Ideen, Kategorien und Grundprinzipien der moralischen Weltverfassung bezeichnen kann, insofern sich diese auf den Rechtsbereich und damit auf das Gemeinschaftsleben bezieht.

Es liegt hier nun so, daß diese Inhaltlichkeit, welche der Positivismus als eine objektive leugnet, da ihm der Begriff des Rechts nur als leere Form wirklich ist, in Wahrheit eine so große und reiche ist, daß sie hier nur angedeutet und gleichsam exemplifiziert werden kann. Und nicht mehr als eine Verdeutlichung des grundsätzlich Gemeinten und bereits Gesagten zu sein, beanspruchen deshalb die folgenden Ausführungen.

Es ergibt sich hier als Grundwert und Grundidee des Rechts unübersehbar zunächst die Gerechtigkeit, ja dieses ist so evident, daß auch der Positivismus es nicht einfach übersehen konnte. Ich erinnere hierzu die älteren Mitglieder unserer Vereinigung an jene Tagung in Münster vor rund einem Vierteljahrhundert, als bei der Auslegung eines positiven Artikels der Weimarer Verfassung, nämlich des Gleichheitsgrundsatzes, in einer man könnte sagen dramatischen Weise der Gedanke der materiellen Gerechtigkeit und seiner Verpflichtungskraft auch für den Gesetzgeber plötzlich in den Bereich des nur positiven Rechts hereinbrach. Denn wenn auch jene Auslegung, welche durch Kollegen wie Triepel, Kaufmann, Holstein, Leibholz u. a. damals vertreten wurde, sich als Auslegung eines bestimmten Verfassungsartikels schwerlich halten ließ, dazu die ganze Diskussion durch Neufassung des Artikels hätte gegenstandslos gemacht werden können, so handelte es sich der Sache nach und insofern begründet ganz einfach darum, daß ein Grundwert der moralischen Weltverfassung, nämlich die Gerechtigkeit, im positivistischen Raum selber, seine allgemeine Beachtung fordernd, sich unüberhörbar geltend machte.

Indem nun die Gerechtigkeit jedenfalls auch verlangt, daß Gleiches gleich und Ungleiches ungleich behandelt werde, ergibt sich aus ihr zugleich ein Prinzip des ungeschriebenen Verfassungsrechts, ohne dessen Beachtung die Auslegung wie Weiterbildung des geschriebenen in rechtlicher Weise nicht möglich ist.

Doch bildet die Gerechtigkeit nicht, wie meist angenommen wird, den einzigen oder ausschlaggebenden Grundwert einer menschlichen Gemeinschaftsordnung, sondern sie bedeutet nur einen solchen neben anderen. Denn die Verfassung einer Gemeinschaft als Grundordnung des gesamten Lebens muß notwendig im Dienste aller Werte stehen, auf welchen das Leben als ein sinnvolles und wenigstens der Intention nach gutes beruht. Auch setzt der Begriff der Gerechtigkeit selber das Bestehen von Unterschieden und damit zugleich eine in sich sinnvoll gegliederte oder zu gliedernde Gemeinschaft voraus.

Als solche ungeschriebene Voraussetzung einer Rechtsverfassung von gleicher Verbindlichkeit wie das Gerechte sind hierbei das Gute, das Schöne, das Wahre und das Heilige anzusehen. Diese Grundideen der moralischen Weltverfassung, in denen sich das noch ungeschiedene Licht des Allguten wie in Strahlen bricht und besondert, bedeuten zugleich auch Grundideen der ungeschriebenen überpositiven Rechtsverfassung, die als solche auch von der geschriebenen zu beachten sind. Entsprechend wäre es von Rechts wegen etwa unzulässig, da ein Verstoß gegen den Wahrheitswert, Einrichtungen zu schaffen, die auf die bewußte Verbreitung der Lüge hinauslaufen, wie dies etwa das Propagandaministerium des Dritten Reiches tat.

Aber auch die Schönheit beispielsweise, welche dem Rechtsbereich am fernsten zu liegen scheint, hat unmittelbare Bedeutung für den Verfassungsbereich. Denn die Häßlichkeit des bürokratischen Aktenwesens des modernen Staates, die im blauen Aktendeckel etwas wie ihr Symbol findet, entzieht der Gemeinschaft die von Innen her bildenden Kräfte, das öffentliche Wesen mit Langerweile und Seelenöde verheerend. Es zeigt sich hier wirksam die Unmenschlichkeit der mechanischen Rechtsverfassung, welche feinere Seelen entmutigt, zurückstößt und vom öffentlichen Wesen fernhält, während das Grobe, Mechanische und nur Rationale gefördert und angezogen wird. Daß dabei diese bildlose Häßlichkeit des Staatswesens, die nur ein Ausdruck des Positivismus und damit der grauen Theorie und Praxis des Mephistopheles ist, keineswegs an sich zu bestehen braucht, zeigt ein Blick auf die so bild- und symbolkräftige Verfassung des mittelalterlichen Reichs. Ja, man kann sagen, daß eben diese bildlose Häßlichkeit des modernen Staatswesens die Ausbreitung des Nationalsozialismus begünstigt hat, da seine wenn auch oft geschmacklosen Symbole und Bräuche das im Menschen ansprachen, was die Dürre des modernen Staates wie ungetränkt ließ.

Es folgen weiter aus den Grundwerten und ihrer Anerkennung Konstitutionsmomente der Gemeinschaft, welche sowohl für die Aufstellung wie auch die Handhabung einer geschriebenen Verfassung als deren ungeschriebene Sinnvoraussetzungen unmittelbare Bedeutung haben. Ein solches Prinzip könnte etwa mit dem Satz ausgesprochen werden: das Niedere ist von Rechts wegen zu binden, das Höhere ist zu lösen. Damit ist gemeint, daß eine Rechtsverfassung so zu gestalten und auszulegen ist, daß sie das Gute im Menschen und in der Gemeinschaft freigibt, da dieses sich selber aus moralischer Phantasie gestalten kann, dagegen das Böse, Niedere und noch Unentwickelte bindet, damit es nicht sich und andern schadet. Denn wahre Freiheit entspricht einer Stufe der inneren Entwicklung. Sie darf daher auch von Rechts wegen nur insoweit vorausgesetzt, zuerkannt oder auch vorenthalten werden, wie dies die Sache verlangt.

Es entspricht weiter dem Wesen der moralischen Weltverfassung, daß eine Rechtsordnung nicht nur dem Groben, Stofflichen und Materiellen des Menschen dienen und dies fördern darf, sondern daß sie nicht minder auch dem Zarten, Feinen und Edlen seiner Natur zu dienen hat. Denn hinter einer Rechtsverfassung steht notwendig als auch durch die Gemeinschaft zu gestalten das wahre Bild des ganzen Menschen. Daher sind auch jene neuzeitlichen Verfassungsauslegungen und -gestaltungen unzulässig, welche im Hinblick auf die mechanische Weltverfassung nur das Leibliche und Begierdenhafte des Menschen anerkennen und fördern und das Edlere wie einen Gewissensvorwurf bekämpfen. Wie wenig von selber sich dies heute noch versteht, zeigen Gegenwart und jüngste Vergangenheit zur Genüge.

Auch ist es bei einer Kollision von Interessen unzulässig, die geistigen den materiellen nachzusetzen oder den Standpunkt der Gewöhnlichkeit als Maßstab zu verwenden. Denn die Pflege des bloß Sinnenhaften und Technisch-Zivilisatorischen, wozu die mechanische Weltverfassung drängt, untergräbt die Kultur, führt die heute bereits so deutliche Gefahr des Barbarischen herauf und macht die Gemeinschaft zu einer im höheren Sinne wertlosen.

Man könnte im Zusammenhang damit als weiteres Prinzip einer Rechtsverfassung den Satz aufstellen: das Mechanische muß im Dienst des Moralischen, das Außermenschliche im Dienst des Menschlichen stehen. Dies Prinzip entspricht dem wahren Verhältnis der moralischen zur mechanischen Weltverfassung, welches der Positivismus der Neuzeit auf den Kopf stellte. Und ohne seine Anerkennung ist es beispielsweise unmöglich, die Bürokratie zu dem zu machen, was sie an sich ist, nämlich zu einem Mittel im Dienst höherer Zwecke, während sie sich so weitgehend zum Herren des Menschen aufwirft, bestrebt, diesen für sich zum Objekt und Betätigungsfeld zu machen, wodurch seine Lage schon heute eine kaum noch erträgliche geworden ist.

Es gilt weiter als ein Prinzip des ungeschriebenen Rechts, daß die Unter- und Überordnung von Personen in der Gemeinschaft ihrer moralischen Qualität und sachlichen Eignung im Hinblick auf den ihnen zugedachten Aufgabenkreis entsprechen muß. Ohne Rücksicht hierauf ist eine sinnvolle Auslegung etwa der Beamtengesetze nicht möglich. Zugleich verbietet dies Prinzip die nicht nur im politischen Bereich so geschätzte Praxis, nach dem Grundsatz des ungeeignetsten Mannes auszuwählen, d. h. ein Auswahlprinzip anzuwenden, bei dem nicht das wahre Interesse der Gemeinschaft und also das bonum commune die ausschlaggebende Rolle spielt, sondern das egoistische Interesse von Machthabenden, nicht gestört zu werden.

Es folgt weiter aus der moralischen Weltverfassung, daß es ein emanzipiertes Staatsinteresse von beliebiger Inhaltlichkeit von Rechts wegen nicht gibt noch geben kann. Denn der Staat ist nicht Selbstzweck, sondern nur eine Einrichtung im Dienst des menschlichen Miteinander. Entsprechend gilt die Verpflichtung zu moralischem Verhalten, welche als Rechtspflicht der Staat den Seinen auferlegt, für den Staat selber, d. h. für diejenigen Personen, welche Gemeinschaftsaufgaben wahrnehmen, nicht minder sondern in erhöhtem Maße. So ist der Staat etwa nicht befugt, Nahrungsmittelfälschungen vorzunehmen, welche er seinerseits verbietet oder in unredlicher Weise durch Währungsmanipulationen sich seinen Verpflichtungen zu entziehen. Der Satz Mark gleich Mark, nominelles Gehalt gleich nominellem Gehalt kennzeichnet hier das nominalistische Denken des Positivismus, der nur auf die Form hinsieht und dem in der Sache Genüge geschieht, wenn nur das leere Wort sich gleichbleibt. Auch ist es von Rechts wegen unzulässig, etwa im Wege einer Erbschaftssteuer, die in vernichtendem Maße die höheren Vermögen trifft, eine Umschichtung im Sozialen vorzunehmen, da hier der Begriff Steuer überdehnt wird und der Sache nach Enteignung bedeutet. Auch die unredlichen Praktiken im Steuerrecht, welche darauf hinauslaufen, daß nur Experten um die Notwendigkeit von Anträgen usw. wissen, ohne welche an sich geschuldete Rückzahlungen oder Ermäßigungen entfallen, seien hier erwähnt. Verdient doch der fiskalische Gesichtspunkt nur im Rahmen dessen Berücksichtigung, was als anständige Geschäftsgebarung und faires Verhalten von jedem Privaten verlangt wird. Gerade gegen diese Pflichten, die dem Staat als solchem aufliegen, hat im Wahn des Souveränitätsdogmas und der inhaltlichen Beliebigkeit des staatlichen Gebotes die Neuzeit ständig verstoßen, worauf nicht zuletzt die geringe innere Kraft und menschliche Achtung beruht, welche der Staat heute noch besitzt.

Es gehört weiter die Vorstellung zu den positivistischen Grundirrtümern und bedeutet eine Quelle ständiger Unruhe und Unsicherheit in der modernen Gemeinschaft, daß der Gesetzgeber souverän sei und daher alles regeln dürfe, und daß ständig Gesetze zu produzieren seine eigentliche Aufgabe bilde. Demgegenüber wäre festzustellen, daß die moralische Weltverfassung dem Gesetzgeber inhaltliche und aufgabenmäßige Begrenzungen auferlegt. Es ergibt sich dies rein positiv-rechtlich heute aus jenen Verfassungsbestimmungen, welche wie die Grundrechte so etwas wie Reservate für menschliche Freiheit und eigene Betätigung zu sichern suchen. Darüber hinaus aber gilt als Prinzip, daß der Gesetzgeber nur dort Gesetze erlassen darf, dann es aber auch soll, wo dies notwendig ist, d. h. durch das Gemeinwohl gefordert wird, und wo die getroffene Regelung erkennbar berechtigten Allgemeininteressen, nicht aber bloßen Parteiinteressen dient.

Indem der Positivismus sich an der mechanischen Weltverfassung orientierte ward es folgerichtig, den Menschen als „Gewaltunterworfenen" zum Objekt ständiger Regelungen zu machen, da der Quell der Produktivität nun ebenso beim Staat zu liegen scheint wie die Summe der Macht. Betrachtet doch das mechanische Denken des Positivismus den Gesetzgebungsapparat wie einen Motor, ohne dessen ständiges Laufen alle Bewegung in der Gemeinschaft zum Stillstand kommt und also gleichsam der Tod eintritt. Demgegenüber wäre festzustellen, daß wohl bei einem Huhn das

Eierlegen als ein möglichst ununterbrochener Prozeß wünschbar sein mag und hier zugleich echte Produktivität bedeutet, dagegen alle Geschäftigkeit und aller Lärm heute nicht mehr darüber hinwegtäuschen können, daß die moderne Gesetzgebung weitgehend unproduktiv, lebenstörend und chaotisierend wirkt und durch ihr fast mechanisches Weiterlaufen die wahre Produktivität, die nur vom Menschen in Freiheit ausgeübt werden kann, untergräbt. Indem mit dem Souveränitätsdogma auch die Vorstellung aufgegeben wird, daß der Gesetzgeber gleichsam der Gott des Menschen sei statt sein Diener, würde auch die Verfassung an einem entscheidenden Punkte zur Rechtsverfassung werden.

Es folgt endlich aus der moralischen Weltverfassung und der notwendigen Verbindung menschlichen Verfassungsrechts mit ihr, daß der Bereich des öffentlichen Rechts nicht als ein solcher leerer Autorität und ohne Beziehung dieser Autorität auf etwas, was ihr Berechtigung verleiht, verstanden werden darf. Damit sind auch juristische Konstruktionen unbegründet, welche die größere Macht des Staates im Verhältnis zum Einzelnen zu ihrem Ausgang wählen oder eine schlechthinnige Unterworfenheit des Bürgers voraussetzen, was sich dann in juristischen Formeln wie dem „Verwaltungsakt auf Unterwerfung", „Gewaltverhältnissen" und ähnlichen Mißgeburten eines rechtsleeren Denkens dogmatisch auswirkt. Denn die Besonderheit des öffentlichen Rechts beruht nicht auf einer leeren und beliebigen Autorität, die es als eine verbindliche nicht gibt und die eben durch solche Grundanschauungen und Konstruktionen als eine willkürliche in Deutschland entstehen konnte.

Vielmehr besteht die Besonderheit des öffentlichen Rechts und das, was man als seine Erhabenheit bezeichnen könnte, gerade darin, daß dieser Bereich seinem Wesen nach die Grundwerte und Grundprinzipien der Rechtsverfassung und damit zugleich die der moralischen Weltverfassung zu wahren und zu hüten hat. Allein in dieser Aufgabe und soweit sie geübt wird beruht moralisch die Überordnung des öffentlichen Bereichs und sein Recht wie seine Pflicht, private aber auch behördliche Willkür in ihre Grenzen zu verweisen. Und nur diese echte Überordnung, die aus der Verbindung mit und dem Eintreten für die Grundwerte der Gemeinschaft folgt, verleiht den staatlichen Anordnungen wahre Verbindlichkeit und begründete Autorität.

Die gebrachten Beispiele, welche sich leicht vermehren ließen, dürften genügen um klarzustellen, was unter ungeschriebenem Verfassungsrecht im Hinblick auf die moralische Weltverfassung hier verstanden wird. Insbesondere dürfte auch deutlich sein, daß es sich hier nicht um Formalbegriffe handelt, sondern um inhaltliche Bestimmtheiten, welche Anforderungen stellen.

Und zwar sind dies zuletzt die Anforderungen, welche sich aus der höheren Natur des Menschen und seinem wahren Lebenssinn ergeben. Kann doch die Gesamtheit der Ideen wie Gerechtigkeit, Wahrheit usw. mit den aus ihnen folgenden Prinzipien moralisch angesehen werden als die Gesamtheit der Momente, welche das eigentliche Wesen des Menschen und das seiner Gemeinschaft als ein Seinsollendes umschreiben.

Es sei zur Erhärtung des bereits Gesagten endlich noch darauf hingewiesen, daß allein aus dieser notwendigen Bezogenheit des geschriebenen Rechts auf die moralische Weltverfassung juristisch Probleme gelöst werden können, die auf dem Boden der positivistischen Rechtsdogmatik unlösbar sind.

Es gilt dies einmal hinsichtlich der Legitimität einer Verfassung als solcher, d. h. vereinfachend gesagt bezüglich der Frage, ob eine positive und also in Kraft stehende Verfassung juristisch verbindlich sei. Hier kann der Positivismus folgerichtig nur zu der Antwort kommen, daß jede Verfassung, die in Kraft steht, auch verbindlich ist und also eine Rechtsverfassung, da Recht und Macht ihm im entscheidenden Ansatz zusammenfallen. In Wahrheit aber ergibt sich aus dem Verhältnis der positiven Satzung zur moralischen Weltenordnung, daß jede Verfassung unverbindlich ist und also eine bloße Zwangsordnung ohne Rechtscharakter, welche in ihre Grundintentionen nicht dem Guten dient, sondern gleichsam im Aufruhr gegen dieses steht. Denn das Böse besitzt zwar Macht, aber keine Verbindlichkeit. Auch die juristische Behauptung der möglichen Unverbindlichkeit einzelner Verfassungssätze[7]) hat logisch die Anerkennung der moralischen Weltverfassung und deren Maßgeblichkeit zum Ansatz. Es gilt Entsprechendes bezüglich des bindenden Befehls, welchen der Positivismus folgerichtig anerkennen muß. Auch hier ist eine begründete Lösung nur durch die Bezugnahme auf die moralische Weltauffassung möglich. Und zwar ergibt sich so grundsätzlich, daß ein Befehl eben dort nicht bindend ist, wo das von ihm Verlangte die ungeschriebenen moralischen Voraussetzungen jeder Rechtsverfassung in unerträglicher Weise verletzt.

Allein aus der moralischen Weltverfassung ergibt sich auch die Möglichkeit, die Frage des Widerstandsrechts[8]) zu beantworten, welche selbst der Positivismus, dessen Ablehnung sie im Grunde bedeutet, vergeblich ganz zum Schweigen zu bringen versucht hat. Und zwar ist festzustellen, daß das Widerstandsrecht sich notwendig ergibt aus der moralischen Weltverfassung und damit aus der Grundpflicht, daß Gott mehr zu gehorchen ist als den Menschen. Und obwohl in Bonn die Frage des Widerstands-

---

[7]) Dazu Otto Bachof, Verfassungswidrige Verfassungsnormen ?, 1951.

[8]) Näher E. v. Hippel, Zum Problem des Widerstandes gegen rechtswidrige Machtausübung, in „Die Kirche in der Welt", 1951, S. 267ff.

rechts in den Beratungen nur angeschnitten, aber nicht durchgeführt und eigentlich beantwortet wurde, bestätigt doch das Grundgesetz, wenn auch ungeschrieben, diese grundsätzliche Antwort. Denn indem es überpositive Rechtsprinzipien anerkennt, muß es auch die Verteidigung derselben folgerichtig gelten lassen, um nicht das praktisch zu negieren, was man als an sich geltend zugrunde legte.

Schließlich sei noch erwähnt, daß etwa auch die Frage nach der Einheit Deutschlands wie der Anspruch der Bundesrepublik, den Osten mit zu repräsentieren sich nicht positivistisch, sondern nur aus dem Ungeschriebenen der moralischen Weltverfassung begründet beantworten läßt[9]).

III

Anforderungen des ungeschriebenen Verfassungsrechts an den Staatsaufbau

Nun folgen aus dem ungeschriebenen Verfassungsrecht nicht nur Prinzipien und Bezugspunkte für die Handhabung, Auslegung und Weiterbildung einer geschriebenen und also bereits vorhandenen Verfassung, sondern auch Anforderungen an die Verfassungsgesetzgebung als solche. Anforderungen, die nicht nur einen politischen Charakter tragen oder bloß subjektiv sind und also persönliche Meinungen darstellen, sondern solche, die juristische Bedeutung im höheren Sinne dieses Begriffs besitzen. Wird doch durch sie insgesamt nichts weniger ausgesagt, als daß auch die Verfassungsgesetzgebung von Rechts wegen nicht einen Akt von beliebiger Inhaltlichkeit bedeuten kann, womit sie aus dem Bereich juristischer Betrachtung herausfiele, sondern daß sie ihrerseits gebunden ist an Rechtsprinzipien, im Verhältnis zu denen auch der Verfassungsgeber nur die Befugnis einer wenn auch weiten Ermessensfreiheit besitzt. Denn unter rechtlichem Gesichtspunkt kann es Politik von beliebiger Inhaltlichkeit als ein Verbindliches überhaupt nicht geben sondern nur Rechtspolitik, d. h. eine solche, welche sich innerhalb der Grenzen des rechtlich Erlaubten bewegt und darüber hinaus das von Rechts wegen Erforderliche zu realisieren sucht.

Damit ist nicht gesagt, daß die Verletzung dieser Prinzipien, welche sich aus der moralischen Weltverfassung ergeben, eine positive Verfassung ohne weiteres ganz oder teilweise unverbindlich macht, bzw. zu machen braucht. Wohl aber kann dies der Fall sein, dann nämlich, wenn die Mißachtung der moralischen Weltenordnung durch die Verfassungsgesetzgebung im ganzen oder im einzelnen das Maß des Erträglichen überschreitet.

---

[9]) Vgl. dazu neuestens Frhr. v. d. Heydte, Deutschlands Rechtslage, in „Die Friedenswarte", Basel 1951, S. 323ff.

Aber auch von diesen äußersten Fällen abgesehen macht die Verletzung der Rechtsvoraussetzungen eine konkrete Verfassung jedenfalls *fehlerhaft* und änderungsbedürftig und bedeutet einen im echten Sinne *rechtlichen* Mangel. Reicht doch der Begriff einer nicht nur positivistischen Jurisprudenz hinauf bis zu den Konstitutionsprinzipien auch der Gesetzgebung. Eine Wahrheit, die durch die Kantsche Trennung von Legalität und Moralität sehr zum Unheil verschüttet worden ist. Konnte es doch nur so zu dem *falschen* Pflichtbegriff *beliebiger* Gebotsinhaltlichkeit kommen und damit zugleich zu jenem Niveauverlust der Jurisprudenz, der aus der Unterworfenheit unter beliebige Gebote sich notwendig ergibt.

Dabei unterscheidet sich der Fall einer erst zu schaffenden Verfassung von dem einer bereits positiv vorhandenen im Hinblick auf die moralische Weltverfassung dadurch, daß hier die Gebundenheit *entfällt*, welche eine bereits gegebene Verfassung als die Realisierung *einer* Möglichkeit unter vielen mit sich bringt. Denn die Bezugnahme der geschriebenen Verfassung auf die moralische Weltverfassung muß die bereits vorhandene Verfassung als *Ausgangspunkt* berücksichtigen, wodurch sich auch das positive ungeschriebene Verfassungsrecht eben aus jener Relation zwischen dem geschriebenen Recht und der moralischen Weltverfassung ergibt. Dagegen kommen dort, wo eine Regelung noch nicht vorliegt sondern erst zu treffen ist, die Grundwerte und Grundprinzipien der moralischen Weltverfassung *unmittelbar* in Frage, obwohl auch hier die Möglichkeit einer konkreten Situation zu berücksichtigen ist.

Erhebt man dabei die Frage, um *welche* Prinzipien dieses ungeschriebenen Rechts es sich *hier* handelt, so sieht man sich verwiesen auf das, was in der gewöhnlichen Terminologie als *göttliches* und *natürliches* Recht bezeichnet zu werden pflegt. Und wenn demgegenüber hier von moralischer Weltverfassung gesprochen wird, so bedeutet dies nicht eine Verkennung dieses göttlichen und natürlichen Rechts oder dessen Ablehnung der Sache nach. Wohl aber erschien es zweckmäßig, diese Worte, welche durch Abnutzung und teilweisen Mißbrauch vorbelastet sind, möglichst zu vermeiden. Dazu ergab sich der hier gebrauchte Begriff der moralischen Weltverfassung nicht *nur* aus der *Themastellung* des Referats, sondern er scheint mir auch dadurch *sachlich* begründet, weil er zum Ausdruck bringt, daß jene Sätze des überpositiven Rechts nicht gleichsam chaotisch und unverbunden nebeneinander stehen, sondern daß sie eine *Einheit* und ein *Gesamt* bilden, in dem die *Vielfalt* des *Einzelnen* wurzelt und das als *moralische Weltverfassung* hier bezeichnet wird.

Nun wurde über diese Grundwerte und Grundprinzipien schon gesprochen, da ja auf sie bereits verwiesen werden mußte auch dort, wo sich das BGG. als Bezugspunkt ergab. Und insoweit gilt bereits Gesagtes auch für das Problem der Verfassungsgebung. Daher möchte ich mich, um einen neuen Gesichtspunkt herauszustellen, beschränken auf die Frage, welche Anforderungen sich aus dem ungeschriebenen Recht etwa für den Aufbau einer konkreten Verfassung ergeben. Eine Frage, welche auch so sich präzisieren läßt: Gibt es so etwas wie ein Urbild von Verfassung überhaupt, von dem aus gesehen alle konkreten Verfassungen, wenn anders sie im höheren Sinne rechtmäßig sind, nur etwas wie Metamorphosen und nähere Konkretisierungen darstellen?

Es wird hier nun die Ansicht vertreten, daß es so etwas wie das Modell einer Urverfassung gibt und zwar nicht im statischen Sinne einer naturalistischen Technik, wohin die mechanische Weltverfassung drängt, sondern im moralischen Sinne echter Verbindlichkeit. Und zwar folgt diese Urverfassung aus der wahren Natür des Menschen, die auch für den Juristen notwendig Bedeutung besitzt, wenn anders Jurisprudenz mit Recht eine Tätigkeit zu sein beansprucht, die als solche im Dienst des Guten steht.

Im Hinblick auf dies Bild des wahren Menschen begründete Platon seine Verfassung des idealen Staates, d. h. eines solchen, welcher der Idee und in ihr der moralischen Weltverfassung genügt. Und es ergab sich ihm so die Notwendigkeit, daß die im echten Sinne Weisen, d. h. die für die Anforderungen der moralichen Weltvernunft selbstlos Empfänglichen, als Hüter der moralichen Weltenordnung die Vertreter des Fühlens und die Vertreter des nur sinnenhaft sich bestimmenden Wollens von Rechts wegen leiten müssen.

Wenn nun auch das, was bei Platon als ständische Ordnung noch lebt und was in der Antike als Realität noch bestand, der heutigen persönlicheren Entwicklungsstufe nicht mehr entspricht, so ändert dies nichts an der Begründetheit der platonischen Grundkonzeption, daß nämlich im Menschen wie in der Gemeinschaft moralische, d. h. am Objektiven der kosmischen Ordnung orientierte Erkenntnis Richtung weisend sein muß. Denn wenn nicht diese höhere und selbstlose Erkenntnis mit dem, was sich durch sie an Ordnungsprinzipien ergibt, über das Fühlen bis zum Wollen und damit bis in den Bereich des Physischen und des Handelns heruntergebracht wird, wie sollen dann der Mensch und die Gemeinschaft fähig sein, als Abbild höherer Ordnungen eben jene Eigenschaften zu realisieren, auf denen das Leben als ein weisheitsvolles, mutvolles, zuchtvolles, gerechtes und liebevolles beruht?

Damit aber besteht auch von Rechts wegen die Notwendigkeit, jenem höheren Erkenntnisvermögen, das allein ständig den Mikrokosmos in Einklang mit dem Makrokosmos zu halten vermag, innerhalb des Verfassungsaufbaus selber Raum und Wirksamkeit zu verschaffen. Hierfür aber genügt die durch den Positivismus herbeigeführte Privatisierung und bloße Duldung der Vertreter des geistig-moralischen Bereichs nicht. Denn die leichtfertige Annahme, daß diese sich vielleicht irgendwie Gehör schaffen können bei den im äußeren Sinne Machthabenden ist, wie die Erfahrung zeigt, kein Ersatz für die im Rechtssinne notwendige Verbindung jeder Gemeinschaft mit der moralischen Weltverfassung, auf der selbst ihre äußere Existenz auf die Dauer beruht.

Es ist also erforderlich und eine objektive, nicht subjektive Anforderung an Verfassung schlechthin, daß die Vertreter, Wahrer und Hüter der kosmischen und also nicht nur subjektiv-egoistischen Intelligenz als sinngebendes Organ irgendwie in den Staatsaufbau eingeschaltet werden, damit Ideen und also allgemeine und verbindliche Grundsätze in der Gemeinschaft zur Wirksamkeit gebracht werden. Denn der Aufbau einer Rechtsverfassung muß offenbar so sein, daß den Anforderungen der moralischen Weltverfassung genügt werden kann und also dieser auch im Sinne des Organhaften entsprechen. Die Urverfassung als Ausdruck der wahren Ordnung des Menschen in sich selber verlangt, daß objektive Weisheit die Herrschaft in der Seele ausübt. Entsprechend aber gilt als Rechtsprinzip für die Gemeinschaft, daß eine Verfassung nur dann als Rechtsverfassung im eigentlichen Sinne angesehen werden kann, wenn in ihr Organe vorhanden sind, welche die Anforderungen der moralischen Weltverfassung in der Gemeinschaft in maßgeblicher Weise zum Ausdruck bringen können.

Wird diese Notwendigkeit nicht beachtet, so gerät die Gemeinschaft, wie die Erfahrungen der jüngsten Zeit in furchtbarer Weise bewahrheitet haben, in die Gewalt blinden Wollens, das sich der Erkenntnis nur noch als technisches Mittel für egoistische Ziele bedient. Wie jedoch das, was man als die höhere, da objektive und auf Ideen bezogene Erkenntnis bezeichnen kann, in der Gemeinschaft gleichsam organisatorisch zum Ausdruck gebracht wird, ist nicht mehr eine Frage rechtlicher Notwendigkeit, sondern moralischer Phantasie und jeweiliger Möglichkeit. Doch kann hier als auf ein Erfahrungsvorbild hingewiesen werden auf die Institution des Senats, in der wenn auch in rationaler Verdünnung seit den Zeiten des alten Rom ein Nachklang jenes Weisheitselements gelebt hat, dessen Hüter einst die Mysterienstätten waren.

Man wende hiergegen nicht ein, daß sich die Schwäche von Senaten gerade in der neueren Verfassungsgeschichte gezeigt habe.

Denn diese Schwäche war weitgehend die Folge einer immer mehr nur naturalistisch werdenden Weltauffassung und des ihr verbundenen Quantitätsprinzips, und sie kann in demselben Maße zurückgehen, wie die Unzulänglichkeit der mechanischen Weltverfassung für den Bereich des menschlichen Lebens eingesehen und überwunden wird. Denn wenn, wie der Naturalismus voraussetzt, alle Meinungen moralisch gleichwertig sind, muß ein Senat wie eine Beleidigung der souveränen Mehrheit erscheinen und als ein bloßes Hindernis in der Entfaltung des Willens der die Mehrheit repräsentierenden Volkskammer.

Dazu krankten in der Neuzeit die Senate daran, daß ihnen entweder eine veraltete Ständeordnung zugrunde lag oder ihre Mitglieder mehr oder weniger zufällig ausgewählt wurden und keinen Boden unter den Füßen hatten. Dagegen würde es sich heute darum handeln müssen, einen Senat aus dem geistigen Bereich selber heraus zu begründen, der, damit der Vertreter der Grundideen des Kulturbereichs und in ihm der moralischen Weltverfassung, dem Wahren, dem Gerechten, dem Schönen, dem Guten und dem Heiligen in der Gemeinschaft Ausdruck verleihen und Raum verschaffen könnte. Zwar mag bei dem gegenwärtigen Stand der Kultur des Westens dies immerhin als utopisch erscheinen. Doch ist der Mißstand der modernen Kultur eben durch den Positivismus und die Verbindung des Staates mit ihm gerade weitgehend herbeigeführt worden und kann daher durch Anerkennung der moralischen Weltverfassung und durch die Beziehung der Gemeinschaft auf sie auch wiederum behoben werden. Besteht doch kein sachlicher Anlaß, ständig als Gemeinschaftsform einen Staat beizubehalten, der als ein geistiger Emporkömmling sich aus den Brocken einer längst veralteten Wissenschaft gebildet hat. Vielmehr ist es nötig, eben diesen Staat und diese bloß diesseitige Wissenschaft zu beugen unter das, was als die moralische Weltverfassung beiden erst wahrhaft Sinn und Inhalt geben kann. Dies setzt allerdings voraus zu seiner Verwirklichung das „Opfer der Schlange", von dem Goethe in seinem Märchen spricht, d. h. die freiwillige Unterordnung des nur in der Horizontale des Sinnenhaften sich bewegenden Denkens und auch politischen Gestaltens unter die Vertikale der moralischen Weltverfassung und der durch sie gekennzeichneten Grundwerte und objektiven Sinngehalte.

Auch widerspricht es ganz einfach der Wahrheit und ist also auch im juristischen Sinne ungerecht, wenn das moderne Staatswesen im Anschluß an die Sophistik auf der stillschweigenden Voraussetzung beruht, daß im politischen Bereich jede Meinung gleichwertig sei. Denn wenn auch diese Ansicht zu einer gewissen Toleranz geführt hat, so läuft sie doch im Endergebnis notwendig auf die Herrschaft der Mehrheit oder auf eine Diktatur hinaus, welche diesen Mehrheitswillen gleichsam verschlingt und zu repräsentieren behauptet. Ein solcher Verfassungsaufbau aber ist im echten juristischen Sinne ungerecht, da er die Mündigen den Unmündigen, die Sehenden den Nichtsehenden, die Edlen den Unedlen unterwirft. Und so ist es nur folgerichtig, wenn etwa Diktaturen diejenigen zu Staatsfeinden stempeln, welche an mehr als an Gewalt glauben, oder wenn der Quantitätsstaat ihnen günstigenfalls eine durch Grundrechte mehr oder weniger kümmmerlich umzäunte Privatexistenz erlaubt. Daher kann als ein weiteres Rechtsprinzip für den Staatsaufbau der Satz ausgesprochen werden: Die Gemeinschaft ist so zu ordnen, daß in ihr Reife und Mündigkeit gleichermaßen zum Ausdruck kommen. Denn Mündigkeit läßt zwar Mitwirkung als begründet, ja gefordert erscheinen, Reife aber muß dieser Mitwirkung Sinn und Grenzen setzen.

Es ermöglicht weiter die schlichte Wahrheitsliebe, einzusehen, daß die Konzentrierung aller politischen Befugnisse bei einem Parlament, das seinem ursprünglichen Sinn und Wesen nach nur ein Kontrollorgan war, die Einsichtsmöglichkeiten, die Fähigkeiten aber auch die moralische Substanz eines solchen Gremiums überfordert und ihm Lasten auferlegt, die es nicht tragen kann.

Es gilt dies insbesondere im Hinblick auf den Kulturbereich, der als ein seinem Wesen nach Sinngebender und Sinnvermittelnder nicht denen unterworfen werden darf, deren Aufgabe es grade sein sollte, erkannten Sinn zu verwirklichen.

Es gilt dies weiter auch im Hinblick auf den Wirtschaftsbereich, der seinem Wesen nach mit der ganzen Erde verbunden ist, da seine Aufgabe sich aus der Befriedigung der materiellen Bedürfnisse der Menschheit ergibt. Dafür aber muß aus der Kenntnis konkreter Lagen heraus, die sich oft ändern, unmittelbar und aus freier Initative gehandelt werden können. Dies aber verbietet es, den Wirtschaftsbereich durch ein sachfremdes Gremium, wie es ein Parlament als zunächst politisches Organ ist, bevormunden zu lassen, denn was dabei im Endergebnis herauskommt, bezeugt heute die Erfahrung zur Genüge. Daß dabei auch der Wirtschaftsbereich seinerseits an die Prinzipien der moralischen Weltverfassung gebunden ist und nicht als von ihnen emanzipiert angesehen werden darf, versteht sich nach dem schon Gesagten von selber.

So ließe sich im Hinblick auf das eben Gesagte folgendes Rechtsprinzip formulieren: Ein Organ muß seinem Wesen nach geeignet sein, die Aufgabe zu erfüllen, die eine Verfassung ihm gibt, wobei aus seinem Vorhandensein und seiner Macht von Rechts wegen nicht auf seine Kompetenz und Eignung geschlossen werden kann.

Und weiter: Für lebensnotwendige und sachgegebene Gemeinschaftsaufgaben müssen Organe gebildet werden, die ihnen genügen können, nicht aber dürfen diese Aufgaben verkümmern, weil die vorhandenen Organe ungeeignet sind sie wahrzunehmen.

In diesem Zusammenhang offenbart sich auch ein weiterer Fehler des positivistischen Verfassungsdenkens, der sich aus seinem voluntaristischen Ansatz ergibt. Denn indem Recht als Ausdruck und Ausfluß souveränen Willens und souveräner Macht verstanden wird, erscheint es als logisch, alle Befugnisse zu zentralisieren. Ja, man kann feststellen, daß selbst der sogenannte Föderalismus diese Tendenz beibehalten hat, nur daß er an Stelle größerer Machthaber solche kleinerer Bereiche setzt, die dann mit jenen rivalisieren.

Nun liegt jedoch der Grundfehler dieser Konzeption in der Annahme, daß der Mensch nur oder zunächst ein Wollender sei, und daß diesem mehr oder weniger blinden Wollen im Interesse der Einheit und Ordnung alles andere unterworfen werden müsse. Daraus folgt dann das Prinzip der totalen Politisierung, d. h. der Sinngebung und Gestaltung der Gemeinschaft aus dem nur politisch-machtmäßigen Bereich heraus. Auch muß man leider feststellen, daß die moderne Demokratie in diesem Sinne kaum minder anstrebt, „total" zu sein als der Führerstaat. Demgegenüber jedoch wäre festzustellen, daß dieses Organisationsschema ebenso wahrheitswidrig und lebenswidrig ist, wie es dem Gedanken des Rechts widerspricht. Denn Recht ist seinem Wesen nach eine Ordnung der Freiheit. Einer Freiheit, bedingt allerdings durch die gleiche Freiheit des andern, wie gebunden an die allgemeinen und besonderen Werte, die einer konkreten Gemeinschaft Sinn verleihen.

Daraus aber ergibt sich auch die Forderung der moralischen Weltverfassung an die Verfassungsgesetzgebung, daß diese den Einzelnen wie auch den Gemeinschaften soviel an Freiheit und Selbständigkeit lassen muß, als diese ihren Möglichkeiten nach in einer werthaften Weise realisieren können. Die entgegengesetzte Praxis, die heute weitgehend zu einer Entmündigung der Mündigen durch Parteiwesen und Bürokratie führt, ist nur die äußere Folge der Sinnblindheit des Positivismus, dem bloße Macht, leerer Wille und abstrakt rationales und also nur technisches Denken als Konstitutionsprinzipien der Gemeinschaft gelten.

Es ergibt sich damit das Postulat der Anerkennung berechtigter Freiheitsbereiche. Die föderalistische Formel, daß Angelegenheiten, welche der kleinere Bereich sinnvoll ordnen kann, der größere nicht an sich ziehen darf, ist grundsätzlich berechtigt. Allerdings wird diese Formel heute vielfach etatistisch mißbraucht, um der Anordnungswut und dem Geltungsstreben von Machthabern zweiten Grades Raum zu schaffen. In Wahrheit aber handelt es sich hier um die Freiheit der echten Lebensbereiche, nicht aber um die Autonomie bürokratischer Amtssprengel.

Als Beispiele sachgegebener Selbstgestaltungsrechte seien genannt außer dem Bereich des Persönlichen jene naturgegebenen Gemeinschaften wie Ehe und Familie, wie weiter die Kirchen als religiös-moralische Gemeinschaften. Auch die Gemeinde wäre hier zu nennen, die freilich ihrerseits nach den Anforderungen der Rechtsverfassung gestaltet und nicht als bloßer Machtverband geordnet sein muß.

Darüber hinaus aber ist erforderlich, daß der Kulturbereich als Sinn gebender und der Wirtschaftsbereich als Güter schaffender grundsätzliche Autonomie besitzen. Denn die Stärke eines Staates beruht nicht auf Zentralisation und Schablone, sondern auf der Einheit in der Mannigfaltigkeit, d. h. auf dem sinnvollen und gesunden Zusammenwirken verschiedener Lebensbereiche. Dagegen krankt der politische Organismus heute nicht zuletzt daran, daß der Kulturbereich als der Sinn gebende und der Wirtschaftsbereich als der Güter schaffende politisiert werden durch die sachlich Unzuständigen und eben deshalb nur halb Interessierten.

Endlich möchte ich noch einen Gesichtspunkt der Verfassungsgestaltung herausstellen, der etwa so formuliert werden könnte: Eine Gemeinschaft muß so geordnet sein, daß sie gründet in der positiven Vergangenheit, hinsieht auf die moralische Zukunft und beides in der Gegenwart ständig verbindet.

Indem der Positivismus objektive Werte nicht anerkannte, ist er folgerichtig dazu gekommen, die Gemeinschaft auf den Sand bloßer Tagesmeinungen zu bauen. Ein Staat aber, der so nur in der Gegenwart lebt, wird notwendig ebenso zufällig und im eigentlichen Sinne grundlos und hinfällig, wie dies die Überzahl moderner Verfassungen heute ist. Demgegenüber ist jedoch festzustellen, daß jenes Bibelwort: Du sollst Vater und Mutter ehren, auf daß es dir wohl ergehe und du lange lebest auf Erden, auch für den politischen Bereich gilt und verlangt, die positive Vergangenheit zu bewahren. Indem die Neuzeit diese Ehrfurchtspflicht verletzte und sich für berechtigt hielt, im Wege bloß rationaler Kritik nach einseitigen Meinungen und Zweckgesichtspunkten ständig alles zu ändern, gelangte sie entsprechend nur zu kurzlebigen Bildungen und entzog auch der Verfassung jene Kraft, welche aus der Verbindung mit der moralischen Vergangenheit erfließt.

Und wie so die Erträgnisse der wahren Vergangenheit zu pflegen sind und nicht durch bloße Einfälle beliebig geändert werden dürfen — was die antik-christliche Kultur des Abendlandes zersetzte — muß eine Gemeinschaft auch bezogen sein auf die moralische Zukunft der Menschheit und also auf die moralische Weltverfassung, bestrebt, das jeweils höchste an Werten zu realisieren, was eine konkrete Lage erlaubt. Auch wären auf diese Weise das in echtem Sinne Konservative, d.h. Werte Bewahrende und das in echtem Sinne Fortschrittliche, d.h. Werte neu Realisierende, verbunden.

Es wäre an sich noch vieles zu sagen, doch könnte ich damit das grundsätzlich Gemeinte nur weiter erläutern und wer dies als ein zu Beachtendes nicht an Hand einiger Beispiele anerkennt, wird es auch nicht tun, wenn man ihm viele bringt. Denn die Anerkennung der moralischen Weltverfassung selber kann nur durch einen Akt freier moralischer Einsicht und innerer Ergriffenheit von dem, was mehr als bloße Meinung ist, erfolgen.

Und so stehe ich am Ende meiner Ausführungen, welche Ihnen zeigen sollten, daß der Begriff der ungeschriebenen Verfassung, ja der Verfassung überhaupt auf die moralische und objektive Weltordnung notwendig verweist, aus der sich auch die Grundwerte und Grundprinzipien des Staatsaufbaus als eines rechtlichen und nicht bloß willkürlichen ergeben.

So wie das Zeitliche dem Ewigen untersteht und das Bedingte dem Unbedingten, kann auch die geschriebene Verfassung eine Rechtsverfassung nur sein, wenn sie hinsieht und bezogen ist auf das, was vor ihr war und nach ihr sein wird, da es an sich gilt.

Und so war es ein Zeichen zugleich der Demut wie der Einsicht, wenn in der griechischen Frühe die menschlichen Gesetze als bloße „Satzungen" (θεσμοί) unterschieden wurden von den ewigen und „ungeschriebenen" (ἄγραπτα) Ordnungen der Götter. An diese ewigen Ordnungen erinnerte Sophokles durch seine Antigone den Positivismus seiner Zeit als an die „ungeschriebenen und unerschütterlichen" νόμοι,

> „die nicht von heute nur und gestern, sondern immerdar lebendig sind, und niemand weiß, von wannen her."

Ungeschriebenes Verfassungsrecht

2. Mitbericht von Privatdozent Dr. Alfred Voigt, Heidelberg.

Das ungeschriebene Verfassungsrecht hat seit je seine Anhänger und seine Gegner gehabt. Im Jahre 1928 gab Hans Meinzolt in einem vielzitierten Aufsatz „Das Gewohnheitsrecht als Quelle des Staats- und Verwaltungsrechts" (Bayer. Verw. Bl. 1928 S. 225ff.) über den Stand der Frage genaue und umfassende Auskunft und stellte die These auf, eine derartige Rechtsquelle sei für das öffentliche Recht abzulehnen, da vor allem ein Bedürfnis dafür nicht vorhanden wäre; von den Mängeln allen Gewohnheitsrechts abgesehen, nämlich seiner Ungenauigkeit, mangelnden Publizität, Gefährdung der Rechtseinheit und Rechtssicherheit — müsse an der grundsätzlichen Unabänderlichkeit der Verfassungen durch andere Rechtsquellen festgehalten werden, zumal die Mitwirkung des Volkes an der Rechtsschaffung durch die Verfassung genau umschrieben sei und auf andere Weise als auf dem verfassungsmäßigen Wege nicht stattfinden dürfe, wenn nicht andernfalls Willkür und Unsicherheit die Folgen seien.

Diese Äußerungen, zeitlich noch vor der Integrationstheorie Smends[1]) und vor Carl Schmitts Verfassungslehre[2]) liegend, enthalten unvermindert die gewichtigsten Bedenken auch wieder gegen das, was nunmehr vorgebracht wird.

Indes ist die Möglichkeit oder Unmöglichkeit ungeschriebenen Verfassungsrechts für die modernen Verfassungsgesetze gar nicht in complexu zu beantworten, weil die in der Verfassungsurkunde vereinigten Bestimmungen einen sehr verschiedenen Charakter tragen. Zwar ist eine jede Verfassung wie das GG ein ideelles Ganzes, nicht bloß eine Summe von Normen, sondern die Zusammenstellung ist planvoll, sie ist der Absicht einer möglichsten sachlichen Vollständigkeit entsprungen. Herkömmlich ist eine Verfassung erst vollständig, wenn sie außer einem organisatorischen Teil auch Grundrechte enthält; herkömmlich betrachtet man als Merkmale eines Rechtsstaates die schriftliche Verfassung selbst, die Gewaltenteilung und Grundrechte. So ist jene allbekannte Zweiteilung in den meisten modernen Verfassungen üblich. Aber

[1]) Rudolf Smend, Verfassung und Verfassungsrecht (1928); entworfen bereits 1923 in „Die politische Gewalt im Verfassungsstaat und das Problem der Staatsform", Festgabe für Wilhelm Kahl.

[2]) Carl Schmitt, Verfassungslehre (1928), vgl. insbes. S. 24ff., 102ff.

der Grad der juristischen Qualität ist in den beiden Teilen und innerhalb derselben verschieden. Die Kompetenzen der drei Gewalten lassen sich mit Exaktheit bestimmen nach gegenständlichen und mitunter zeitlichen, räumlichen Gesichtspunkten. Die Wortführer der politischen Strömungen und Interessen haben sich geeinigt, so und nicht anders bei den höchsten Staatsaufgaben verfahren zu wollen. Anders liegen die Dinge im Grundrechtsteil, hier geht regelmäßig die Absicht weit über das hinaus, was jedenfalls mit den Mitteln einer dort äußerst kursorisch vorgehenden Gesetzgebung überhaupt erreicht werden kann. Die zugrundeliegende Absicht, nämlich dem einzelnen Bürger im Staate ein menschenwürdiges Dasein zu garantieren, bedürfte eigentlich eines Gesetzbuches, das den Umfang des BGB bald erreichte und etwa in einer Zusammenstellung der einschlägigen Spezialgesetze bereits jetzt einige Bestandteile hätte.

Der Sinn des Grundrechtsteiles ist aber nicht nur der, jene spezialgesetzlichen Bestimmungen der erschwerten Abänderbarkeit zu unterwerfen, sondern ein Grundrechtsteil soll — und insofern befand sich Friedrich Naumann s. Zt. auf dem richtigen Wege[3]), soll ein Bekenntnis zu denjenigen Grundsätzen darstellen, nach denen das Gemeinschaftsleben vernünftigerweise geordnet sein muß. Das Verhältnis Staat-Bürger, als ein gegenseitiges Verhältnis, erhält durch die Formulierung ausschließlich von Grundrechten des einzelnen allerdings ein einseitiges, zu optimistisches Aussehen, und sodann ist dieses Verhältnis derart diffizil, daß es mit den gebräuchlichen Generalklauseln, wie Würde, Gleichheit und den verschiedenen Freiheiten nur unvollkommen, d. h. juristisch vage charakterisiert ist.

Ähnlich steht es dann innerhalb derjenigen Partien der geschriebenen Verfassung, die man als die organisatorischen bezeichnet, mit allen Bestimmungen, welche die Institutionen als solche betreffen[4]).

Die Verfassung ist ein Gesetz, aber ein Gesetz eigentümlicher Art, ein Gesetz, das mehr als jedes andere eine moralische Haltung herbeiführen will. Das wollen und können Gesetze als solche im allgemeinen nicht, für das Handelsgesetzbuch ist es gleichgültig, ob die Kaufleute vorteilhafte, unvorteilhafte oder mäßige Geschäfte abschließen, das Ehegesetz macht nicht den Versuch, die Eheleute zu einem harmonischen und pflichtbewußten Zusammenleben anzuhalten, die Verfassung dagegen hat solche pädagogischen Impulse, sie ist — wie man es in einer der ersten französischen Ver-

---

[3]) Vgl. Protokolle des Verfassungsausschusses der Weim. Nat.-Verf. S. 179ff. Versuch gemeinverständlicher Grundrechte des Abg. Friedrich Naumann mit ausführlicher Begründung ....

[4]) Carl Schmitt, Freiheitsrechte und institutionelle Garantien der Reichsverfassung (1931), S. 10ff.

fassungen ausgedrückt findet — „anvertraut der Treue der Gesetzgebenden Versammlung, der Verwaltungsorgane und der Richter, anvertraut der Wachsamkeit der Familienväter, der Frauen und Mütter, der Liebe, der der Jugend und der Seelenstärke aller Bürger“[5]). Wäre dieser Erfolg einfach auf gesetzgeberischem Wege herbeizuführen, so könnte ein Verfassungstext sich mit einer allgemeinen Ermahnung begnügen. In Anbetracht dessen ist es auf dem Wege der Gesetzgebung wenigstens möglich, in einer lapidaren Sprache außer der Gewährung von Grundrechten diejenigen Symbole zu errichten, an denen eine patriotische Gesinnung erfahrungsgemäß sich zu bilden vermag: Die Flagge, die Staatsform, das Parlament, das Staatsoberhaupt, der Bund usw.

Das vordringliche Anliegen des organisatorischen Teils sind dann die Kompetenzen, sie sind in der Tat das juristisch Faßbare an den Institutionen außer ihrem Bestande selbst, und insofern unterscheidet sich dieser Teil von gewöhnlichen Gesetzen wenig, seine juristische Wirkung, die Rechtslogik ist prinzipiell ähnlich, die pädagogische Absicht gibt sich nur mittelbar kund. Umgekehrt im Grundrechtsteil: hier drängt die pädagogische Absicht zu unmittelbarem Ausdruck und die juristische Präzision hinkt hinterher. Mehr wird ein Menschenbild beschrieben, als daß Kompetenzen verteilt werden. Zwar sind die Freiheitsrechte äußerlich so formuliert, als seien sie genau so Kompetenzen wie eine Präsidentenwahl, eine Gesetzgebungsbefugnis, ein Verordnungsrecht oder sonst eine Bestimmung zur Ausbalanzierung der Staatsgewalten, tatsächlich aber liegen die Freiheitsrechte auf einer anderen Ebene, sie sind den Erfordernissen der öffentlichen Ordnung desto einschneidender unterworfen, je allgemeiner sie formuliert sind. Und ebenso haben diejenigen Normen, welche die obersten Prinzipien und Einrichtungen des Staatsaufbaues betreffen, ihren eigentlichen Geltungsgrund in einer bereits vorhandenen staatsbejahenden Gesinnung der Gesamtheit.

Eine danach vorzunehmende Einteilung der Verfassungsnormen, wie sie hier wieder benötigt wird, ist der Allgemeinen Rechtstheorie und Verfassungslehre nicht fremd[6]), wie etwa folgende Begriffsbildungen beweisen:

Apriorische, substantielle, analytische Normen gegenüber synthetischen, konservierende gegenüber aktuellen, autonome gegenüber heteronomen, essentielle Normen gegenüber akzidentellen, Gesinnungsnormen gegenüber gesellschaftlichen, darstellende im Verhältnis zu anordnenden, Verfassung ist unterschieden worden von Verfassungsgesetz[7]), Verfassung als Ergebnis der universal-

---

[5]) Französische Verfassung von 1795, Art. 377.

[6]) Vgl. die ausgezeichnete, zusammenfassende Darstellung durch Friedrich Darmstaedter, Recht und Rechtsordnung (1925).

[7]) Carl Schmitt, Verfassungslehre (1928), S. 11 ff., 25 f.

geschichtlichen Entwicklung[8]) gegenüber Verfassung als Ergebnis der Staatsfunktionen[9]), auch Generalnormen im Gegensatz zu Funktionsnormen u. a. m.

Das hierbei durchweg verfolgte Prinzip der Dichotomie läßt zwar die mannigfachen Übergänge außer acht, es erfaßt nur die Extreme, aber es liefert doch die Ausgangspositionen jeder Dialektik. So wenig die gefundenen Einteilungen restlos zu befriedigen vermögen, da sie selber wiederum unscharf sind, so soll ja auch nicht das Ziel sein, daß man die einzelnen Sätze der geschriebenen Verfassung wie in zwei getrennte Kästchen verteile und jedes für sich betrachte, als Hilfsmittel der Hermeneutik ist jene Dichotomie immerhin von Wert.

Entweder beginnt eine Verfassungsnorm mit den Worten „es gibt, — es besteht" — oder sie paßt in ein Satzschema: „der oder jener, diese oder jene Stelle ist hierzu oder dazu befugt". So ist es für den modernen Staat eben wesentlich, daß es eine bestimmte Staatsform und ein Staatsgebiet, daß es drei verschiedene Staatsgewalten gibt und daß es Grundrechte gibt, der Macht des Gesetzgebers sind hier gewisse immanente Grenzen gesetzt; würde eine Verfassung plötzlich das Privateigentum gänzlich aufheben, Wahlen überhaupt für unzulässig erklären, eine Regierungsbildung unter Strafe stellen, so wäre nur ein unabsehbares Chaos die Folge. Dagegen ist für die Formen des Mißtrauensvotums, die Arten der Gesetzesinitiative, die Stellung des Kanzlers im Kabinett, die Dauer von Fristen zunächst nur wesentlich, daß dies alles überhaupt geregelt ist, das „wie" der Regelung berührt den Gesamtzustand verhältnismäßig wenig. Infolgedessen liegt hier der Schwerpunkt wirklich überwiegend im positiven Gesetz, wie dort in der vorgegebenen allgemeinen Rechtsüberzeugung, im Rechtsgefühl, in der Billigkeit, in einer bereits vorhandenen, lebendigen, wirklichen Ordnung, die durch das geschriebene Recht nicht geschaffen — als vielmehr wesentlich nur exemplifiziert, aufgefunden, abgebildet werden kann[10]). Das geschriebene Verfassungsrecht versucht also von zwei Seiten her — durch die Idealnorm und die Kompetenznorm — in jene Mitte des Politicums vorzudringen, in welchem die staatliche Existenz in der Einheit von moralischer Pflicht und Rechtsmacht ruht.

Setzt indes bei jenem eben bezeichneten Begriffspaar die Idealnorm zunächst die Annahme auch ungeschriebenen Verfassungsrechts bereits voraus, so kann infolge der zugegebenen, sachlichen

---

[8]) So im Sinne der Rickertschen Philosophie. Darmstaedter a. a. O. S. 64, 155.

[9]) Näheres bei Darmstaedter a. a. O. S. 72ff.

[10]) Vgl. Rudolf Smend, Verfassung und Verfassungsrecht, S. 160/164ff. Jetzt wieder Otto Bachof, Verfassungswidrige Verfassungsnormen (1951). S. 15, 16, 24.

Unschärfe der Dichotomie — es gibt Kompetenzen, die Grundrechte der Organe sind — die Bedeutung ungeschriebenen Verfassungsrechts auch für Kompetenznormen nicht von vorneherein verneint werden; es wird im weiteren zu zeigen sein, daß entsprechend der verschiedenen Gestalt, in der das geschriebene Verfassungsrecht sich von zwei Seiten her der undurchdringlichen Mitte des Politicums nähert, so auch das ungeschriebene Verfassungsrecht beide Male ein verschiedenes Aussehen hat.

Diese Differenzierung schließt aber nicht aus, von ungeschriebenem Verfassungsrecht als solchem zu sprechen und nach Merkmalen zu suchen, die jene Unterscheidung noch unberührt lassen.

Auffällig ist zunächst, daß für das ungeschriebene Verfassungsrecht die Bezeichnung „Gewohnheitsrecht", „Verfassungsgewohnheitsrecht" wahlweise Verwendung fand[11]), womit zugleich eine Charakterisierung vorgenommen wurde, die des Näheren zu betrachten ist.

Die Gleichung: Ungeschriebenes Recht = Gewohnheitsrecht ist im Bereiche des Privatrechts entwickelt worden und paßt in erster Linie für dieses. Gewohnheitsrecht setzt eine tatsächliche, im ganzen gleichförmige allgemeine Übung von gewisser Dauer in Vergangenheit und Gegenwart voraus, und es muß „der Rechtswille" bestehen, der Wille nämlich, eine bindende Regel zu verwirklichen. Gefordert wird ferner das Merkmal einer — wenn nicht organisierten — so doch tatsächlich vorhandenen, „gewachsenen", „natürlichen" Gemeinschaft als Träger des Gewohnheitsrechts[12]). Der romantische Volksbegriff, der bei dieser Definition nachwirkt, ist für das ungeschriebene Verfassungsrecht noch verwendbar hinsichtlich derjenigen Größen, mit denen vorzugsweise zu rechnen sein wird: Parlament, Regierung, Ministerialbürokratie, Staatsoberhaupt; denn die hier amtierenden Persönlichkeiten, aus einer komplizierten Selektion in die Einrichtungen gelangt, sind nicht nur Funktionäre eines geäußerten oder von ihnen vermuteten Gemeinwillens, sondern sie tragen als solche in und mit den Institutionen zur Verwirklichung des Staates bei und integrieren diesen und das Volksganze, zu dem sie ja gehören.

Es soll grundsätzlich auch nicht bezweifelt werden, daß ungeschriebenes Verfassungsrecht mit den gleichen Merkmalen wie Gewohnheitsrecht zustande kommen kann, aber die Möglichkeiten sind auszudehnen:

---

[11]) Hans Meinzolt, Das Gewohnheitsrecht als Quelle des Staats- und Verwaltungsrechts, im Bayer. Verw.-Bl. 76. Jahrg. (1928), S. 225ff. mit ausführlichen Nachweisen. Neuerdings v. Mangoldt, Das Bonner Grundgesetz in Anm. 6 zu Art. 20; Bachof a. a. O. S. 44f.

[12]) Enneccerus-Nipperdey, Lehrbuch des bürgerlichen Rechts, Bd. I. Einl., Allg. Teil, 13. Aufl. (1931), S. 87, 105ff.

Eine tatsächliche und im ganzen gleichförmige Übung von gewisser Dauer.... (Enneccerus)! Für das ungeschriebene Verfassungsrecht muß das Merkmal der „gewissen Dauer" am fragwürdigsten erscheinen: Sie wird durch die Kurzlebigkeit der geschriebenen Verfassungen und der von ihnen geforderten wechselvollen Weltanschauungsdogmatiken gehemmt und wird sich darüber hinaus einfach unter dem Eindruck der noch schneller sich ablösenden politischen Erfordernisse oft nicht herausstellen können. Läßt man aber dieses Merkmal fallen, so ist davon die Tatsächlichkeit der Übung betroffen, denn bereits für sie, für einen allmählichen Übergang von einer bloßen Übung zu einem daraufhin behaupteten Recht kann die Zeit zu kurz sein. Dennoch zwingt die Befürchtung vor unkontrollierbarer Willkür noch nicht zu einer Ablehnung der Möglichkeit ungeschriebenen Verfassungsrechts: Denn bedeutsame Regulative stellen sich ein, das u. U. schlagartige Reagieren der anderen von den drei Staatsgewalten, die öffentliche Meinung, die Billigkeitsmaßstäbe, die in der „Natur der Sache" liegen, auch das — zumal angesichts der Verfassungsgerichtsbarkeit gesteigerte Erfordernis des Beweises. Insofern kommt dann der Rechtswissenschaft eine regulierende Wirkung von unabschätzbarer Bedeutung zu[13]) — und dies vor allem, was die gewisse Gleichförmigkeit der Übung betrifft, ein Merkmal, an welchem festzuhalten ist und das im Gegensatz zur Tatsächlichkeit nicht die Einheit des Ortes mitumgreift, sondern aus der Rechtsvergleichung und historischen Erfahrung festgestellt werden kann.

Beim Merkmal des „Rechtswillens" schließlich wäre die Parallele zum Gewohnheitsrecht einigermaßen zutreffend, einschließlich der dort zugegebenen Ausnahme eines Gewohnheitsrechts ohne Rechtsgewohnheit, daß nämlich bei revolutionären Umgestaltungen und elementaren Äußerungen des Volkswillens der unmittelbare Rechtsgeltungswille, die tatsächliche Durchsetzung desselben zur Rechtserzeugung genügt[14]).

Betrachtet man nach diesen Ausweitungen die älteren wissenschaftlichen Äußerungen zum Problem des ungeschriebenen Verfassungsrechts, die Darlegungen von Georg Jellinek 1906[15]), Heinrich Triepel 1908[16]) und diejenigen von Rudolf Smend 1916[17]) in der Festgabe für Otto Mayer, so ist aus ihnen zu

[13]) So jetzt aus allgemeineren Zusammenhängen Carl Schmitt, Die Lage der europäischen Rechtswissenschaft (1949).

[14]) Enneccerus a. a. O. S. 87, 111.

[15]) Georg Jellinek, Verfassungsänderung und Verfassungswandlung (1906).

[16]) Heinrich Triepel, Die Kompetenzen des Bundesstaats und die geschriebene Verfassung in Staatsrechtl. Abhandlungen, Festgabe für Paul Laband (1908), Bd. II, S. 247—335.

[17]) Rudolf Smend, Ungeschr. Verf.-Recht im monarchischen Bundesstaat in Festgabe für Otto Mayer (1916), S. 245—270.

ersehen, wie die Herstellung und Durchbildung des konstitutionellen Staates sich nicht ohne Schwierigkeiten vollzog und wie die von der älteren Wissenschaft behandelten Fälle auch keineswegs nur punktueller Natur sind und etwa nicht bereits die politischen Grundentscheidungen der Verfassung betreffen. Allein der Zusammenbruch von 1918, das Ende des monarchischen Konstitutionalismus, ist doch für das Verfassungsrecht, das geschriebene und das ungeschriebene, von unverminderter Eindrücklichkeit, da seitdem gerade politische Grundentscheidungen, an die einst die Bismarcksche Verfassung fest und sicher geknüpft war, zu ihrer Neugestalt sich nur unter unsäglichen Mühen und Kämpfen durchringen.[18]) Die Verfassungstheorie stellte einen sehr weiten Begriff der materiellen Verfassung auf, der schließlich nicht viel mehr als die konkrete Ordnung in ihrer Faktizität umgriff[19]) und die Maßstäbe des Rechts an schwankende Soziologismen preisgab; die geschriebenen Verfassungen versuchen seitdem die ihnen notwendig innewohnende gesetzliche Zwangskraft möglichst weit bereits auf die politischen, ideologischen Grundentscheidungen hin zu erstrecken — aus diesem Bestreben erklären sich gewisse Formulierungen, die man häufig nicht einmal mehr als Idealnormen wird bezeichnen dürfen, weil ihre normierende Wirkung zu gering ist.

In der Bismarckschen Reichsverfassung war von Zoll- und Handelswesen, von der Eisenbahn, von Post und Telegraphie, Marine, Schiffahrts- und Konsulatswesen ausführlich die Rede — das Bonner Grundgesetz beschwört die Würde des Menschen, die freie Entfaltung der Persönlichkeit, die Gleichberechtigung der Geschlechter, die „verfassungsmäßige Ordnung", die „freiheitliche demokratische Grundordnung" usw. Alle diese Wendungen haben den Charakter von Ermahnungen, Wünschen — sie offenbaren die „Motivationsprinzipien", um einen von Ernst Forsthoff 1931 für ähnliche Erscheinungen im Verwaltungsrecht gebrauchten Ausdruck zu verwenden[20]). Eine klärende Parallele, wie diese Prinzipien anzusehen sind, bietet der Grundsatz von „Treu und Glauben" im BGB: diese gelten dort nicht nur in den im BGB angezogenen Sachverhalten, sondern überhaupt und allgemein für alle Rechtsverhältnisse. Jene Klauseln der Verfassung sind entsprechend nichts anderes als Ermahnungen zu demokratischer Treue und demokratischem Glauben, Er-

[18]) Eindrucksvolle Darstellung bei Carl Schmitt, Gefüge und Zusammenbruch des zweiten Reiches (1934).

[19]) Mit Betonung immanenter Werthaftigkeit noch z. B. Carl Schmitt, Über die drei Arten des rechtswissenschaftl. Denkens (1934), S. 20ff; Karl Larenz, Über Gegenstand und Methode des völkischen Rechtsdenkens (1938), S. 28ff.

[20]) Ernst Forsthoff, Die öffentliche Körperschaft im Bundesstaat (1931), S. 12f.

mahnungen an die allgemeine Vernünftigkeit, denn alles, was vernünftig ist, ist auch demokratisch. Die Vernünftigkeit allein aber ist noch nicht subsumtionsfähig, und es gibt keine „menschliche Würde im Rechtssinne". Auch stimmen jene Prinzipien nicht etwa nur oder wenigstens typisch in denjenigen Zusammenhängen, in denen sie im Verfassungstext auftreten, sondern sie stimmen durchweg — aber sie vermögen eben zur „Bindung an das Gesetz" nichts beizutragen, und ihr ausdrückliches Erscheinen allein bedeutet noch keine Änderung positiven Rechts, als sei nun die Demokratie dadurch eine bessere als eine gewöhnliche geworden[21]). Ebensowenig sind jene Formulierungen geeignet, die sog. Einfallstore ungeschriebenen Verfassungsrechts zu sein, da sie überhaupt Rechtsnormen weder zu konstituieren noch zu spezialisieren vermögen[22]).

Das ungeschriebene Verfassungsrecht setzt das Vorhandensein einer geschriebenen Verfassung, genauer gesagt: die Ideal- und Kompetenznormen der geschriebenen Verfassung voraus, denn wenn eine solche fehlt, so ist das ungeschriebene Verfassungsrecht identisch mit dem Verfassungsrecht, und seine mangelnde Schriftlichkeit ist erst im Vergleich mit ausländischem schriftlichen Verfassungsrecht bemerkenswert, und davon soll nicht die Rede sein.

Soweit nach der geschriebenen Verfassung überhaupt Subsumtion stattfindet, ist für ungeschriebenes Verfassungsrecht kein Raum, sondern nur für Interpretation geschriebenen Rechts. Dabei mag auf Ungeschriebenes zurückgegriffen werden, es wird aber noch nicht das ungeschriebene Recht als eigene Rechtsquelle konstituiert, die consuetudo iuxta oder secundum legem ist nichts anderes als Anwendung geschriebenen Rechts unter der gebotenen vernünftigen Berücksichtigung der Umstände, die aber von dem schriftlichen Rechtsgebot noch erfaßt werden. Es handelt sich lediglich um ein selbstverständliches Moment des Rechtsverständnisses, wenn an das geschriebene Recht Beobachtungen aus der realen Wirklichkeit zu seiner Unterstützung herangetragen werden, und es interessiert nicht weiter, ob dann gewisse Erfahrungsgrundsätze sogar als Rechtssätze auch gelten würden, wenn der betreffende geschriebene Rechtssatz nicht vorhanden wäre, denn sie sind ja durch diesen gedeckt[23])

---

[21]) Bestritten. Vgl. z. B. Wilhelm Grewe, in Politische Treupflicht im öffentlichen Dienst, Drei Gutachten (1951), S. 42 und oft. Ulrich Scheuner ebenda S. 67, 72, 76

[22]) Anders Otto Bachof, Verfassungswidrige Verfassungsnormen S. 30ff.

[23]) Ernst Forsthoff, Recht und Sprache, Prolegomena zu einer richterlichen Hermeneutik, in Schriften der Königsberger Gelehrten-Gesellschaft (1940), S. 12, 29.

Das Vorhandensein ungeschriebenen Verfassungsrechts beweist sich vielmehr erst, wenn das positive Gesetz schweigt. Dabei ist Voraussetzung, daß der Zusammenhang der geschriebenen Verfassung ergibt, daß das Schweigen, die Lücke, nicht ihrerseits im Sinne einer Aussage zu werten ist, etwa einer Ablehnung einer bestimmten Frage — erst wenn diese Interpretation ergebnislos bleibt, ist nach ungeschriebenem Verfassungsrecht praeter legem zu suchen.

Nun ist allerdings dieses erst aus dem kanonischen, nicht aus dem römischen Recht stammende „praeter" nicht ganz eindeutig und hat hier einen Spezialsinn, der schwer zu übersetzen ist: praeter deutet eine Mittellage zwischen secundem und contra an, also „über hinaus, aber doch im Rahmen des anderen, vom anderen nicht ausgeschlossen, sondern von ihm mit eingeschlossen, zu ihm hinzukommend". Ein Recht „praeter legem" ist ein Recht, das zwar aus der lex nicht unmittelbar, auch nicht durch Interpretation zu entnehmen ist, das aber in ihr enthalten wäre, wenn der Gesetzgeber das Problem bemerkt hätte oder sonst imstande gewesen wäre oder jetzt wäre, eine Entscheidung zu treffen. Das ungeschriebene Verfassungsrecht ist ein ius praeter legem, das mithin das geschriebene Verfassungsrecht ergänzt, ohne seinen Boden zu verlassen, insbesondere ohne sich mit gesetzlich getroffenen Regelungen in Widerspruch zu setzen. Auf diese Weise wird ungeschriebenes Verfassungsrecht am häufigsten aus der Analogie von Verfassungsbestimmungen in Erscheinung treten, wie dies sich gerade jetzt bei der Erörterung der Frage nach den ungeschriebenen Bundeskompetenzen gezeigt hat.

Artikel 30 des GG: „Die Ausübung der staatlichen Befugnisse und die Erfüllung der staatlichen Aufgaben ist Sache der Länder, soweit dieses Grundgesetz keine andere Regelung trifft oder zuläßt", verdient hinsichtlich des letzten Wortes „zuläßt" eine Erläuterung: Der Sinn des Substantivs „Regelung" ist als Objekt zum Verbum „treffen" oder zum Verbum „zulassen" ein verschiedener. Das Grundgesetz trifft eine Regelung, indem es selber eine Kompetenz erteilt. Das Grundgesetz läßt eine Regelung zu, indem es aus seinen sonstigen Bestimmungen und aus seinem Gesamtzusammenhang gestattet, daß die Regelung gewisser Angelegenheiten durch den Bund vorgenommen wird. Dann kann ungeschriebenes Verfassungsrecht praeter legem eine Bundeszuständigkeit begründen[24]).

Wenn ferner für den Fall der Gesetzgebungszuständigkeit Art. 70 Abs. 2 bestimmt: „Die Abgrenzung der Zuständigkeit zwischen Bund und Ländern bemißt sich nach den Vorschriften

---

[24]) Ablehnend Theodor Maunz, Deutsches Staatsrecht (1951), S. 132f.

dieses Grundgesetzes über die ausschließliche und konkurrierende Gesetzgebung", so berührt die Frage der Zuständigkeit aus dem Sachzusammenhang mit einem aufgeführten Stoff das ungeschriebene Verfassungsrecht nicht, sondern betrifft die Interpretation geschriebenen Rechts. Aber ungeschriebenes Recht ist durch Art. 70 Abs. 2 keineswegs ausgeschlossen, denn der Bund bleibt zuständig zur Gesetzgebung über seine Verfassung, seine eigene Behördenorganisation und alles, was sich aus der Natur der Sache ergibt, soweit weder die einschlägigen Idealnormen noch der Gesamtzusammenhang des Grundgesetzes, z. B. die Gliederung in Länder, dabei verletzt werden[25]).

Wie überhaupt ungeschriebenes Verfassungsrecht praeter legem besonders im Bereich der Kompetenznormen zu entstehen vermag, dafür bietet unsere Rechtsentwicklung seit 1871 zahlreiche Beispiele, und zwar wären hier für die Verfassung des Kaiserreiches anzuführen[26]): das Recht des Reiches, Thronfolge- und Regentschaftsfragen in den Ländern zu regeln (Fälle in Braunschweig und Lippe); das Recht der Adresse und das Interpellationsrecht des Altreichstages; das Recht des Altreichskanzlers, im Reichstage gehört zu werden nicht in seiner Eigenschaft als preußischer Bevollmächtigter im Bundesrat, sondern in Fragen der Reichspolitik; das Recht des Kaisers, den Bundesrat permanent zu lassen, obgleich die Verfassung von einer alljährlichen Berufung sprach; das Initiativrecht des Kaisers im Bundesrat; anerkannt ist ferner als Rechtssatz ungeschriebenen Verfassungsrechts seitdem die Treuepflicht der Länder zum Bunde mit den sich aus ihr ergebenden besonderen Pflichten und Kompetenzbeschränkungen der Länder. Dieser Grundsatz galt in der Weimarer Zeit weiter, so daß Art. 48 Abs. 1 Weim.R.V. auf die Fälle für anwendbar erklärt wurde, daß ein Land die auswärtige Politik des Reiches durchkreuzte oder Feinde des Reiches in einer Landesregierung Aufnahme fanden.

Im Rahmen der Weimarer Reichsverfassung waren unbestritten die Gesetzgebungszuständigkeit des Reiches aus der Natur der Sache, insbesondere über Behördenorganisation und Anstalten des Reichs, über Rechtsverhältnisse der Reichsbeamten (Umstände, welche den Parlamentarischen Rat jetzt dazu veranlaßten, den Zuständigkeitskatalog des GG sorgfältiger auszugestalten); das Notverordnungsrecht des Reichspräsidenten fußte teilweise auf einer weiten Auslegung von Art. 48 Abs. 2, teilweise, nämlich in der Ausdehnung auf wirtschaftliche Vorgänge auf ungeschriebenem Verfassungsrecht. Nicht dagegen — was noch erwähnt

---

[25]) So auch Wilhelm Grewe in Bundesrecht und Bundesgesetzgebung, Bericht über die Weinheimer Tagung ... (1950), S. 30f., 39ff.; Maunz a. a. O. S. 133, in sehr abgewogenen Formulierungen.

[26]) Literatur vgl. oben Anm. 15—17.

sei — kam es zu solchen Rechtsbildungen bei der Übernahme des parlamentarischen Systems in die Reichsverfassung, etwa dergestalt, daß die Regierung bereits zurücktreten müsse, wenn ein neugewählter Reichstag eine Minderheit für die Regierungskoalition aufweise, und ebensowenig ist der Rücktritt der Regierung Stresemann 1923 nach einem abgelehnten Vertrauensvotum als Wirkung ungeschriebenen Verfassungsrechts aufgefaßt worden[27]).

Diese soeben von 1871 an in den Hauptdaten gekennzeichnete Entwicklung des ungeschriebenen Verfassungsrechts hat sich unter dem Bonner Grundgesetz in den charakteristischen Merkmalen erhalten, die Diskussion über ungeschriebene Bundeszuständigkeiten bezeugt dies[28]), und auch die Bundestreue der Länder als eine Pflicht aus ungeschriebenem Verfassungsrecht ist wieder bedeutungsvoll geworden, wie der Fall des hessischen Gesetzes über das Mitbestimmungsrecht zeigte[29]).

Alle diese Beispiele betreffen Kompetenznormen, und stets ist die Möglichkeit ungeschriebenen Verfassungsrechts im Rahmen der geschriebenen Verfassung praeter legem zu bemerken. Was die Idealnormen anlangt, so scheitert — was zunächst die verfassungsmäßigen Einrichtungen, also vor allem die obersten Organe betrifft, die Bildung ungeschriebenen Verfassungsrechts hier an der Unmöglichkeit, daß durch eine Rechtsbildung praeter legem etwa nicht die Grundprinzipien der Verfassung durch Störung oder Beseitigung der Ausbalanzierung aufs empfindlichste getroffen würden. Dagegen wird man für die Grundrechte eine solche Rechtsbildung praeter legem zuzugeben haben, da der Grundrechtskatalog als exemplifikativ angesehen werden muß[30]).

Das ungeschriebene Verfassungsrecht bildet somit zusammen mit der geschriebenen Verfassung das Verfassungsrecht und dient der sachgerechten Abhilfe kodifikatorischer Unzulänglichkeiten.

Das ungeschriebene Verfassungsrecht ist erkennbar aus der Fülle der verfassungsrechtlich wesentlichen politischen Erfahrungen, Anschauungen und Praktiken, die sich im Laufe der staatlichen und kulturellen Entwicklung bewährt haben und als billig und gerecht angesehen werden.

Aus der notwendigen Verknüpfung mit dem Inhalt der geschriebenen Verfassung ist dabei für die Anwendung ungeschrie-

---

[27]) Fritz Herber, Unschrieb. Verfassungsrecht und die Stellung der Reichsregierung nach Neuwahl des Reichstages, Diss. Jena (1933).

[28]) Vgl. oben Anm. 25 und Erich Küchenhoff in „Deutsches Verwaltungsblatt" (1951), S. 585ff., 617ff.

[29]) Urteil des Hess. StGH vom 4. 8. 1950 a. E., Staatsanzeiger Hessen 1950, Beilage 7 zu Nr. 37.

[30]) Ernst Forsthoff, Lehrbuch des Verwaltungsrechts I (1950), S. 59.

benen Verfassungsrechts Voraussetzung, daß die vorhandenen politischen Verhältnisse durch die geschriebene Verfassung im großen und ganzen erfaßt werden, eine „intakte Verfassungslage" besteht.

Diese Erwägungen führen zur Lösung der Frage, ob ungeschriebenes Verfassungsrecht contra legem sich auswirken könne: Die Berufung auf ungeschriebenes Verfassungsrecht ist in diesem Falle nicht statthaft[31]). Bei Kompetenznormen bringt auch die sehr lange Nichtausübung einer verliehenen Kompetenz diese nicht zum Erlöschen, noch vermögen neue Kompetenzen zu erwachsen, wo ein vorhandener Katalog — wie immer grundsätzlich zu vermuten — enumerativ zu nehmen ist. Mag nun zwar das Bonner Grundgesetz den Ausnahmezustand unzureichend regeln, so muß dennoch verneint werden, daß das Staatsnotrecht deshalb dem ungeschriebenen Verfassungsrecht zu entnehmen sei. Vielmehr läßt ein Vergleich der Art. 37, 81 und 91 erkennen, daß die Anwendung verfassungsmäßiger Notrechte auf jene geregelten Fälle beschränkt bleiben soll. Darüber hinaus hätte Berufung auf Staatsnotstand nur noch Argumente des Naturrechts, aber nicht mehr solche ungeschriebenen Verfassungsrechts für sich[32]), es läge ein revolutionärer Akt vor, ungeachtet daß er zur Wiederherstellung der Verfassung unternommen sein könnte. Nur eine Ermächtigung der Legislative wäre ein verfassungsrechtliches Faktum.

Fehlt es an der intakten Verfassungslage etwa infolge eines Streiks der Parlamentarier oder einer Wahlbeteiligung von nur 15%, so bietet das ungeschriebene Verfassungsrecht ebensowenig Hilfe wie das geschriebene, sondern eine unmittelbar sich durchsetzende Autorität wird neues Verfassungsrecht, geschriebenes und ungeschriebenes oder nur das letzte erzeugen. Alle Versuche — vorzüglich im Bereich der Idealnorm — mit ungeschriebenem Verfassungsrecht contra legem zu argumentieren, sind in verfassungsrechtlichen Begriffen verhüllte Überlegungen rein naturrechtlicher Art.

Es ist daher der Möglichkeit zu widersprechen, daß geschriebenes Verfassungsrecht wegen entgegenstehenden ungeschriebenen Verfassungsrechts verfassungswidrig und ungültig sein könne[33]). Zwar besteht die unverkennbare Gefahr von Unbequemlichkeiten, ja von Mißständen durch Verfassungsbestimmungen, welche der Gerechtigkeit nicht dienlich sind. Aber die Gültigkeit

---

[31]) So im Ergebnis ebenfalls Theodor Maunz, Deutsches Staatsrecht (1951), S. 43, 134.

[32]) Georg Jellinek, Gesetz und Verordnung (1919), S. 302. Entgegen Ulrich Scheuner, Der Verfassungsschutz im Bonner GG., in Festgabe für Erich Kaufmann (1950), S. 318—320.

[33]) Zu diesem Problem Otto Bachof a. a. O.

der geschriebenen Verfassung, die Bindung an das Gesetz sind selber und an sich Werte von solcher Qualität, daß in derartigen Konfliktslagen bei Versagen anderer Möglichkeiten, vor allem der Verfassungsänderung, abgewartet werden muß, bis das Maß der Mißstände so unerträglich geworden ist, daß die Verfassung als ganze infolge Wegfalls ihrer Legitimität darüber zu Fall komme[34]). Das braucht nicht durch eine Revolution zu geschehen, es liegt in der Macht der Gesetzgebungsorgane, eine allgemeine Verfassungsreform, eine Totalrevision vorzunehmen, es steht in der Befugnis der Bürger, eine solche Maßnahme sachentsprechend vorzubereiten, wie z. B. in der Weimarer Zeit Erörterungen über die Reichsreform nicht nur unbeanstandet, sondern sogar offiziell unterstützt waren. Aber es gibt von vornherein kein Mittel gegen rechtstechnische Entgleisungen des Verfassungsgesetzgebers, kein Mittel gegen den Mißbrauch der dem Verfassungsgesetz eigentümlichen qualifizierten Rechtsmacht zur Durchsetzung momentaner, tagespolitischer Zwecke. Auch Unabänderlichkeitsklauseln, mögen sie noch so zweitrangigen Zielen dienen, überschreiten die Befugnis eines Verfassungsgesetzgebers nicht und sind in jedem Falle bindend[35]).

Der Gesichtspunkt, daß das gegenwärtige Volk nicht für das zukünftige eine bindende Entscheidung zu treffen in der Lage sei, kann nicht ausschlaggebend sein — ist doch das zukünftige Volk schon allein durch die verfassungsmäßigen Institutionen und durch ihre natürliche Eigenständigkeit auf stärkste gebunden, und sind wir doch alle, auch und gerade im politischen Bereich, durch die überwältigende Mehrheit der Vielen, die nicht mehr leben, ungleich inniger gebunden als durch gegenwärtige Abstimmungsergebnisse, denen wir uns trotz Stimmungsmäßigkeit und Zufall unterwerfen müssen.

---

[34]) Im gleichen Sinne Gustav Radbruch, Gesetzliches Unrecht und übergesetzliches Recht (1946), S. 15/16 = Südd. Jur. Z. 1946, S. 107: „der Konflikt zwischen der Gerechtigkeit und der Rechtssicherheit dürfte dahin zu lösen sein, daß das positive, durch Satzung und Macht gesicherte Recht auch dann den Vorrang hat, wenn es inhaltlich ungerecht und unzweckmäßig ist, es sei denn, daß der Widerspruch des positiven Gesetzes zur Gerechtigkeit ein so unerträgliches Maß erreicht, daß das Gesetz als ‚unrichtiges Recht' der Gerechtigkeit zu weichen hat".

[35]) Anders Walter Jellinek, Grenzen der Verfassungsgesetzgebung (1931), S. 23ff.

Ungeschriebenes Verfassungsrecht

3. Aussprache

Scheuner-Bonn: Die beiden Herren Referenten haben es der Diskussion nicht leicht gemacht. Das Feld unserer heutigen Beratungen, das ungeschriebene Verfassungsrecht, ist ein wichtiges und teilweise höchst aktuelles Problem des Verfassungsrechts, auch des Rechts der Bundesrepublik. Es hat seine tieferen Grundlagen in der Rechts- und Staatstheorie. Die beiden Berichte, die wir gehört haben, haben sich in der Hauptsache mehr im theoretischen Vorfeld dieses Gegenstandes gehalten. Von Herrn v. Hippel haben wir heute morgen einen weitausgreifenden rechtsphilosophischen Vortrag über Probleme des Naturrechts und der moralischen Ordnung vernommen, in dem ich, um es offen auszusprechen, die nähere Beziehung zu unserem Thema teilweise vermißt habe. Herr Voigt hat uns ein Referat vom entgegengesetzten Standpunkt eines extremen Positivismus gehalten; auch er hat, wie mir scheint, nur einen Teil des Themenbereiches abgeschritten.

Der Fragenkreis des ungeschriebenen Verfassungsrechts kann entweder von einer rechtsphilosophischen oder von einer soziologischen Grundlage aus in Angriff genommen werden. Es geht dabei um das Verhältnis von Norm und Wirklichkeit auf der einen, von gesetztem Recht und höheren Geboten des Rechts und der Sittlichkeit auf der anderen Seite. Die Verfassung als normative Ordnung steht in einer ständigen Spannung zu der politischen Realität. Sie ist in ihrer Kraft und in ihrem Bestande gebunden an jene ungeschriebenen geistigen und politischen Voraussetzungen, die Dietrich Schindler als Ambiance bezeichnet hat. Das ist eine erste Feststellung nach der soziologischen Seite hin. Darüber hinaus sind die notwendigerweise unvollständigen Normen der Verfassung von einem Kranze von Regeln des Herkommens, von Konventionen des politischen Verhaltens und Verfahrens umgeben, die im Laufe der Zeit zu verbindlichem ungeschriebenen Recht erstarken können. Umgekehrt können auch positive Gebote der Verfassung ihre rechtliche Geltung verlieren. Endlich aber spielt ungeschriebenes Verfassungsrecht eine erhebliche Rolle dort, wo aus dem Gesamtsystem der Verfassung, aus sachlichen oder funktionellen Zusammenhängen ungeschriebene Kompetenzen einzelner Organe oder des Bundes gegenüber den Ländern abgeleitet werden. In diesem Bereich geht es also im Ganzen um die Frage, wieweit sich Verfassungsrecht auch praeter und contra legem bilden kann, und wieweit das geschriebene Gesetz überhaupt auf den ungeschriebenen Grundlagen der politischen und sozialen Ordnung aufgebaut ist.

Daneben führt die rechtsphilosophische Untersuchung unseres Themas dazu, danach zu fragen, ob das positive Recht der Verfassung unter den Geboten und Schranken einer höheren naturrechtlichen Ordnung steht. Diesen grundsätzlichen Fragenbereich möchte ich hier nicht erörtern, nachdem er schon in so großer Ausführlichkeit heute morgen zur Sprache gekommen ist. Ich möchte mich dagegen mit einigen Bedenken befassen, die ich gegen die Thesen des zweiten Referates empfunden habe. Herr Voigt hat gegenüber der Bildung ungeschriebenen Verfassungsrechts einen kritischen Standpunkt von einer streng positivistischen Haltung aus eingenommen. Seine Stellungnahme erscheint mir freilich allzusehr von allgemeinen rechtstheoretischen Erwägungen bestimmt und zu wenig den Blick auf die einer soziologischen Betrachtung der Wirklichkeit sich bietenden Erscheinungen gerichtet. Jede Verfassung bedeutet den Versuch, das Bild einer bestimmten, ideal vorgestellten Ordnung für die Zukunft zur Norm des politischen Lebens zu erheben. Sie gibt aber niemals dies Bild in allen Einzelheiten, sondern sie bedarf immer der ergänzenden Ausgestaltung durch die Verfassungsentwicklung. So hatte etwa die Weimarer Verfassung ein parlamentarisches System mit klar gezeichneten Zügen festgelegt, daneben aber eine starke Stellung des Reichspräsidenten geschaffen, die weit weniger sicher von Anfang an umrissen war, und daher in starkem Maße der Gestaltung durch die Zukunft überlassen blieb. Daraus hat sich dann, unter gewiß ungewöhnlichen Verhältnissen, eine Verfassungsumbildung entwickeln können, die aus dem parlamentarischen Regime schließlich in eine von der Vorherrschaft des Präsidenten bestimmte Regierungsweise hinüberführte und damit im Wege ungeschriebener Wandlung die Grundlagen der Verfassung weitgehend veränderte. Auch das Grundgesetz enthält solche offenen Fragen, die erst die kommende Entwicklung beantworten wird. Ob es wirklich gelungen ist, die Stellung der Bundesregierung erheblich zu stärken, welchen Einfluß die Länder über den Bundesrat auf den Bund zu üben vermögen, das sind Fragen, die das geschriebene Recht nicht eindeutig beantwortet. Mit Nachdruck möchte ich jedenfalls gegenüber Herrn Voigt betonen, daß ich an der Möglichkeit einer Bildung von Verfassungsgewohnheitsrecht auch praeter und contra legem festhalte. Das Recht ist eine lebendige geistige Funktion der Gemeinschaft, es wird von ihrem Rechtsbewußtsein getragen und gestaltet. Der Verfassunggeber ist nicht in der Lage, die Bildung von Gewohnheitsrecht zu untersagen. Noch weit weniger ist es möglich, daß der Verfassunggeber oder der Gesetzgeber die Anwendung naturrechtlicher Grundsätze verhindern kann. Wenn man als Positivist das Naturrecht leugnet, dann braucht man es nicht zu verbieten. Bekennt man sich dagegen zu einer materialen Grundlage des Rechts, so ist sie dem positiven Zugriff entzogen. Hier geht es um letzte Schranken des rechtlichen Gewissens, auf die sich, wie uns die jüngste Vergangenheit gelehrt hat, im äußersten Fall unabhängig von jedem formell legalen Gebot der einzelne muß berufen können und die er sogar verpflichtet sein kann, dem unrechtmäßigen Gebote des gesetzlichen Machthabers voranzustellen. Herr Voigt hat darauf verwiesen, das Verfassungsrecht könne gewisse Bestandteile der Verfassung für unabänderlich erklären. Er hat weiter gemeint, an der positiven Regelung der Verfassung müsse, auch wenn die Wirklichkeit sich anders entwickele, unter allen Umständen festgehalten werden, bis diese rechtliche Regelung in sich zusammenbräche. Mich erfüllen diese Äußerungen mit schweren Bedenken. Sie scheinen mir die Aufgabe der Staatsrechtslehre zu verkennen. Gewiß ist es der Sinn der Heraushebung unabänderlicher Grundlagen einer Verfassung, wie wir sie heute im Grundgesetz finden, einen „legalen" Umsturz der demokratischen Ordnung zu verhüten und es ist nicht Aufgabe der Interpretation, diese Grundentscheidung zu umgehen. Wohl aber ist es der Sinn staatsrechtlicher Arbeit, die Verfassungsordnung lebendig und wirksam zu erhalten und es nicht dahin kommen zu lassen, daß der Bestand des Ganzen infolge einer starren Interpretation, wie sie Herr Voigt vorschreiben möchte, durch Abweisung jeder Anpassung an die Fortentwicklung der politischen Kräfte, gefährdet wird und schließlich zusammenbricht. Der Verfassunggeber kann nicht beanspruchen, durch seine positive Ordnung die Einzelheiten der Entwicklung bis in ferne Zeiten beherrschen zu wollen.

Das ausländische Verfassungsrecht liefert uns genügend Beispiele für eine Anerkennung ungeschriebenen Verfassungsrechtes, auch praeter und contra legem. Aus dem Bereich des ungeschriebenen Rechts der Kompetenzen mag erwähnt werden, daß der britische König nach älterem Recht — das freilich wie alles britische Verfassungsrecht auch seinerseits ungeschrieben ist — einem Gesetze die Zustimmung verweigern darf. Dieses Vetorecht ist indes seit 1705 nicht mehr ausgeübt worden, und man ist heute einig, daß es auch nicht mehr ohne Bruch der Verfassungstradition ausgeübt werden kann. Ein Fall der Überwindung geschriebenen Verfassungsrechts durch ungeschriebene Gewohnheit mag dem neueren französischen Recht entnommen werden. Die Verfassung von 1946 schreibt vor, daß über einen Vertrauensantrag der Regierung nicht vor 24 Stunden abgestimmt werden darf. Im

Jahre 1948 aber hat der Ministerpräsident Bidault durch eine Erklärung das Schicksal der Regierung mit der Annahme eines bestimmten Gesetzes verknüpft und ist, als die alsbald nachfolgende Abstimmung negativ auslief, zurückgetreten. Hier hat sich eine lange Parlamentstradition in Frankreich als stärker erwiesen als der Versuch, sie durch geschriebenes Recht beiseitezusetzen. Wie sehr die Frage nach dem ungeschriebenen Verfassungsrecht tatsächlich ein brennendes Problem der Praxis ist, kann endlich der lebhaften Diskussion entnommen werden, die heute in der Bundesrepublik um das Problem der ungeschriebenen Kompetenzen des Bundes geführt wird.

Bilfinger-Heidelberg: Es wurde erwähnt, daß der Kollege Smend die Frage des ungeschriebenen Verfassungsrechts (unter dem Gesichtspunkt insbesondere der Bundestreue) schon im Jahre 1916 behandelt hat. Ich gedenke dabei der Tatsache, daß Smend es gewesen ist, dessen eben erwähnte Schrift mich während meiner Tätigkeit im Staatsministerium meines Heimatlandes auf das Problem des ungeschriebenen Verfassungsrechts hingeführt hat; es wurde damals im Ministerium die sogenannte Elsaß-Lothringen-Frage behandelt. Bemerkenswert hierbei ist, daß Laband in einer zu der genannten Frage abgegebenen Äußerung jedenfalls im Ergebnis von seinem strengen Positivismus abgewichen ist. — Es taucht hier auch das „Lückenproblem" auf und dabei ergibt sich die Frage, soweit überhaupt echte „Lücken" in der Verfassung vorhanden sind, auf welchem Rechtsboden können sie ausgefüllt werden? Das wäre allerdings Sache einer längeren Debatte. Soviel möchte ich aber sagen, ich glaube nicht, daß man hier mit „Gewohnheitsrecht" kommen darf, denn das sind Fragen, die auf einer höheren Sphäre des Rechts liegen. So ist auch vieles, was heute gesprochen worden ist, nicht eigentlich zum Problem der Verfassungsauslegung gehörig, aber wir müssen uns ja auch damit befassen. — Für meine Person muß ich jedenfalls sagen, daß ich von den Vorrednern, besonders aber von den beiden Herren Referenten, viel gelernt und manche Anregung empfangen habe.

Schätzel-Bonn: Ich darf an das anknüpfen, was Herr Kollege Scheuner gesagt hat. Herr v. Hippel hat ein großes System von Fragen aufgebaut, über das man Tage lang diskutieren könnte. Ich meine aber, wir sollten uns in der Diskussion auf Wünsche und Anregungen beschränken, die uns auf den Nägeln brennen (Beifall). Bei aller Anerkennung für die Bemühungen des Herrn Referenten ist es doch so, daß die Versammlung gern einiges über das geltende Verfassungsrecht, insbesondere das Bonner Grundgesetz hören möchte, und das ist, meine ich, bisher etwas zu kurz gekommen. Gestatten Sie mir deshalb, daß ich hierzu noch einiges beitrage.

Jede Verfassung zerfällt, wie wir wissen, in zwei Teile, sie enthält einen Grundrechtsteil und daneben einen rein organisatorischen Teil, der sich mit dem Aufbau des Staates und den Zuständigkeitsregelungen befaßt. Der Grundrechtsteil des Bonner Grundgesetzes bekennt sich zum Naturrecht, wie aus der Präambel ersichtlich ist und wie man aus der Institutsgarantie des Artikels 19 und der Bindung des Gesetzgebers an die Grundrechte im Art. 1 erkennt. Man wollte also nur gewisse vorstaatliche Normen aufgreifen und in Worte kleiden. Es hätte bei ihnen nach der Auffassung des Gesetzgebers einer ausdrücklichen Kodifizierung nicht bedurft, um ihnen den Charakter von Rechtsnormen zu verleihen. Deshalb ist es ohne weiteres möglich, auf diese vorstaatlichen Normen zurückzugreifen, um Lücken auszufüllen oder Auslegungszweifel zu beseitigen. Insoweit gibt es also ein ungeschriebenes Verfassungsrecht. Ein Vergleich mit gleichartigen Regelungen in Nachbarländern wird in Fällen dieser Art auch Hinweise geben. Allerdings ist eins zu beachten. In diese Grundrechte sind vielfach Bestimmungen eingeschmuggelt worden, die keinen Grundrechtscharakter haben und daher eigentlich nichts darin zu suchen haben. Der Grund dafür liegt darin, daß die Verfassung und insbesondere der Grundrechtsteil einen erhöhten Schutz gegen Abänderung bieten. Daher lag die Versuchung nahe, in die Verfassung und den Grundrechtsteil andersartige Bestimmungen hineinzubringen, denen man auf diese Weise den erhöhten Schutz erschwerter Abänderbarkeit verschaffen wollte. Bei Bestimmungen dieser Art wäre natürlich ein Rückgriff auf naturrechtliches Gedankengut nicht möglich.

Bei dem zweiten, dem organisationsrechtlichen Teil der Bonner Verfassung liegt es anders. Die Konstruktion eines Staates ist mehr oder weniger Zweckmäßigkeitsfrage und läßt sich naturrechtlich nicht begründen. Aber hier greift ein anderer Gesichtspunkt ein. Wir kennen im Verfassungsrecht verschiedene Verfassungstypen, die sich in ähnlichen Formen in einer Mehrzahl von Staaten finden und von der Wissenschaft als besondere Staatsformen anerkannt und beschrieben werden. So gibt es z. B. den Typ des parlamentarischen Staates, wie er in England, den nordischen Staaten und Holland besteht, ohne daß er verfassungsmäßig fixiert wäre. Der Haager Internationale Gerichtshof hat daher im Memelstreit 1932 solche Regeln des parlamentarischen Staates anwenden können, obgleich sie in der Memeler Verfassung selbst nicht enthalten waren. Aus diesen allgemeinen Regeln eines bestimmten Verfassungstyps werden sich daher bei Lücken der geschriebenen Verfassung Ergänzungen finden lassen.

Zu den ungeschriebenen Verfassungssätzen scheint mir auch der zu gehören, daß sich neues Verfassungsrecht praeter und contra legem bildet. Herr Scheuner hat hierzu eine Reihe von Beispielen gebracht, ich darf diese um einige vermehren. Im französischen Verfassungsrecht der dritten Republik hat sich schon sehr früh, soviel ich weiß in den 70er Jahren, entgegen dem geschriebenen Gesetz der Grundsatz herausgebildet, daß der Präsident der Republik nicht das Recht der Auflösung der Kammer hatte. Die französische Staatsrechtslehre um 1900 spricht daher dem Präsidenten dieses Recht ab. Ein weiterer Fall ist der des Artikels 48 der Weimarer Reichsverfassung. Obgleich die Weimarer Nationalversammlung es ausdrücklich abgelehnt hatte, dem Präsidenten ein Notverordnungsrecht zu geben, hat sich später, als die Gesetzgebung des Reichstags ins Stocken geriet, ein solches Notverordnungsrecht gewohnheitsrechtlich entwickelt, das sowohl vom Reichsgericht wie auch von der Doktrin nicht beanstandet wurde. Ein anderer bedeutsamer Fall dieser Art hat sich bei den Vereinten Nationen ereignet. Obgleich Artikel 27 der Satzung vorschreibt, daß zur Annahme eines Beschlusses im Sicherheitsrat ein vote affirmatif sämtlicher fünf Großmächte erforderlich sei, ist tatsächlich die Praxis entstanden, Stimmenthaltungen nicht mitzuzählen. Die Frage der Gültigkeit der Maßnahmen der UNO in Korea hängt von der Beantwortung dieser Frage ab. Sowjetrußland beruft sich auf die ursprüngliche Fassung des Art. 27 des Statuts und bestreitet daher die Gültigkeit der gegen Nordkorea gefaßten Beschlüsse; die Vereinigten Staaten vertreten dagegen den Standpunkt, daß dieser Artikel durch ein entgegenstehendes Gewohnheitsrecht bereits abgeändert sei. Das Bonner Grundgesetz kennt kein Mißtrauensvotum gegen einzelne Minister. Trotzdem sind solche Mißtrauensvoten gegen die Minister Schäffer und Erhard bereits eingebracht und eingehend diskutiert worden.

Es sind dies nur einige Fälle, die für die Bildung eines Gewohnheitsrechtes contra legem angeführt werden können. Es sei dabei daran erinnert, daß zum Teil in der staatsrechtlichen Theorie der Grundsatz vertreten wird, daß kein Gesetzgeber das Recht habe, seinem Gesetze Unabänderlichkeit beizulegen. Mit besonderer Schärfe ist dies z. B. von dem dritten amerikanischen Präsidenten Jefferson betont worden, der ausdrücklich erklärt hat, daß keine Generation berechtigt sei, eine künftige Generation gesetzmäßig zu binden.

Hugelmann-Göttingen: Ich muß bekennen, daß ich ein besonderes Interesse an den Ausführungen des Vormittags genommen habe, und ich bin in Verlegenheit, da ich hierzu etwas bemerken möchte, obwohl gesagt worden ist, daß darüber nicht diskutiert werden solle. Nun, ich hoffe, Sie gestatten mir dennoch, einige Bemerkungen anzuknüpfen an das, was von dem Kollegen v. Hippel heute morgen in so anregender Weise referiert worden ist.

Es ist versucht worden, ein metajuristisches Verfassungssystem zu entwickeln, das hinter allen positivistischen Regelungen, selbst hinter Gewohnheitsrecht steht, über allen staatlichen Regelungen, über allen geschriebenen Verfassungen, aber auch über allen ungeschriebenen, soweit sie auf Gewohnheitsrecht beruhen. Das waren alles hochinteressante Gedanken, denen ich im allgemeinen beitreten kann. Bedenken muß ich jedoch anmelden gegen eine Reihe von Konkretisierungen, die da versucht wurden. Ich meine, wenn wir hinter den Verfassungen noch etwas Metajuristisches suchen, an dem alles positive Verfassungsrecht sein Maß findet, dann müssen doch diese Regeln so sein, daß man nicht wieder auf etwas anderes zurückgreifen muß. Nun hörten wir: eine Verfassung muß berechtigte Freiheitsbereiche achten, oder aber sie muß wenigstens die positive Vergangenheit bewahren. Da frage ich: was ist positiv? Was sind berechtigte Freiheitsbereiche? Wir haben darüber noch nichts gehört. Da scheint mir der Rekurs auf die metajuristischen Regeln wieder inhaltsleer zu werden. Ich habe in dieser Richtung erhebliche Bedenken.

Dann ist das zweite, was über Demokratie ausgeführt wurde. Ich bin mir darüber nicht ganz klar geworden, aber es schien mir, als ob zum Wesen der Demokratie auch gerade Freiheit, grundsätzliche Freiheit gerechnet wurde; und da weiß ich nicht, ob nun ausgerechnet das zum Wesen der Demokratie gehört. Mir scheint das viel näher dem Gedankenkreis des Liberalismus zu liegen. Demokratie ist Mehrheitsentscheidung, Mehrheit kann aber diese Freiheit auch niedertrampeln, nicht anders als eine Minderheit oder ein einzelner es tun kann. Weiter schien der Herr Berichterstatter von der Demokratie Überdurchschnittliches zu erwarten. Ist es nicht vielmehr wesenhaft für die Demokratie, daß sie den anständigen Durchschnitt und das Gewöhnliche zur Norm macht? Ist es nicht gerade so, daß nur eine echte Elite etwas über dem Durchschnitt, über dem Gewöhnlichen zur Norm machen kann? Wir dürfen heute natürlich eine Eliteverfassung nicht versuchen. Wir haben mit solchen Versuchen schon zweimal Schiffbruch erlitten, das zweitemal geradezu in grotesker Weise. Wir müssen jetzt also demokratisch regieren, aber wir müssen es mit nüchternem Wissen tun, daß zunächst das Durchschnittliche, das Gewöhnliche der Maßstab unserer Politik wird. Das ist unausweichlich, wenigstens für eine noch junge Demokratie.

Dann bin ich über noch einen Begriff nicht ganz im klaren. Es ist von einer notwendigen Beziehung einer Verfassung, wenn sie das sein will, zum Guten gesprochen worden. Wir haben aber auch gehört, daß das Wesen der Freiheit des Menschen darin liegt, sich für gut oder böse zu entscheiden. Er kann sich also auch für das Böse in der Verfassung entscheiden, und das ganze

Verhalten der Staatsbürger kann dazu führen, daß die Verfassung schlecht wird. Wir können also Worte wie: die Verfassung kann oder muß nur so oder so gestaltet werden, nicht als richtig gelten lassen. Wenn ein Mensch wirklich die Freiheit hat, sich für gut oder böse zu entscheiden, dann wird er den sittlichen Anforderungen nicht immer und in jedem Falle Genüge leisten. Ich frage deshalb: hat also die Verfassung, wenn sie sich nicht für das Gute entschieden hat, überhaupt nicht mehr eine Bedeutung als Verfassung?

Und noch eine letzte Sache, auf die ich hinweisen und bezüglich deren ich schwere Bedenken anmelden muß. Sie betrifft die Behauptung, daß die Politik schlechthin eine Funktion des Rechts sei. Ich meine, das geht in idealisierender Weise am Wesen der Politik vorbei. Politik wird vielleicht in Rechtsschranken eingefangen und daran gehindert werden können, diese Schranken zu überschreiten. Aber ich möchte unterstreichen, daß das politische Handeln nicht eine Funktion des Rechts schlechthin ist. Es gibt eine Menge Sachen, die der Politiker tun muß und die er im Rahmen des Rechts tun kann, die aber doch keine Verwirklichung der Rechtsfunktion als solcher darstellen.

Verzeihen Sie, meine Herren, diese Bemerkungen, aber Bedenken sind mir in erster Linie in bezug auf diese rechtsphilosophischen Fragen gekommen.

von der Heydte-Mainz: Gestatten Sie vorab, daß ich zur Klärung des Begriffes des ungeschriebenen Verfassungsrechts einen Vorschlag mache. Der Ausdruck ist äquivok. Es gibt, wenn ich die Dinge recht sehe, nicht eine, sondern drei Erscheinungsformen ungeschriebenen Verfassungsrechts. Da ist einmal die Norm des Naturrechts, die über der geschriebenen Verfassung steht und in deren Licht die geschriebene Verfassung auszulegen ist. Daneben stehen — von dieser überpositiven Norm zu scheiden — ungeschriebene Verfassungsrechtssätze, die aus dem System heraus entwickelt werden, um Lücken auszufüllen; so z. B. auf dem Gebiet der Gesetzgebungszuständigkeiten diejenigen Kompetenzen, die man schon in Weimar „aus der Natur der Sache" heraus abzuleiten versucht hat. Eine dritte Erscheinungsform ungeschriebenen Verfassungsrechts endlich sehe ich in den Normen, die sich auf dem Wege des stillen Verfassungswandels durch eine „broad interpretation" der geschriebenen Verfassung entwickeln und gewöhnlich politische Erscheinungen erfassen und rechtlich fundieren, die der Verfassungsgesetzgeber selbst entweder nicht gesehen oder deren rechtliche Fundierung er nicht gewollt hat.

Zu den Normen ungeschriebenen Verfassungsrechts der ersten und der zweiten von mir genannten Art gehört auch die Norm, die das Verhältnis der einzelnen geschriebenen Verfassungsbestimmungen zueinander bestimmt. In jeder Verfassung gibt es einen wertmäßigen Unterschied zwischen den einzelnen Artikeln, und die Norm, die diese Rangordnung der einzelnen Verfassungsartikel festlegt, ist meist eine Norm ungeschriebenen Verfassungsrechts. Eine Änderung dieser Norm ungeschriebenen Verfassungsrechts kann den ganzen Charakter und Sinngehalt einer geschriebenen Verfassung ändern.

Ich darf hier auf die Praxis des Bayerischen Verfassungsgerichtshofs verweisen, der sich in den Entscheidungen der letzten Jahre häufig zu diesen ersten beiden Formen ungeschriebenen Verfassungsrechts bekannt und vor allem den verschiedenen Rang der einzelnen Verfassungsbestimmungen immer wieder betont. So hat der Bayerische Verfassungsgerichtshof vor einem Jahr in einem bemerkenswerten Urteil festgestellt, daß es in der Bayerischen Verfassung Verfassungsbestimmungen von solch hervorragender, gewissermaßen grundnormartiger Bedeutung gäbe, daß sie eben Ausdruck überstaatlichen Rechts seien und daß geschriebene Verfassungsbestimmungen, die solchen Grundnormen widersprechen, verfassungswidrig und damit nichtig seien.

Wenn man jede dieser drei Erscheinungsformen ungeschriebenen Verfassungsrechts für sich betrachtet und jede einer besonderen Würdigung unterzieht, kommt man, wie ich glaube, weiter in der Erkenntnis der Existenz und des Wesens des ungeschriebenen Verfassungsrechts; es mag ein Fehler der beiden Referate gewesen sein, daß sie die verschiedenen Erscheinungsformen ungeschriebenen Verfassungsrechts nicht klar unterschieden und, wenn ich recht verstanden habe, nur von den beiden ersten von mir genannten Formen gesprochen haben.

Nawiasky-München-St. Gallen: Ich bedauere, daß am heutigen Verhandlungstag infolge des ersten Referats, das in der Hauptsache eine zweistündige moraltheologische Vorlesung war, so wenig Zeit für eine eigentliche staatsrechtliche Aussprache geblieben ist. Demgegenüber hat das Korreferat von Herrn Voigt den Positivismus in einer sehr ansprechenden Form vertreten. Ich möchte mich in aller Form zu einem richtig aufgefaßten Positivismus bekennen. Wodurch unterscheidet sich denn das geltende Recht von bloßen Gesetzesprojekten als dadurch, daß es in irgendeiner Weise gesetzt, anders ausgedrückt positiviert ist? Ich muß mich auch gegen das in der Diskussion vertretene Recht zur Revolution aussprechen. Revolution bedeutet nach meiner Auffassung Vernichtung des Rechts, und ein Recht auf Vernichtung des Rechts erscheint mir widersinnig. Eine Revolution kann unter Umständen aus moralischen oder politischen Gründen gerechtfertigt sein. Aber die Revolutionäre sollten den Mut haben, zu bekennen, daß sie sich aus von ihnen als höherwertig erachteten moralischen oder politischen Motiven gegen das als minderwertig angesehen und darum untragbare positive Recht erhoben haben.

Andererseits scheint mir aber Herr Voigt den Begriff des ungeschriebenen Verfassungsrechts viel zu eng gefaßt zu haben. Meines Erachtens gibt es drei Fälle von ungeschriebenem Verfassungsrecht. Einmal handelt es sich um Länder ohne geschriebene Verfassung: Hauptbeispiel England. Auch die deutschen Länder nach 1945 hatten zunächst keine geschriebenen Verfassungen. Zweitens gibt es Länder, bei denen nur ein Teil des Verfassungsrechts geschrieben ist: bei diesen muß man ungeschriebenes Verfassungsrecht zur Ergänzung heranziehen. Besonders wichtig ist aber drittens der Sachverhalt, daß es überhaupt kein Recht gibt, das man allein aus dem geschriebenen Wortlaut heraus verstehen und anwenden kann: man muß vielmehr in jedem Fall fragen, was hinter diesem Wortlaut steckt. Damit verhält es sich folgendermaßen.

In meiner „Allgemeinen Rechtslehre" habe ich dargelegt, daß jeder geschriebene Rechtssatz der Interpretation bedarf, um seine wahre Tragweite festzustellen. Häufig aber genügen nicht die üblichen Auslegungsarten wie Wortinterpretation, Sinnesinterpretation, systematische Interpretation usw., sondern man muß auf die vorrechtliche Grundidee, von der die rechtsetzenden Faktoren ausgegangen sind und von der sie sich bewußt oder unbewußt leiten ließen, zurückgehen. Besonders oft muß man auf diese unausgesprochenen Grundvorstellungen bei der Auslegung von Verfassungsnormen rekurrieren. Dabei kann man nicht, wie Herr Voigt gemeint hat, einzelne Sachgebiete, etwa die Kompetenznormen, ausscheiden. Denn auch diese bedürfen der Auslegung, um ihre Bedeutung richtig zu bestimmen. So erweist sich, daß hinter den geschriebenen Rechtssätzen in jedem Fall ungeschriebene stehen, die erst im Wege der Auslegung ermittelt werden können. Hierbei handelt es sich um den wichtigsten Teil des ungeschriebenen Verfassungsrechts.

Herrfahrdt-Marburg: Herr v. Hippel hat als grundsätzliche Möglichkeiten ein moralisch begründetes und ein mechanisch-positivistisches Weltbild gegenübergestellt. M. E. sind wir damit noch nicht zu letzten Entscheidungen vorgedrungen; sondern hinter beiden Möglichkeiten stehen, meist unterbewußt und schwer definierbar, letzte Wertungen, die an die Grenzen unseres Erkenntnisvermögens stoßen und mit vieldeutigen Ausdrücken, wie „Gemeinwohl", bezeichnet zu werden pflegen. Je nach Zeitverhältnissen kann bald eine auf Gerechtigkeit gerichtete moralische Ordnung, bald eine an Rechtssicherheit orientierte positivistische Ordnung bevorzugt werden. Unmittelbar aus letzten Werten lassen sich aber konkrete juristische Tagesfragen nicht entscheiden.

Demgemäß kann auch das Verhältnis zwischen geschriebenem und ungeschriebenem Verfassungsrecht ein verschiedenes sein. Unsere gegenwärtigen deutschen Verfassungen enthalten zum großen Teil unausgetragene, mehrdeutige Formelkompromisse, die die beabsichtigte juristische Entscheidung nicht bringen. Dann kann nur ungeschriebenes Recht die Lücken ausfüllen.

Ich bedauere, daß so grundlegende Fragen, wie sie Herr v. Hippel hier aufgeworfen hat, in unserer gegenwärtigen politischen Praxis zu kurz kommen. Obwohl viele unserer Kollegen bei der Bundesregierung tätig sind, werden sie meist durch juristische Kleinarbeit so in Anspruch genommen, daß die metajuristischen Probleme auf weite Sicht ungeklärt bleiben. Das Grundgesetz wird als juristisch auszulegende feste Grundlage benutzt. Wir würden es besser nur als ein vorläufig über uns schwebendes Notdach ohne feste Stützen ansehen, oder auch als einen Rettungsring, den uns die westlichen Demokratien zugeworfen haben und an den wir uns klammern, um nicht wieder in Diktatur zu versinken. Aufgabe der Wissenschaft wäre es, über die Tagespolitik hinaus den Aufbau einer neuen Ordnung vorzubereiten.

von Mangoldt-Kiel: Ich darf vielleicht an dieser Stelle aus meiner Kenntnis der Dinge als Mitglied des Parlamentarischen Rats noch einiges zu den Problemen beitragen. Besonders insoweit, als in den Referaten des heutigen Tages und auch in der Diskussion auf den „Willen des Gesetzgebers" abgestellt worden ist, halte ich mich in einem gewissen Umfange dafür berufen.

Dem sei jedoch zur Klärung der Positionen folgendes vorangeschickt: Bei aller Anerkennung der Bedeutung dieses Willens des Gesetzgebers für die Auslegung des Grundgesetzes scheint mir doch häufig etwas zu viel damit gespielt zu werden, scheinen mir nicht selten unter Berufung auf den Willen des Gesetzgebers aus den Bestimmungen des Grundgesetzes Inhalte herausgelesen zu werden, an die der Verfassunggeber wirklich nicht gedacht hat. Nun hat Herr von Hippel, wenn ich ihn richtig verstanden habe, gemeint, für das Grundgesetz dürfe diesem Willen des Gesetzgebers überhaupt keine allzu große Bedeutung zugemessen werden, weil nämlich der Gesetzgeber einmal zu stark unter dem Einfluß der Besatzungsmacht gestanden habe und weil auf der anderen Seite seine Legitimation überhaupt eine zweifelhafte gewesen sei. Dem möchte ich widersprechen. Zunächst möchte ich meinen, daß doch nicht übersehen werden darf, daß das Grundgesetz immerhin insoweit einen Fortschritt darstellt, als hier erstmalig Deutsche zu einer neuen Grundordnung haben beitragen können. Und diese Deutschen haben sich nach besten Kräften bemüht — darauf hinzuweisen, fühle ich mich verpflichtet —, die Einflüsse von außen, soweit es eben ging, auszuschalten. Vom historischen Standpunkt aus wird man vielleicht einst sagen: „Ihr hättet dem Besatzungseinfluß noch mehr widerstehen sollen!" Man sollte doch aber nicht vergessen, vor welcher schweren politischen Entscheidung man damals stand und wieviel im einzelnen doch trotz der Schwierigkeit der Situation und trotz der mit auf den Weg gegebenen Richtlinien der Alliierten erreicht worden ist. Im übrigen hat Herr v. Hippel selbst auch bei der Auslegung den Willen des Gesetzgebers herangezogen, so etwa bei seinen Ausführungen zu Art. 1 Abs. 1 u. 2 und zur Frage des Widerstandsrechts.

Seine Ausführungen zur Bedeutung der moralischen Weltordnung für das ungeschriebene Verfassungsrecht andererseits geben Anlaß zu der Frage, wie der Gesetzgeber überhaupt zu den philosophischen Grundlagen stand. Ich darf in diesem Zusammenhang auf eine Schwierigkeit hinweisen, nämlich darauf, daß die Ausschüsse des Parlamentarischen Rats, auf die die erste Arbeit am Grundgesetz aufgeteilt war, nach recht verschiedenen Gesichtspunkten vorgegangen sind. Wie sich das für die Ausschüsse für Organisationsfragen und für die Zuständigkeit von Bund und Ländern schon aus der Materie ergibt, haben bei den meisten Ausschüssen technische Gesichtspunkte mehr im Vordergrund gestanden. Im Grundsatzausschuß ist das Problem aber durchaus erkannt worden, und das ist — wie Herr v. Hippel bereits ausgeführt hat — auch in den Abs. 1 u. 2 des Art. 1 klar zum Ausdruck gekommen. Unter diesen Umständen wird man, soweit die gestellte Frage Bedeutung hat, bei der Auslegung, besonders bei der Bezugnahme auf die Materialien und den Willen des Gesetzgebers, sehr vorsichtig vorgehen müssen. Insbesondere ist dabei — jedenfalls so wie sich das Bild in meiner Erinnerung zeichnet — zu berücksichtigen, daß das Arbeitsergebnis des Grundsatzausschusses zweimal ernstlich gefährdet war, und zwar einmal bei der I. Lesung im Hauptausschuß durch die Vorschläge des Allgemeinen Redaktionsausschusses, der bei seiner fast völligen Umformulierung der Grundrechte die Dinge sehr viel rationalistischer sah. Durch die vorbildliche Zusammenarbeit der Mitglieder des Grundsatzausschusses im Hauptausschuß hat sich hier aber zunächst verhindern lassen, daß an den Ergebnissen der bisherigen Beratungen etwas geändert wurde. Nur über die Art. 6 u. 7 hat sich der Grundsatzausschuß nicht einig werden können. Noch heute steht mir die Sitzung vom 3. 12. 1948 deutlich vor Augen, in der zum Schlusse nur festgestellt werden konnte, daß hinsichtlich dieser beiden Artikel sich die Ansichten zweier gleichstarker Gruppen unversöhnlich gegenüberstanden. Zum zweitenmal war der ganze Grundrechtsteil in seinem Gehalte gefährdet, als er in Anlehnung an den gekürzten Grundgesetzentwurf der SPD vom 20. April 1949 in interfraktionellen Beratungen so weitgehende Änderungen durchgemacht hatte, daß er kaum mehr wiederzuerkennen war. Ich habe damals als Mitglied des letzten Allgemeinen Redaktionsausschusses versucht zu retten, was noch zu retten war. Denn es schien mir nicht zu verantworten, daß in dieser Weise über die langen und sehr sorgfältigen Arbeiten des Grundsatzausschusses einfach hinweggegangen wurde. Alles, was damals durch diese übereilten Schritte an Mängeln hineingekommen ist, hat sich natürlich aber nicht ausgleichen lassen. Das ließ die politische Situation nicht zu. Immerhin haben sich trotz schwerster Auseinandersetzungen — selbst in meiner eigenen Fraktion — die Grundrechte, insbesondere die Eingangsformel des Art. 1, die damals so gut wie verschwunden war, in ihrer ursprünglichen Form weitgehend wiederherstellen lassen.

Trotz der danach vorliegenden inneren Uneinheitlichkeit der verschiedenen Teile des Grundgesetzes wird man bei der Auslegung doch von einer Einheit des Ganzen ausgehen müssen. Dadurch erhalten die Grundsätze der beiden ersten Abschnitte eine gewisse Bedeutung auch für die übrigen Teile des Grundgesetzes. Alles in allem läßt das Ausgeführte erkennen, daß dem ungeschriebenen Verfassungsrecht im Rahmen des Grundgesetzes eine nicht unerhebliche Bedeutung zukommt, daß man insbesondere wegen der Lücken, die auf die z. Z. seiner Entstehung noch eingeschränkte Souveränität zurückzuführen sind, ohne ein solches überhaupt nicht auskommen kann. Gewisse Fragen waren bei der Verabschiedung des Grundgesetzes noch so „heißes Eisen", daß sie überhaupt nicht behandelt werden konnten. Außer diesen durch den provisorischen Charakter des Grundgesetzes bedingten Lücken ergaben sich weitere durch den dargelegten Mangel an innerer Einheitlichkeit.

Zur Frage des Widerstandsrechts nur eine kurze Bemerkung: Es ist im Grundsatzausschuß eingehend erörtert worden. Von einer Formulierung wurde aber abgesehen. Auf der einen Seite waren wir der Auffassung, daß „Männerstolz vor Königsthronen" heute keine sehr häufige Erscheinung ist; auf der anderen Seite wollten wir unsere Hand auch nicht zur Hochzüchtung eines gewissen Querulantentums geben.

Schließlich noch als ein Beitrag zum Problem des ungeschriebenen Verfassungsrechts ein paar Worte zu der sehr schwer zu lösenden Frage, ob die Pflicht zu bundesfreundlichem Verhalten für die Länder auch innerhalb ihres autonomen Gesetzgebungsbereichs besteht. Die Art. 83 ff. geben zwar dem Bunde den Ländern gegenüber ein Aufsichtsrecht über deren Maßnahmen in Ausführung der Bundesgesetze. Sie beziehen sich ihrem Wortlaut nach aber nicht auf den autonomen Gesetzgebungsbereich der Länder. Eine gewisse Hilfe gewährt hier zwar Art. 28. Sie reicht jedoch nicht aus. Daher wird es nötig, sich auf einen Satz des ungeschriebenen Verfassungsrechts zu stützen. Dieser ergibt sich auch unmittelbar aus den Grundsätzen des bundesstaatlichen Aufbaus. Die betreffende Pflicht folgt im Bundesstaat ganz allgemein aus der Natur der Sache. Sie gehört demnach zu den verfassungsmäßigen Pflichten, die hinsichtlich ihrer Erfüllung den Vorschriften der Art. 83ff. unterliegen. Ich möchte daher einen entsprechenden Satz des ungeschriebenen Verfassungsrechts annehmen.

Wolgast-Nürnberg: Sub specie des ungeschriebenen Verfassungsrechts erscheint mir ein Problem von akuter Bedeutung. Zwei oder drei drängende, für unsere politische Existenz unumgehbare Fragen können vom Text des GG aus m. E. nicht gelöst werden, die Fragen der auswärtigen Gewalt: Montanunion und Remilitarisierung, sowie der inneren Gewalt: Einfluß außerparlamentarischer Gruppen auf die staatliche Willensbildung. Zum letzteren Punkt hat sich Forsthoff in einem unbekannt gebliebenen Aufsatz „Die deutsche Staatskrisis und das Grundgesetz" fesselnd geäußert („Zeitwende", 21. Jahrg., Nr. 5, S. 321—332); dazu kritisch demnächst die sehr gute, auf umfangreiche Materialstudien gegründete Dissertation (Nürnberg) „Einflüsse außerparlamentarischer Organisationen auf das Grundgesetz" von Eberhard Roemer. Liegen die Dinge in der Richtung des ungeschriebenen Verfassungsrechts?

Daß diese und möglicherweise noch andere Probleme vom GG aus nicht gelöst werden können, erklärt sich aus der politischen Situation der Entstehung desselben und aus einigen Gegebenheiten darin. In das GG wurde nicht alles normal dazu Gehörige geschrieben und blieb daher schon aus diesem Grunde ungeschrieben. Man zählte auf Einstweiligkeit des GG. Mag diese Einstellung einem — im ganzen wohl bedauerlichen — Perfektionismus gewichen sein, die „Väter von Bonn" waren sich über die Begrenztheit ihres Tuns im klaren. Rücksicht auf die Ostzone hat bewirkt, daß man keine Bestimmungen in das GG hineinnehmen wollte, die eine Wiedervereinigung beider Teile Deutschlands unmöglich machen würden. Rücksicht auf die Arbeitgeber und die Arbeitnehmer wirkte aus der Erwägung, die beiden Gruppen würden Einigung inter se suchen; infolgedessen sollte der Willenseinigung zwischen beiden nicht vorgegriffen werden. Die Entscheidungen etwa über das Investitionsgesetz und die Mitbestimmung sind wirklich durch Zusammenspiel von Faktoren zustande gekommen, die die geschriebene Verfassung nicht kennt.

Zur Frage der Remilitarisierung weist das GG in seinem radikalantimilitaristischen Geist einen ungeschriebenen Satz auf, der es unmöglich macht, die Remilitarisierung vom Boden des GG aus durchzuführen. Das Parlament ist unzuständig dafür, über die Remilitarisierung abzustimmen. Ebenso liegt es im Ergebnis um die Montanunion. In beiden Fällen handelt es sich um so an das Elementare unseres GG greifende und in dessen Geist nicht vorgesehene Dinge, daß kraft des sich darin aussprechenden ungeschriebenen Satzes es einer Volksbefragung bedürfte. Daß eine solche im GG nicht vorgesehen ist, bedeutet eine Schwierigkeit für sich.

Schließlich ein Zug wohl aller neueren Verfassungen und so auch unseres GG. Die Verfassungen sind gemacht nach den Bildern der traditionellen Verfassungslehre. Wie diese nur die inneren Staatsrechtsdinge lehrt, nicht auch den Staat in seinen auswärtigen Verhältnissen (ob Zentral-, Ring-, Küsten-, See- oder Landmacht usw.), so verstoßen die nach ihr entworfenen Verfassungen gegen die Wahrheit, die Ranke an der Wirklichkeit abgelesen hat: daß die innere Struktur der europäischen Staaten zum großen Teil Anpassung sei an die Kämpfe dieser Staaten um Existenz und Lebensraum. Bismarcks Reichsverfassung mit dem gesamten Bau des Mitteleuropas des Reichsgründers läßt, wie es ein Schüler von mir in seiner Dissertation ausführt, solche Anpassung an die „auswärtigen" Verhältnisse noch deutlich erkennen: im Kern das konzentrisch-monarchisch verfaßte Preußen von äußerster Festigkeit; um dasselbe, schon loser, doch noch von staatshafter Festigkeit das Bundesverhältnis „Deutsches Reich"; weiter der Ring des Zwei- und später des Dreibundvertrages (1879, 1882); daran angeschlossen Rumänien (1883); alles dies supplierend von 1887 der Separatvertrag Deutsches Reich—Italien, der Separatvertrag Österreich-Ungarn—Italien, die Englische Entente: Großbritannien—Italien—Österreich-Ungarn, die Spanische Entente: Spanien—Italien—Österreich-Ungarn—Deutschland, der Orientalische Dreibund: Großbritannien—Italien—Österreich-Ungarn und der Rückversicherungsvertrag mit Rußland; auch das Bündnis Österreich-Ungarns mit Serbien von 1881 wird zu dem Bau zu rechnen sein. Alles dies stellte, von außen her bis ins innerste Preußen und umgekehrt, in Anpassung an die „auswärtigen" Verhältnisse — auch in den Verfassungsnormen — ein System, ein Staatensystem, dar, d. h. ein nach einer allgemeinen Regel geordnetes Ganzes aus Teilen in einem zugeordneten Raum und daher mit einer Raumstruktur als einer Aufbaugliederung im Raum. Daß und wie die staats- und völkerrechtlichen Normen dem entsprachen und wie sie das System des Lebens ausdrückten, darzulegen, könnte eine fesselnde Studie abgeben. Das regulative Prinzip des Ganzen bestand in der Festigkeit des Kerns und dessen Hegemonie im Reich mit der Idee eines Ringes um das unruhige Frankreich als politischer raison d'être. Der erste Weltkrieg hat den Außenbau zwar vernichtet, jedoch die Deutschen von den Bismarckschen Grundfesten nicht heruntergestoßen. Davon hat noch Weimar gelebt. Bismarck konnte den Bau entwerfen, weil er ein Bild des Gesamtstaatensystems oder besser wohl: des Staatengesamtsystems besaß. Heute fehlt es an einem entsprechenden Bilde. Darum und insofern ist das Bonner Gebäude ideelos, d. h. ohne durchdachte Abstellung auf eine Idee der Weltgesamtverhältnisse, die sich als normative Idee für seine innere Struktur zur Anpassung an das Auswärtige hätte auswirken können. Anders steht es um das Schweizer Staatsrecht. Hier ist das Bild der Lagerung des Landes im Auswärtigen desselben dermaßen in das Staatsethos eingegangen, daß der Satz der Neutralität als Verfassungssatz gelehrt wird, obwohl er in einem völkerrechtlichen Instrument steht. Nichts Wichtigeres gäbe es daher für eine deutsche Staats- oder Völkerrechtslehrervereinigung als die Frage des neuen Staatensystems der Erde als Thema für ihre Verhandlungen. Dies Bild zeichnet sich bereits ab. Nach einem solchen Bilde wäre das GG. für Fragen wie diejenigen der Montanunion und der Remilitarisierung zu verstehen, und dies heißt doch wohl: auszulegen; s. Wolgast, Das neue Staatensystem seit 1945, in „Der Rotarier" 1952, III, S. 66ff.

Weber-Göttingen: Als es sich vor geraumer Zeit im Vorstand unserer Vereinigung darum handelte, die Themen für die diesjährige Tagung festzulegen, hatte ich gegen den Gegenstand „Ungeschriebenes Verfassungsrecht" von vornherein einen starken Soupçon. Ich muß gestehen, daß sich dieses Mißbehagen beim Anhören der Referate vollauf bestätigt hat. Wir haben gesehen, daß in den beiden Referaten das Wort „Ungeschriebenes Verfassungsrecht" zum Anlaß einer Reihe von Paraphrasen gemacht wurde, die mit der gemeinten Sache selbst wenig zu tun haben. Das hängt damit zusammen, daß die Formel „Ungeschriebenes Verfassungsrecht" für unsere Gegenwartssituation keine verständliche und fruchtbare Fragestellung mehr bezeichnet. Wollte man trotzdem unter diesem Stichwort eine in sich geschlossene und eindrucksvolle Leistung bieten, so mußte man, wie es Herr Kollege v. Hippel tat, dazu kommen, über ein ganz anderes Thema zu sprechen, oder man mußte, wie Herr Kollege Voigt, sich in der Ausweglosigkeit der Fragestellung festfahren.

Die Wendung „ungeschriebens Verfassungsrecht" stammt bezeichnenderweise aus den letzten Phasen des Bismarckreiches. Damals stand man dem Faktum gegenüber, daß das festgefügte und relativ stabile Verfassungssystem dieses Reiches unter dem Einfluß noch langsam fortschreitender politischer und sozialer Strukturveränderungen sich einigen Verfassungswandlungen und der Ausbildung ergänzenden Verfassungsrechts öffnete. Angesichts der Begrenztheit dieser Um- und Neubildungen und der Tatsache, daß das System des geschriebenen Verfassungsrechts im ganzen noch unerschüttert war, konnte man die neuen Erscheinungen unter der Vorstellung des „ungeschriebenen Verfassungsrechts" zu erfassen suchen und ihnen damit einen durchaus adäquaten Ausdruck verleihen. Es handelt sich um das Problem des Verhältnisses von Verfassungsnorm und Verfassungswirklichkeit, das damals noch in durchaus undramatischer Form sichtbar wurde und demgemäß mit den begrenzten Mitteln einer Erörterung über „ungeschriebenes Verfassungsrecht" darstellbar war.

Die Spannung von Verfassungsnorm und Verfassungswirklichkeit ist auch für uns heute eine drängende Aufgabe; sie ist sogar die tägliche Not und Sorge unseres Berufes als Staatsrechtswissenschaftler geworden. Aber mit der Formel „ungeschriebenes Verfassungsrecht" können wir sie nicht mehr meistern. Wir arbeiten mit Verfassungen, von denen sich nicht nur im Laufe ihrer Geltung die Verfassungswirklichkeit entfernt hat, sondern die, weil sie ihrer Konzeption nach in der Zeit um die Mitte des 19. Jahrhunderts wurzeln, schon bei ihrer Inkraftsetzung der realen politischen Kräftegruppierung und der Gegenwartsproblematik weithin nicht entsprechen. Die Herren Herrfahrdt und Wolgast haben das schon angedeutet. Unsere heutigen geschriebenen Verfassungen stehen inmitten weltpolitischer Ordnungszusammenhänge, die auf sie einwirken, und sie finden ein innenpolitisches Kräftefeld vor, mit dem sie nicht fertig werden. Sie haben innerhalb dieses ganzen Kräftesystems nur begrenzte Aktionsmöglichkeiten. Freilich sind sie nicht gänzlich wirkungslos, aber sie tragen zu dem Gesamtbild doch nur einige Züge bei. Das Problem also, dem frühere Generationen für ihre Zeit noch mit der Vorstellung von „ungeschriebenem Verfassungsrecht" beikommen konnten, hat sich für uns unerhört kompliziert und zugespitzt und uns in den unlöslich scheinenden Widerstreit zwischen geschriebener Verfassung, selbständigen innenpolitischen Kräftebildungen und Fremdbestimmung durch weltpolitische Zusammenhänge gestürzt. Diese spannungsvolle Lage bezeichnet das Feld, auf dem die Staatsrechtswissenschaft ihre Gegenwartsaufgaben anzugreifen und zu bewältigen hat. Ich selbst habe dazu soeben einen literarischen Beitrag vorgelegt, auf den ich verweisen kann. Jedenfalls aber möchte ich in dieser Diskussion meine Einstellung zu den hier erörterten Fragen nicht verschweigen.

Krüger-Hamburg: Die beiden Referate, die wir gehört haben, leiden meiner Auffassung daran, daß sie nicht eine genaue Umschreibung des Gegenstandes gegeben haben, mit dem sie sich auseinandersetzten. Zum mindesten hätte bestimmt werden müssen, was „ungeschriebenes Verfassungsrecht" nicht ist. Herr Weber hat soeben meine Meinung, wo der Ort des Problems des „ungeschriebenen" Verfassungsrechts liegt, vollständig getroffen, als er von dem Auseinanderklaffen von Verfassungsgesetz und Verfassungswirklichkeit gesprochen hat. Ich darf versuchen, in dieser Richtung einige Bemerkungen zu machen.

Ich beginne mit dem Referat von Herrn von Hippel. Herr von Hippel hat den Wertkosmos unmittelbar identifiziert mit dem ungeschriebenen Verfassungsrecht. Damit geht man aber am Wesen der Sache vorüber. Denn das ungeschriebene Verfassungsrecht ist nun einmal positives Recht und gerade kein Naturrecht. Im übrigen unterschreibe ich auch die Kritik des Herrn von Hippel am Positivismus nicht. Denn ich betrachte es nicht als ein Symptom der Gesundheit eines Staates, wenn man von einem Naturrecht aus von vornherein jeden Akt der Gesetzgebung und der Gesetzesvollziehung in Frage stellt, aus dem ständigen Verdacht heraus, es könne ein tyrannischer Gesetzgeber am Werk sein. Es ist daher bezeichnend, daß die Rechtsprechung sich von einer derartigen Auffassung bisher kaum hat beeinflussen lassen.

Herr Voigt ist hier als Überpositivist gekennzeichnet worden. Es wäre wohl richtiger, ihn einen zu engen Positivisten zu nennen. Man sollte im Verfassungsrecht mehr sehen als nur das, was mit Händen ergriffen werden kann. Sowohl der naturrechtliche Ausgangspunkt des Herrn von Hippel wie der wohl allzu positive Positivismus des Herrn Voigt weisen immer wieder darauf hin, daß bei der Behandlung des Problems des ungeschriebenen Verfassungsrechts zunächst einmal eine Bestandaufnahme und Differenzierung des positiven Stoffes unternommen werden muß. Insbesondere hätte in diesem Zusammenhang als erstes die Grenze zwischen geschriebenem und ungeschriebenem Verfassungsrecht gezogen werden müssen, damit man sieht, was noch zur Interpretation des positiven Rechts gehört und was schon ungeschriebenes Verfassungsrecht ist (Zuruf: sehr richtig!). Mit der Positivierung der Verfassung in einem Verfassungsgesetz sind vorausgesetzt eine Reihe von sozialen und psychologischen Gegebenheiten, die als solche Bestandteile der Verfassung und nicht nur Auslegungsmittel für die Verfassung sind. Zu diesen positivierten Gegebenheiten gehört vor allem auch die von Herrn Wolgast mit Recht genannte außenpolitische Lage. Bezeichnend für diesen Zusammenhang von geschriebenem und ungeschriebenem Verfassungsrecht ist es, daß das Grundgesetz nicht nur in seinem positiven Normbestand stellenweise etwas antiquiert erscheint, sondern besonders, daß auch die sozialen und psychologischen Situationen, die es voraussetzt, an vielen Stellen nicht mehr vorhanden sind. Damit stellt sich ein neues Problem: Wie ist eine Verfassung zu beurteilen, deren vorausgesetzte und positivierte Vorgegebenheiten nicht mehr bestehen, während auf der anderen Seite womöglich neue Lagen entstanden sind, von denen die Verfassung als reine Norm nichts weiß. In derartigen Fällen wird das Problem der Verfassungswandlung akut. Es scheint mir nicht die geringste der Aufgaben der Staatsrechtswissenschaft zu sein, die Wandlungen der sozialen und psychologischen Grundlagen der geltenden Verfassung zu beobachten und zugleich Interpretationsmethoden zu entwickeln, die eine ständige Fortbildung des geschriebenen Rechts aus diesen Grundlagen möglich machen. Mit einer solchen Leistung der Theorie wäre vor allem auch der Praxis der Rechtsprechung gedient, die auf diese Weise bei aller Bindung an das positive Recht doch den Erfordernissen der Wirklichkeit Rechnung tragen könnte.

Bachof-Heidelberg-Stuttgart: Entgegen einer hier offenbar weit verbreiteten Ansicht bin ich der Meinung, daß das Verhältnis des positiven Gesetzesrechts zum vor- und überstaatlichen Recht sehr wohl zum Thema „ungeschriebenes Verfassungsrecht" gehört. Freilich stellt es nur eine Seite des Themas dar, und deshalb ist es zu bedauern, daß die zahlreichen weiteren sich daraus ergebenden Fragestellungen in den Referaten kaum berührt wurden. — Was nun die Frage des Verhältnisses des überstaatlichen Rechts zum geschriebenen Recht betrifft, so sollten wir uns, stärker als bisher geschehen, darauf besinnen, daß ja das Grundgesetz selbst zu dieser Frage Stellung nimmt und seine Auffassung hierüber besonders in der Präambel und im Art. 1 deutlich zu erkennen gibt. Der Grundgesetzgeber geht darin doch offensichtlich — und die Materialien unterstreichen das noch — von dem Bestehen überstaatlichen Rechts aus. Die Konkretisierung dieses Rechts in Einzelnormen ist daher nur eine Anerkennung, sie hat deklaratorische und nicht konstitutive Bedeutung. Geht man hiervon aus, so ist allerdings der Schluß zwingend, daß solche Einzelnormen, die das überpositive Recht erkennbar verfehlen, der rechtlichen Verbindlichkeit ermangeln. Ich verkenne nicht, daß der Parl. Rat mit dem Rückgriff auf das überstaatliche Recht ein außerordentliches Wagnis eingegangen ist; ein umso größeres Wagnis, als er sich über die diesem Recht letztlich zugrundeliegenden und sich vielfach überschneidenden Vorstellungen religiöser, sittlicher, humanitärer und rationalistischer Natur wohl kaum restlos im klaren war. Wir können uns aber diesem Wagnis, das das Grundgesetz selbst fordert, nicht entziehen. Auch glaube ich — ich habe mich damit ja eben erst in einer Veröffentlichung[1]) auseinandergesetzt und darf darauf Bezug nehmen —, daß es Grundsätze gibt, die allen jenen Vorstellungen gemeinsam sind und daher eine hinreichende Bestimmbarkeit des übergesetzlichen Rechts ermöglichen, und die auch ohne schriftlichen Niederschlag zur „Verfassung" gehören.

---

[1]) Verfassungswidrige Verfassungsnormen? (Recht und Staat 163/164. I. C. B. Mohr, Tübingen 1951).

Dazu zählt sicher das jeder wirklichen „Rechts"-Ordnung immanente Willkürverbot; dazu gehören aber wohl auch die zentralen Gebote des von der Rechtsgemeinschaft anerkannten, nach Zeit und Ort freilich möglicherweise verschiedenen Sittengesetzes.

Zu der Äußerung von Herrn Nawiasky, es gäbe kein „Recht zur Revolution", weil es kein „Recht zur Vernichtung des Rechts" geben könne, möchte ich mir hier nur eine kurze Bemerkung gestatten: Das kann doch wohl nur richtig sein, wenn man von einem streng positivistischen Standpunkt ausgeht, mithin Recht und Gesetz (allenfalls noch mit Einschluß des Gewohnheitsrechts) gleichsetzt und die Bezogenheit des geschriebenen Rechts auf vor- oder überstaatliches Recht ablehnt. Das ist aber nach meiner Auffassung unrichtig, es ist auch nicht die dem GG zugrundeliegende Konzeption. Erkennt man mit dem GG die Existenz übergesetzlichen Rechts an, so kann sich dem kein Gesetzgeber, also auch kein Verfassungsgesetzgeber, entziehen.

Spanner-Graz: Gestatten Sie mir, daß ich zur Frage des ungeschriebenen Verfassungsrechts noch eine kurze Bemerkung hinzufüge. Sie bezieht sich auf den evidenten Zusammenhang des Problems zu der Einrichtung der Gerichtsbarkeit des öffentlichen Rechts überhaupt, zur Verfassungsgerichtsbarkeit aber im besonderen. Ich darf hinzufügen, daß wir in Österreich, wo die Verfassungsgerichtsbarkeit schon in der Bundesverfassung von 1920 verankert ist und wo der Verfassungsgerichtshof seit der Wiederaufnahme seiner Tätigkeit im Jahre 1946 schon wieder auf 5 Jahre seiner Tätigkeit zurückblicken kann, in diesem Punkt über eine gewisse Erfahrung verfügen. Ich kann nach der bisherigen Rechtsprechung des österreichischen Verfassungsgerichtshofes berichten, daß sich diese von den Gedanken eines ungeschriebenen Verfassungsrechts nicht hat beeinflussen lassen. Es läßt sich feststellen, daß dort, wo der Rückgriff auf ungeschriebenes Verfassungsrecht von seiten der Partei, des Beschwerdeführers, unternommen wurde, dies im allgemeinen deshalb stattfand, weil der Betreffende mit der gegebenen positiven Rechtslage nicht einverstanden war, also in Wahrheit eine Korrektur der Gesetzgebung, bzw. der Verfassungsgesetzgebung verlangte. Solche Fälle haben sich aber in sehr mäßigen Grenzen gehalten. Soweit der österreichische Verfassungsgerichtshof überhaupt solchen Gedanken gefolgt ist, hat er sich, soweit es sich um eine Kritik an Verfassungsgesetzen handelte, damit begnügt, eine Anregung an den Verfassungsgesetzgeber zu richten, er ist dagegen nicht der Gefahr erlegen, etwa selbst Verfassungsgesetzgeber werden zu wollen. Die Tätigkeit der Verfassungsgerichtsbarkeit kann nur darin bestehen, das Recht richtig anzuwenden, auch etwa tatsächlich vorhandenes ungeschriebenes Verfassungsrecht, sofern dies in einem Staat der Fall ist, hingegen nicht darin, Entscheidungen zu treffen, die der Verfassungsgesetzgeber treffen muß.

Klein-Münster: Ich meine feststellen zu können, daß weder in den beiden Referaten noch auch in der bisherigen Diskussion mit genügender Klarheit die Frage behandelt worden ist, wo nun eigentlich die Grenze zwischen ungeschriebenem Verfassungsrecht und Interpretation verläuft. Ich glaube, hier liegt ein Kernproblem und ein Ausgangspunkt der ganzen Frage des ungeschriebenen Verfassungsrechts. Herr von Hippel sprach an einer Stelle vom positiven ungeschriebenen Verfassungsrecht, das dort praktisch würde, wo Lücken in der geschriebenen Verfassung auszufüllen seien. Ich darf hier zwei Beispiele zur Erwägung stellen. Zunächst die Frage, ob der Bundespräsident nach dem Grundgesetz ein Wahlrecht bei der Ernennung von Ministern hat oder ob er vielmehr an den Vorschlag des Bundeskanzlers gebunden ist (Artikel 64 Absatz 1 des Grundgesetzes). Handelt es sich hier um das Ausfüllen einer echten Lücke in der Verfassung? Ist das ein Fall von Anwendung positiven ungeschriebenen Verfassungsrechts? Oder geht es hier ganz einfach um bloße Gesetzesauslegung?

Und nun eine zweite Frage, bei der ich gegenüber der Formulierung des Herrn Referenten Bedenken anmelden möchte. Er hat davon gesprochen, daß ein Steuergesetz, das extrem hohe Steuersätze auferlegt, gegen ungeschriebenes Verfassungsrecht verstoße. Das erscheint mir bedenklich. Zwar kann man von einem Steuergesetz, das, wirtschaftlich gesehen, eine zu hohe und daher untragbare Steuerauferlegung vorsieht, sagen, daß es gegen die guten Sitten verstößt, nämlich von dem Standpunkt aus, daß auch vom Steuergesetzgeber ein anständiges Verhalten gefordert werden darf und muß. Ich frage aber, was das mit der Anwendung ungeschriebenen Verfassungsrechts zu tun hat. Allerdings ist damit ein gewichtiges Problem aufgeworfen: die Frage der Rechtsgültigkeit von Steuergesetzen unter dem Blickpunkt der Enteignung.

Jellinek-Heidelberg: Ich habe mich an dieser Stelle für die Aussprache vorgemerkt, aber der Zufall will es, daß sich kein Herr mehr zum Wort gemeldet hat. Es fällt mir daher zugleich die Aufgabe zu, eine gewisse Zusammenfassung von dem zu geben, was wir bisher gehört haben, bevor ich den Herren Berichterstattern das Schlußwort erteile.

Ich meine, das Ergebnis dieses ersten Tages, die Berichte wie auch die Diskussion, nicht so bedenklich ansehen zu müssen, wie Herr Kollege Weber. Es ist doch eine ganze Reihe fruchtbarer Gedanken vorgetragen worden.

Wenn wir über Verfassungsfragen sprechen, so ist es uns geläufig, daß wir zwei Seiten einer geltenden Verfassung sehen und bewerten müssen. Da ist nämlich einerseits die tatsächliche Verfassung, ihre historische und soziologische Seite, und andererseits ihre normative Seite; beide stehen in einem bestimmten Verhältnis zueinander. Mit Recht würde heute einem Staatsrechtslehrer ein Vorwurf gemacht werden, wenn er bei der, verständlicherweise zuerst einmal normativen, Betrachtungsweise die tatsächliche, historisch-soziologische Seite der Verfassung nicht genügend berücksichtigte, wenn er also z. B. beim Satz der Verfassung, daß der Abgeordnete nach seinem Gewissen abstimmt und an Aufträge und Weisungen nicht gebunden ist, nicht auch zugleich auf den Fraktionszwang hinwiese, oder wenn ein Staatsrechtslehrer des Kaiserreichs den Bundesrat als ein periodisch tagendes Kollegium bezeichnet hätte in einer Zeit, da der Bundesrat schon längst ein ständig tagendes Kollegium geworden war.

Nicht möchte ich auf die weitschichtige Frage eingehen, ob nicht alles, was man als einen Satz des ungeschriebenen, geltenden Verfassungsrechts hinstellt, durch Auslegung der geschriebenen Verfassung gewonnen wird, wenn auch vielleicht durch eine sehr hochwertige Auslegung. Nur soviel sei bemerkt, daß ich nicht glaube, man könne alles mit der Auslegung erfassen, wie Herr Nawiasky meint.

Wenn wir nun an die Frage des ungeschriebenen Verfassungsrechts in der normativen Schau herangehen, so meine ich, daß wir vier Gruppen von ungeschriebenen Sätzen unterscheiden können. Dies hat auch wohl die Diskussion im großen und ganzen ergeben.

Da ist einmal die Frage der Rangordnung der einzelnen geschriebenen Verfassungsbestimmungen zueinander. Darüber steht natürlich nichts in der Verfassung selbst, aber man sieht schon bei den Versuchen, auf diese kritische Weise an die Verfassung heranzukommen, daß man den Drang hat, einen Wertunterschied zu machen zwischen einzelnen Bestimmungen der geschriebenen Verfassung. So liegt es auf der Hand, daß etwa Art. 19 des Grundgesetzes höherwertig ist als Art. 131. Diese Rangordnung oder Wertskala im einzelnen festzulegen und im Konfliktsfalle eine Lösung herbeizuführen, halte ich für die erste Aufgabe dessen, der ungeschriebenes Verfassungsrecht anwendet.

Ein zweiter Anwendungsfall ergibt sich aus der Tatsache, daß man dem Machthaber gewisse ungeschriebene Schranken für sein Tun setzen muß. Als Beispiel kann man den Art. 76 der Weimarer Verfassung erwähnen, dem, wie wir heute wissen, die ungeschriebene Schranke innewohnte, daß selbst auf dem Wege über das mit verfassungsändernder Mehrheit angenommene Ermächtigungsgesetz die Grundlagen der Verfassung nicht aus den Angeln hätten gehoben werden dürfen. Das Bonner Grundgesetz hat diese Gefahr in der Bestimmung des Art. 79 Abs. 3 einzufangen versucht und damit diese Schranke zum Bestandteil des geschriebenen Verfassungsrechts gemacht. Aber es gibt auch heute noch Fälle dieser Art, so das von Herrn Bachof erwähnte Willkürverbot, so den Grundsatz der den Ländern obliegenden Bundestreue. Die verschiedentlich erwähnte Abhandlung von Smend aus dem Jahre 1916, die kürzlich in einer Verhandlung des Hessischen Staatsgerichtshofes lebhaft erörtert wurde — Herrn Smend müssen im Sommer 1950 die Ohren geklungen haben —, bewegt sich auf dem Gebiete der Einschränkung der Machthaber durch Bestimmungen des ungeschriebenen Verfassungsrechts.

Der dritte, entgegengesetzte Fall des Wirksamwerdens ungeschriebenen Verfassungsrechts ist die Erweiterung der Befugnisse der staatlichen Organe, wenn man nämlich merkt, daß die Verfassung nicht genügend Spielraum läßt für das als notwendig Anzusehende, wenn also ein Artikel der Verfassung, z. B. auf dem Gebiete der Gesetzgebungskompetenz, nicht ausreicht, um ein Bedürfnis zu befriedigen. Hierher gehört etwa die Frage der Zulässigkeit einer Remilitarisierung Deutschlands. Die Wiederaufrüstung ist zwar im Grundgesetz nicht vorgesehen, man kann aber auch nicht, wie Herr Wolgast meint, behaupten, daß es die Remilitarisierung verboten habe. Insbesondere hätte es keinen Sinn, den ehrlichen Kriegsdienstverweigerer nach Art. 4 Abs. 3 zu schützen, wenn es überhaupt keinen Kriegsdienst mehr geben dürfte. Näheres hierüber habe ich in einem in Kürze in der „Öffentlichen Verwaltung" erscheinenden Aufsatz ausgeführt. Weiter gehört der Fall des äußersten Staatsnotstandes hierher. Es gibt im Verfassungsleben Fälle, in denen man überhaupt nicht mehr weiterkommt, da man vergessen hat, irgendwo ein Ventil anzubringen, wenn etwa die Wahlperiode des gegenwärtigen Bundestages abliefe, ohne daß das für die Wahl des zweiten Bundestages unerläßliche Wahlgesetz verabschiedet worden wäre; denn das Wahlgesetz vom 15. Juni 1949 galt nur für die Wahl zum ersten Deutschen Bundestag.

Endlich, viertens, das weite Feld der im Grundgesetz vorkommenden Rechtsbegriffe, die einer näheren Erläuterung bedürfen. Nach Art. 19 Abs. 4 steht jedem, der durch die öffentliche Gewalt in seinen Rechten verletzt wird, der Rechtsweg offen. Nun, was ist Rechtsweg? Was ist ein Gericht? Wer ist „in seinen Rechten" verletzt? Alle diese Begriffe können von der Rechtsprechung in weitem Umfang nur aus ungeschriebenen Sätzen näher bestimmt werden, aus den Ausstrahlungen gewisser oberster Grundsätze, aus der gesamten historischen und sozialen Verfassungslage. So sind, wie ich glaube, die Verwaltungsgerichte den richtigen Weg gegangen, wenn sie, von dem sozialen Geiste des Grundgesetzes ausgehend, entschieden haben, daß der Fürsorgeberechtigte heute kein Almosenempfänger mehr ist, sondern der Träger eines echten, subjektiven Rechtes auf Gewährung der gesetzlichen Fürsorgeleistungen.

Das also wäre ein Versuch, das Gehörte in eine Art von System zusammenzufassen, wobei ich mir der Unvollständigkeit des Versuches wohl bewußt bin. Ich darf aber erklären, daß ich für meine Person von der Aussprache wie auch von den tiefschürfenden und weitgespannten Berichten eine Reihe wertvoller Anregungen empfangen habe. Besonders hat Herr von Hippel in seinem, in jeder Beziehung ungewöhnlichen, Vortrag sehr viel gebracht und daher jedem, der Ohren hat, das Gewissen bei der Behandlung verfassungsrechtlicher Fragen geschärft. Wir können uns von der schriftlichen Fassung des Vortrags noch großen Gewinn und weitgehende Wirkungen versprechen.

Und nun erteile ich, da keine weiteren Wortmeldungen vorliegen, den beiden Berichterstattern, zunächst Herrn von Hippel, das Schlußwort.

von Hippel-Köln (Schlußwort)[1]. Die Ausführungen der Herren Diskussionsredner haben z. T. beanstandet, daß der von mir zugrunde gelegte Begriff des ungeschriebenen Verfassungsrechts den eigentlich von ihnen erwarteten Inhalt des Themas nicht träfe. So sprach etwa Herr Scheuner von einem „weit ausgreifenden rechtsphilosophischen Vortrag", Herr Naviasky von einer „moraltheologischen Vorlesung" und endlich Herr Weber gar von einer „Reihe von Paraphrasen", die mit der gemeinten Sache „wenig zu tun hatten".

So leid es mir nun tut, die Erwartungen dieser oder anderer Kollegen enttäuscht zu haben, die ihnen näher liegende Gedanken wünschten, kann ich darum doch in der Sache ihnen nicht recht geben. Der Begriff des ungeschriebenen Verfassungsrechts, welcher ja nicht ein rechtsdogmatischer im engeren Sinne ist, kann gleichsam in verschiedenen Ebenen verstanden werden, wie dies zunächst Herr von der Heydte feststellte und wie dies zusammenfassend Herr Jellinek noch einmal schön herausarbeitete. Es war hier nun mein Bestreben, wie ich dies gleich am Anfang meines Referates hervorhob, diesen Begriff grundsätzlich zu behandeln, da nur so überhaupt sich ein geschlossenes Ganzes geben ließ und nicht bloß

---

[1]) Da ein Stenogramm des Schlußwortes nicht vorlag, mußte dies neu gefaßt werden und entspricht also nur im Grundsätzlichen, nicht im Einzelnen dem seinerzeit Gesagten.

eine Sammlung einzelner Fälle. Zugleich ist für jeden, der sich von den Einzeldingen zu lösen versteht, einsichtig, daß eine grundsätzliche Behandlung weiter reicht und insofern wichtiger ist als die Behandlung der etwa Herrn Schätzel „auf den Nägeln brennenden" Tagesfragen. Hängt doch die sinnvolle und begründete Lösung aller Einzelfragen ihrerseits von den Grundlagen ab, wie denn bereits Konfuzius die Richtigstellung der Begriffe für die erste Aufgabe aller echten Staatskunst ansah.

Es verkennt daher auch das Wesen des juristischen Bereichs, wenn das, was für diesen grundlegend ist, als „nur" moralisch, „nur" philosophisch oder endlich für theologisch angesehen wird. Ganz abgesehen davon, daß ich die im eigentlichen Sinne theologischen Fragen absichtlich außerhalb der Betrachtung ließ. Es gibt vielmehr, was erst der Rechtspositivismus vergessen ließ, Schichten des rechtlichen Aufbaus und dementsprechend Probleme der höheren und niederen Jurisprudenz, d. h. solche von grundsätzlichem wie von peripherischem Charakter. Und mein Bemühen war hier eben dem Grundsätzlichen zugewendet.

Die Notwendigkeit einer solchen Betrachtung wird dabei implicite auch von den Herren Opponenten anerkannt. So muß nach Herrn Scheuner das hier behandelte Thema entweder von einer „rechtsphilosophischen" oder von einer „soziologischen" Grundlage aus in Angriff genommen werden. Da aber eine soziologische Behandlung keinesfalls eine juristische ist, für welche sie nur Material liefern kann wie etwa Kriminalstatistiken oder dergl., erledigt sich sein Einwand in sich selber. Und wenn etwa Herr Naviasky sich zunächst etwas grimmig zu einem „richtig aufgefaßten Positivismus" bekannte, so sah er sich doch andererseits genötigt, eine „vorrechtliche Grundidee" heranzuziehen und also einen idealistischen Standpunkt einzunehmen.

Im übrigen wurde mit Recht von Herrn Bachof darauf hingewiesen, daß ja das Grundgesetz selber auf überpositive Normen verweist. Damit aber ist es auch im positivrechtlichen Raum der bloßen Dogmatik heute unzulässig, eben jene höhere Stufe des Rechts und der Jurisprudenz aus der Betrachtung auszuschließen, wie dies vom Boden der Weimarer Verfassung aus noch möglich war. Auch geht es nicht an, wie Herr Klein meinte, die „Fragen zu vereinfachen", indem man auf „bloße Gesetzesauslegung" oder auf die „guten Sitten" verweist. Denn die Gesetzesauslegung hängt, wenn man von dem sekundären Fall bloß logischer Schlußfiguren absieht, zuletzt an Grundwerten. Und daß diese als Teile des ungeschriebenen Verfassungsrechts grundsätzlich auch den Gesetzgeber binden, der also nur im moralischen Sinne Ermessensfreiheit besitzt, nicht aber in dem der Willkür, wurde von mir ausdrücklich festgestellt.

Es sind dann eine Anzahl von Einzelfragen gestellt und Bedenken laut geworden, deren genauere Behandlung hier nicht möglich ist. So war es ein einfaches Mißverständnis, wenn Herr Krüger annahm, daß ich das ungeschriebene Verfassungsrecht unmittelbar mit dem Wertkosmos identifiziert habe. Ich muß hier schon auf den Text des Referates selbst verweisen. Ebenso lag es mir fern, wie Herr v. Mangoldt anzunehmen scheint, etwa die Arbeit des Parlamentarischen Rates herabsetzen zu wollen, an der er so selbstlos beteiligt war. Ich wollte vielmehr nur anmerken, daß der Begriff vom „Willen des Gesetzgebers" rein empirisch gesehen heute weit problematischer ist wie etwa in den Anfängen des Positivismus. Auch schätze ich Herrn Herrfahrdt menschlich zu hoch, um ernsthaft annehmen zu können, daß er eine positivistische Ordnung von beliebiger Inhaltlichkeit „je nach Zeitverhältnissen" einer gerechten und also rechtlichen vorziehen werde.

Endlich stellte Herr Hugelmann in seiner humanen Art einige Fragen, von denen die erste auf die anzugebende Inhaltlichkeit bestimmter Begriffe — positiv? berechtigte Freiheitsbereiche? — hinausläuft. Hier wird jedoch übersehen, daß sich Ideen nicht wie äußere Tatsachen oder mathematische Bezüge darlegen oder beweisen lassen, vielmehr ihren genauen Umfang und Inhalt erst am Einzelfall offenbaren. Ich verweise etwa auf den Begriff der guten Sitten, der juristisch so bedeutsam ist, ohne darum von vornherein mehr als umschrieben werden zu können. Und doch hängt er an etwas, was eingesehen werden kann, nämlich an der höheren Natur und dem moralischen Sein des Menschen.

Wenn weiter Herr Hugelmann meinte, daß die Mehrheit die von mir mit dem Begriff der Demokratie verbundene Freiheit auch „niedertrampeln" könne, so ist dies leider nur zu wahr. Doch bezeichnete die Antike mit Recht eine Staatsform, welche der Mehrheit alles erlaubt, nicht als Demokratie, sondern als Ochlokratie, also Pöbelherrschaft. Zur wahren Demokratie gehört vielmehr Reife und Mündigkeit und also Qualität und Quantität. So wird man schwerlich die Zustände in einer Familie mit Grund als „demokratisch" bezeichnen können, in welcher die Kinder die Eltern nach dem Mehrheitsprinzip niederstimmen. Ein solches Verfahren widerspricht vielmehr dem Grundprinzip vernünftiger Lebensordnung, wie dies die positivistische Quantitätsdemokratie ebenfalls tut. Auch entspricht es wohl der Möglichkeit des Menschen, wie Herr Hugelmann mit Recht bemerkt, „sich für gut oder böse zu entscheiden". Aber das, was im natürlichen Sinne möglich ist, nämlich sich für das Böse zu entscheiden, ist juristisch eben unzulässig, wie rein empirisch die Strafgesetzbücher aller Länder bezeugen und wie dies im Wesen des Rechts als einer wertenden Ordnung liegt, die an der moralischen Weltverfassung sich zu orientieren hat, nicht aber bösen Willen zum Ausgang nehmen darf.

Es bleibt mir noch, den Herrn Kollegen für die Geduld zu danken, mit der sie meinen Ausführungen gefolgt sind. Und insbesondere danke ich Herrn Jellinek von Herzen für seine so freundlichen und verständnisvollen Worte wie für die kluge Güte, mit der er diese Verhandlungen geleitet hat.

Voigt-Heidelberg (Schlußwort): Im Schlußwort will ich nicht die Verteidigung dessen aufnehmen, was den Inhalt des Korreferates betraf, sondern nur in ein paar Sätzen hinweisen, worauf es mir ankam.

Auszugehen war von dem augenblicklich trostlosen und für die nächste Zukunft auch noch nicht allzu aussichtsvollen Zustande unserer politischen Verhältnisse. Dabei setzt die Beschäftigung mit dem Verfassungsrecht eigentlich voraus, daß der Staat sich wenigstens hinlänglicher Souveränität erfreue und daher ein gesunder Nationalstolz sich auf die staatlichen Einrichtungen zu erstrecken vermag. Ohne das ist unsere Wissenschaft vom Verfassungsrecht entweder Hofgelehrsamkeit oder nur einer von den vielen Wissenszweigen, die zur allgemeinen Bildung beitragen. Das letzte ist nicht wenig, und das erste ist nicht durchaus tadelnswert, es wäre dann nur eben jene selbständige und eigenartige Verknüpfung mit dem Politicum aufgegeben, die bisher das Verfassungsrecht auszeichnete.

Auf unsere Nachkriegsjahre hin gesagt, hat es an klugen und ehrenwerten Männern nicht gefehlt, welche die Demokratie und ihre Einrichtungen außerordentlich verherrlichten, allein es scheint, daß der Beitrag des Juristen weiterhin vor allem ein spezieller sein darf. Angesichts zumal allgemeiner Prinzipien, welche unserer eigenen historischen Erfahrung und peinlichen Gewissensentscheidung nach noch nicht als sonderlich bewährt anzusehen sind, wird man es für verständlich halten, daß der Verfassungsjurist beim Anblick der erhabenen Höhen sich der noch so schmalen und notdürftigen Stelle versichert, auf der er mit Hilfe seines besonderen Rüstzeuges zu stehen vermag — und das ist eben zunächst einmal die geschriebene Verfassung. So glaube ich, daß — wenn nicht überhaupt und allgemein — so doch gewiß und notwendig im Falle der erst noch ganz anfänglichen Entwicklung unseres Staates vor allem das geschriebene Verfassungsrecht sorgsamster Pflege bedarf und über das ungeschriebene zunächst von der Grundlage des geschriebenen her Aussagen zu machen sind. Es ist nicht ausgeschlossen und ist eine Hoffnung, daß später einmal im ungeschriebenen Verfassungsrecht eine größere Bewegungsfreiheit für die Argumentation möglich ist, sofern nämlich aus der erreichten gewissen Sicherheit und Stabilität des Politischen die Verständigung über den Inhalt der Verfassung erleichtert und eine größere Einmütigkeit tätigen Bürgersinnes erwachsen ist, wie wir dergleichen nicht ohne Neid bei anderen Völkern wirksam sehen.

Jellinek-Heidelberg: Obgleich es ungewöhnlich ist, daß nach dem Schlußwort der Verhandlungsleiter noch einmal das Wort ergreift, möchte ich es dieses Mal doch tun, um zu bitten, die im Laufe der Diskussion erhobenen Angriffe nicht zu tragisch zu nehmen. Polemos pater panton — der Kampf ist der Vater aller Dinge, und nur durch Angriff und Verteidigung kommen wir der Wahrheit näher.

Übrigens sollten wir einmal auf die Tagesordnung unserer Vereinigung die Frage setzen: Was ist Positivismus? mit der Unterfrage: Ist die Bezeichnung „Positivist" eine Beleidigung?

II. Zweiter Beratungsgegenstand

Enteignung und Sozialisierung

1. Bericht von Professor Dr. Hans Peter Ipsen, Hamburg.

I.

1. Wenn die Entscheidung des Grundgesetzes zum Sozialstaat etwas Wesentliches und Tieferes sein will als eine wohlfeile Formel aus Kompromiß oder Konzession oder auch nur eine unverbindliche Verheißung, so bedeutet sie Bereitschaft und Verantwortung, Aufgabe und Zuständigkeit seines Staates zur Gestaltung der sozialen Ordnung. Nur eine solche Deutung wird der besonderen gegenwärtigen Lage des deutschen Staatswesens gerecht. Und nur sie entspricht auch der modernen Staatsstruktur schlechthin, die sich seit Jahrzehnten von der Zerklüftung in Staat und Gesellschaft entfernt hat. Soweit das Grundgesetz Idee und Rechtsförmlichkeit des liberalen Rechtsstaates lediglich restauriert und damit seiner eigenen Sozialstaats-Bestimmung etwa Hindernisse in den Weg gelegt hat, gilt es, jenen Auftrag zur Gestaltung der sozialen Ordnung gleichwohl nicht zu vernachlässigen.

Jede andere Auffassung, insbesondere jene, die aus der Anlehnung vor allem des Grundrechtsteils an den Verfassungsstil des bürgerlichen Rechtsstaates und dem — gegenüber Weimar rückschrittlichen — Verzicht auf eine bereits verfassungsmäßige Grundsatzgestaltung der Sozialordnung den staatlichen Auftrag hierzu überhaupt verleugnet, geht an der Realität unserer — und nicht nur unserer deutschen — Daseinsweise vorüber. Sie würde mithin übersteigern und vertiefen, was einer Verfassung als schwerer Mangel vorgeworfen werden kann (und dem Grundgesetz zur Genüge und mit Recht vorgeworfen worden ist): die Ungereimtheit zwischen Realität und Norm.

Ich spreche daher am Beginn nachdrücklich einer Ausdeutung und Auslegung des Grundgesetzes das Wort, unter aller gebotenen Respektierung der eindeutig erkennbaren Verfassungsentscheidungen (vor allem auch derjenigen für den Rechtsstaat) dort, wo dies mit den verfügbaren Erkenntnismitteln irgend erreichbar und vertretbar ist, die grundgesetzliche Entscheidung für den Sozialstaat im Sinne der Gestaltung der Sozialordnung zu vertiefen und zu verbreitern. Dabei verstehe ich in bezug auf die Eigentumsverfassung, die hier als Ausschnitt der Sozialordnung zur Erörterung steht, unter „Gestaltung der Sozialordnung" die Neu- und Anders-Gestaltung der Eigentumsherrschaft bis hin zu seiner Neu-Verteilung. Zur Vorstellung vom Sozialstaat gehört notwendig auch die Einsicht, daß Sozialgesetzgebung den gesetzlichen Eingriff in private Interessen voraussetzt und das Gesetz Rang und Prädikat einer demokratischen Mehrheitsentscheidung besitzt und 'verdient[1]). Worin thematisch die Ausgestaltung zum Sozialstaat in etwa liegen kann, haben die Art. 151, 155—157 und 162—165 WeimRVerf. umschrieben und findet seine aktuelle Ergänzung gerade in den Fragestellungen, denen das GG. ausgewichen ist und die sogleich zu benennen sind.

2. Von dem Thema „Enteignung und Sozialisierung" rückt damit das Wörtchen „und" in den Vordergrund der Überlegungen, da es nicht enumerativ-addierend, sondern relativ verstanden werden muß. Denn wenn — in der letzten Konsequenz gesehen — das Verfassungs-Institut der entschädigungspflichtigen Enteignung die stärkste Eigentumsgewährleistung darstellt, und wenn Sozialisierung im unverfälschten, noch nicht durch Verfassungsnormen gebändigten und juridifizierten, damit ihrer eigentlich revolutionären Bedeutung entkleideten Sinne die planmäßige Umgestaltung der wirtschaftlichen Eigentumsordnung zu künftiger Teilhabe bisheriger Nicht-Teilhaber postuliert, so liegt die tiefste Fragestellung darin, in welche Zuordnung eine Verfassung beide Institute — Enteignung und Sozialisierung — hineinstellt: Eine Verfassung, die nur die entschädigungspflichtige Enteignung kennt, und die die Sozialisierung als legales Mittel zur Gestaltung der Sozialordnung zwar honoriert, sie zugleich aber — und gar mit rechtsstaatlicher Dekoration — nur, also ausschließlich zum Unterfall der Enteignung macht, eine solche Verfassung entscheidet damit verbindlich nicht nur über die systematische und rechtstechnische Zuordnung beider Institute zueinander, sondern bestimmt damit gleichzeitig in einer eminent bedeutsamen Frage über Ziel, Maß und Methode der verfassungsmäßigen Gestaltung der sozialen Ordnung, soweit sie durch Sozialisierung gewonnen werden soll. Auf das Wörtchen „und" also wird zu achten sein.

Ein anderes kommt hinzu: Daß das Grundgesetz einmal zwar die Entwicklung zur legislativen Enteignung (Enteignung nicht nur auf Grund, sondern auch durch Gesetz, und Enteignungsschutz auch gegen den Gesetzgeber) sanktioniert, anderseits aber den legislativen Ausschluß der Entschädigung im Gegensatz

[1]) Kirchheimer, Die Grenzen der Enteignung (1930), S. 47, 28, 33.

zur Weimarer Regelung offenbar verhindert, macht die Frage erst eigentlich relevant, ob die im Grundgesetz angeordnete Abwägung der Interessen auch zur bloßen Nominalentschädigung führen darf oder nicht.

Und wird das verneint — wie bisher nahezu ausnahmslos geschehen —, so steigert sich die Fragestellung erneut, nunmehr aber noch wesentlich verstärkt, zu dem Problem, das die gesamte Lehre und Judikatur zu Art. 153 seit der Mitte der 20er Jahre beherrscht: wo liegt die Grenze zwischen entschädigungsloser gesetzlicher Eigentumsbindung einerseits, der entschädigungspflichtigen Legal-Enteignung anderseits?

Die Frage deckt sich zwangsläufig mit derjenigen nach der Abgrenzung entschädigungsloser gesetzlicher Eigentumsbindung zu gemeinwirtschaftlichen Zwecken von entschädigungspflichtiger gesetzlicher Sozialisierung mit Enteignungswirkung, wenn auch einem Gesetz nach Art. 14 Abs. 1 Satz 2 GG. Rang und Qualität einer planvollen gemeinwirtschaftlichen Ordnung innewohnen kann. Es ist schon verständlich, daß diese Frage z. B. für die Regelung des Mitbestimmungsrechts bereits aufgeworfen worden ist, noch bevor das Gesetz vom Mai 1951 erging, und heute die Antwort auf sie geteilt ist.

Endlich am Beginn noch die Ausgangs-Frage, an welchem Ort das Grundgesetz angetreten ist: die Verfassung der Deutschen Demokratischen Republik hat ihre Normen im Jahre 1949 über einen Sozialbereich ausgebreitet, der seit 1945 den tiefstgreifenden Umgestaltungen, insbesondere auch der Eigentumsordnung — und zwar Umgestaltungen (sagen wir etwa) normfreier Art und Methode — ausgesetzt gewesen ist, und hat diese Deformationen mit Segen und Sanktion versehen. Jede künftige gesamtdeutsche Lösung wird unter der Last dieser Entscheidung stehen!

Nichts dergleichen — oder kaum etwas davon — im Geltungsbereich des Grundgesetzes, wenn man zunächst die spezifischen Besatzungsinterventionen (von der Entflechtung der Wirtschaft bis zur Entnazifizierung) und den Gang zum Volkseigentum außer Betracht läßt, der jüngst vom hessischen Verfassungsgerichtshof in seiner aus Redaktionswirrwarr konstitutiven Wirkung legalisiert worden ist. Nun braucht das Grundgesetz nicht deshalb getadelt zu werden, weil es keine Umwälzungen vorfand, wie sie die DDR-Verfassung sanktionierte. Aber: Zu den im Grundgesetz teilweise nicht einmal thematisch genannten Komplexen der Lage von Flüchtlingen und Vertriebenen, der Kriegsschäden, des Wiederaufbaues, der Wiedergutmachung und des Lastenausgleichs erklärt sich das GG. überhaupt nicht materiell-entscheidend, sondern allenfalls in der Kompetenz-Bestimmung für ihre künftige Lösung.

Im übrigen stehen seine einschlägigen Art. 14 und 15 einer Eigentums- und Wirtschaftsordnung gegenüber, die der sozialstaatlichen Gestaltung im Sinne des Grundgesetzes im wesentlichen noch harrt und keinerlei vorgängigen planmäßigen Umformungen unterworfen worden war. Wo sie — wie in Hessen — in Angriff genommen worden waren oder nur vorläufigen Einwirkungen der Besatzungsmächte unterlagen, steht heute ihre Vereinbarkeit mit dem Grundgesetz oder kommt morgen (oder übermorgen) ihre positive Gestaltung und die Geltendmachung eines deutschen ius postliminii in Frage.

3. In dieser Lage kann das durch rechtswissenschaftliche Aufgabe und Methode aus der Sache begrenzte Ziel meiner Untersuchung nur darin bestehen, den eben angedeuteten Fragestellungen aus der Gesamtentscheidung unserer Verfassung und aus einer Exegese der einschlägigen Art. 14 und 15 eine Antwort zu suchen. Sie kann umso befriedigender ausfallen, je mehr die Institute der Enteignung und Sozialisierung jedes für sich, in ihrer Relation zueinander und zu anderen Maßnahmen, die das Eigentum, die Wirtschafts- und Sozialordnung beeinflussen und gestalten, präzisiert und umgrenzt werden, um für Gesetzgebung und Judikatur Unterscheidungen und systematische Erkenntnisse zu gewinnen, die zugleich dem Grundgesetz und rechtspolitischen Aufgaben entsprechen.

Der Orientierungspunkt, von dem aus die wesentlichsten Kreuzpfade erreichbar erscheinen, ist daher die folgende Exegese der Art. 14 und 15 und ihrer Beziehung zueinander. Auf ihrer Grundlage sind allgemein-systematische Folgerungen ebenso möglich wie dogmatische Zuweisungen, Einsichten in neuartige und aktuelle Problembereiche, in Geltungs- und Ablösungszweifel in bezug auf Landes-, Besatzungs- und Völkerrecht wie endlich auch in die Zusammenhänge zwischen Staats- und Wirtschaftsverfassung, die gegenwärtig erörtert werden.

Vollständigkeit wird an keiner Stelle erstrebt, Wiederholungen sind billig und ermüdend — besser wahrscheinlich wenige Blitzlichte als eine wohltemperierte Deckenbeleuchtung. Nur was pointiert ist und zum Widerspruch reizt, wird wirklich der Klärung dienen können. So bitte ich auch die Leitsätze zu verstehen.

II.

1. Abgesehen von der Einbeziehung des Erbrechts — in der Weimarer Reichsverfassung in Art. 154 gesondert behandelt — und der Reihenfolge seiner Absätze entspricht Art. 14 in seiner Struktur dem Art. 153. Er stellt die Gewährleistung des Eigentums voran (Abs. 1 Satz 1), weist dem Gesetz Inhaltsbestimmung und Beschränkung des Eigentums zu (Abs. 1 Satz 2), handelt in Abs. 2 von der sozialen Verpflichtung des Eigentums und

regelt in Abs. 3 die Enteignung. Wenn angenommen wird — wovon ich zunächst ausgehe —, daß die Entschädigungsformel in Abs. 3 Satz 3 eine bloße Nominalentschädigung, d. h. praktisch eine entschädigungslose Enteignung, verbietet, unterscheidet sich Art. 14 inhaltlich offenbar und auf den ersten Blick in drei wesentlichen Punkten von Art. 153:

1. In der nunmehr ausdrücklichen Anerkennung von Legal-Enteignungen, wie dies von der überwiegenden Lehre und der Rechtsprechung zu Art. 153 ohne Rücksicht auf seinen Wortlaut angenommen worden war;

2. in der Vorschrift des Abs. 3 Satz 2, wonach das Enteignungsgesetz, durch das oder auf Grund dessen enteignet wird, seinerseits selbst Art und Ausmaß der Entschädigung regelt, so daß durch dieses gesetzliche Junctim von Enteignungsakt oder -grundlage einerseits, Entschädigungsregelung anderseits die gleichzeitige Entschädigungsregelung zur Gültigkeitsvoraussetzung des Enteignungsgesetzes wird und die gesetzlich unterlassene Entschädigung nicht mehr einfach im Entschädigungsprozeß durch Richterspruch nachgeschoben werden kann wie in der Praxis zu Art. 153;

3. im Verbot des Art. 14, Enteignungs-Entschädigung und (oder auch nur) den Rechtsweg gesetzlich auszuschließen, was Art. 153 dem Reichsgesetzgeber gestattete.

Soweit die Materialien[2]) darüber Aufschluß geben, sollte in der Zulassung der Legal-Enteignung ausdrücklich nur kodifiziert werden, was die Rechtsprechung zu Art. 153 entwickelt hatte. Die Wendung „durch Gesetz oder auf Grund eines Gesetzes" war als „geronnene Judikatur" den Sachverständigen in den Bonner Ausschüssen geläufig. Das Entschädigungs-Junctim erscheint zuerst in der 26. Sitzung des Grundsatzausschusses vom 30. November 1948[3]). Dabei bleibt nach den Kurzprotokollen unerkennbar, ob es seine Entstehung lediglich (und ohne eigentliche juristische Absicht) dem Wunsch nach sprachlicher Textverbesserung verdankt, indem der bisherige Hauptsatz „das Gesetz regelt auch Art und Ausmaß der Entschädigung" als Relativsatz dem Vordersatz angefügt wurde, oder ob die rechtliche Bedeutung des Junctim (Entschädigungsregelung als Gültigkeitsvoraussetzung des Enteignungsgesetzes) wirklich erkannt und gewollt worden ist. Daß das Junctim noch strengere historische Vorbilder des Konstitutionalismus hat (ich denke an Art. 9 preuß. Verf. 1850: vorgängige Entschädigung!), ist offenbar nicht gesehen oder erörtert worden.

---

[2]) Vgl. die näheren Angaben bei: Abraham, Komm. z. Bonner GG., Art. 14 vor I S. 1 und die Entstehungsgeschichte dort unter I S. 1—4; v. Mangoldt, Komm., Art. 14 Anm. 1 S. 98—100.

[3]) Kurzprot. Pr. 12, 48—338 II S. 2.

Überraschend ist zunächst die Tatsache, daß das Verbot, Entschädigung gesetzlich auszuschließen, in Art. 14 seinen Platz schon im ersten Entwurf ohne ausdrückliche Erörterung gefunden und behauptet hat, obwohl die Abweichung von Art. 153, wenn sie wirklich gewollt war, insoweit geradezu eklatant sein mußte. In der 8. Sitzung des Grundsatzausschusses vom 7. Oktober 1948[4]) ist ein Abänderungsantrag der SPD, der den Ausschluß ermöglicht hätte, zwar angenommen worden („Soweit Entschädigung gesetzlich vorgesehen wird, ist diese unter gerechter Abwägung ... festzusetzen"); er hat aber schon in die Fassung 1. Lesung des Ausschusses keine Aufnahme mehr gefunden; und ein präziser Vorstoß des Allgemeinen Redaktionsausschusses[5]) in gleicher Richtung und unter Anlehnung an Art. 153 (Enteignung erfolgt gegen Entschädigung, „soweit nicht das Gesetz etwas anderes bestimmt"), ist in der genannten 26. Sitzung des Grundsatzausschusses verworfen worden[6]). Das Problem ist am Ende der Beratungen[7]) noch einmal aufgetaucht, als in bezug auf die jetzt geltende Entschädigungsformel die Besorgnis geäußert wurde (von der DP), sie lasse Entschädigungsausschluß zu. Der Vorschlag, angemessene Entschädigung vorzusehen und „Abwägung" (notfalls also Abwertung bis zur Nominalentschädigung) nur „im Falle dringenden öffentlichen Bedürfnisses" zuzulassen, verfiel indes der Ablehnung. Das Verbot, den Rechtsweg gesetzlich auszuschließen, ist trotz seiner Abweichung von Art. 153 umso weniger Gegenstand erkennbarer Erörterung geworden, als die heutige allgemeine Vorschrift des Art. 19 Abs. 4 ihm entgegengestanden hätte, über ihre Einfügung aber kaum Streit bestand.

2. Im Zusammenhang mit Art. 153 und seiner praktischen Handhabung gesehen, muß daher nicht nur festgestellt werden, wie geschehen[8]), daß der so verstandene Art. 14 — ebenso wie Art. 153 — „im wesentlichen die Fassung des Konstitutionalismus übernommen" hat. Art. 14 hat im übrigen durch das Entschädigungs-Junctim, durch den Individualschutz auch gegenüber Legal-Enteignungen, vor allem aber durch das Verbot gesetzlicher Enteignung ohne Entschädigung und ohne gerichtliche Kontrolle in wesentlichen und weittragenden Beziehungen — und durch die Inbezugnahme in Art. 15 sozusagen im Wege der

[4]) Kurzprot. Pr. 10, 48—172 II S. 6.

[5]) In erster Lesung vom ARA formulierte Fassung des damaligen Art. 17 Abs. III nach dem Stand vom 16. 11. 1948, Pr. 11, 48—282 II S. 11.

[6]) Kurzprot. Pr. 12, 48—338 II S. 2.

[7]) 57. Sitzung des Hauptausschusses vom 5. Mai 1949, Drucks. Nr. 932; Antrag Drucks. Nr. 770 der DP; 2. Lesung in der 9. Sitzung des Plenums am 6. 5. 1949, StenBer. S. 178; 3. Lesung in der 10. Sitzung am 8. 5. 1949, StenBer. S. 215, 218.

[8]) W. Weber NJW 1950, S. 401.

Kettenreaktion auch für die expropriative Sozialisierung — die Dispositionsbefugnis des Gesetzgebers in bezug auf das Eigentum über die bekannten Resultate der Reichsgerichts-Judikatur zu Art. 153 hinaus eingeengt und die Position des Eigentums gegenüber dem Gesetzgeber verhärtet.

In der Gesamtentscheidung des Grundgesetzes gesehen und nach dem Verteilungsprinzip beurteilt, das es der Scheidung der privaten und öffentlichen Rechtssphären zugrundelegt, müßte dieses Resultat — ob die Redaktion des Art. 14 im Parlamentarischen Rat es nun bewußt und planmäßig zu erzielen verstand, oder ob es ein Produkt seines Geistes auch unbewußt geworden ist — im Rahmen des Grundrechtsteils der Art. 1—19 GG als nur durchaus harmonisch und adäquat angesehen werden. Art. 14 fügt sich jedenfalls, so verstanden, zwangloser in die Grundrechtsstruktur und -konzeption des Grundgesetzes ein, als es etwa der unveränderte Art. 153 zu tun vermocht hätte: der Individualschutz gegen die Legislative, der aus dem Enteignungsschutz gegen gesetzliche Enteignung spricht, das Verbot des gesetzlichen Entschädigungsausschlusses und der gesetzlichen Klaglosstellung sowie die in der Junctim-Bestimmung erkennbare Formalisierung des Eingriffs ins Eigentum können auf gemeinsame Prinzipien zurückgeführt werden, die dem Art. 1 (insbes. seinen Absätzen 2 und 3), die dem auch die Legislative bindenden Gleichheitssatz im Sinne eines Diskriminierungsverbotes, die endlich dem Art. 19 innewohnen.

Eine ganz andere Frage aber ist die, ob dieser so verstandene Art. 14 innerlich selbst homogen ist in der Zuordnung seiner Schutzbestimmungen zum Satz 2 des Abs. 1 (des Eigentums „Inhalt und Schranken werden durch die Gesetze bestimmt") sowie zu Abs. 2 und ob das Grundgesetz insgesamt seine innere Homogenität selbst gewahrt hat, indem es angesichts dieser Regelung in Art. 14 Abs. 3 andernorts seine Sozialstaatlichkeit zur Staatszielbestimmung erklärte. Daher wird zu erörtern sein, ob Art. 14 so, wie geschehen, richtig verstanden worden ist.

3. Art. 14 Abs. 1 Satz 1 GG gewährleistet das Eigentum. Das bedeutet — ebenso wie in Art. 153 — Gewährleistung sowohl des konkreten individuellen Privateigentums wie des Rechtsinstituts „Eigentum". Das Gewicht der individuellen Gewährleistung, der status-quo-Garantie, wird im Licht der Gesamtregelung des GG. und der sozialen Situation, die es vorfand, recht fühlbar erst, wenn seine Einstellung zu den erworbenen Rechten überprüft wird.

Das Grundgesetz kennt eine Auseinandersetzung mit ihnen, also mit Rechten, deren Entstehung in der Vergangenheit liegt und ihrer Normativität entsprach, deren Fortbestand aber angesichts eines Umbruchs der politischen und der Sozialordnung in

Frage stehen mochte, eigentlich nur in einem einzigen und einem recht an der Peripherie liegenden Punkte: in Art. 139, wo die zur „Befreiung des deutschen Volkes vom Nationalsozialismus und Militarismus" erlassenen Rechtsvorschriften als vom Grundgesetz unberührt erklärt werden. Das heißt in unserem Zusammenhang, daß Beeinträchtigungen auch der Eigentumssphäre, z. B. Rechtsentziehungen in Berufs- oder Unternehmerstellung aus den genannten Entnazifizierungs-Gründen, die heute nach Art. 14 GG entschädigungslos unzulässig wären, sanktioniert bleiben. Art. 139 wird aber in dieser seiner Wirkung sogleich wieder in Frage gestellt durch Art. 131 für Angehörige des öffentlichen Dienstes, die von solchen Befreiungsmaßnahmen betroffen worden sind. Und zwar dies dann, wenn in dem bekannten Streit um den sog. „konstitutiven" Charakter des Ausführungsgesetzes zu Art. 131 angenommen wird, daß der Gesetzgeber vom 13. 5. 1951 zu solchen konstitutiven Gestaltungen nicht befugt war, sie also Enteignung mit Entschädigungsfolge bedeuten[9]).

Ohne mich zu diesem Streit hier entscheiden zu wollen, soll mit seiner Erwähnung lediglich illustriert werden, in wie geringem und dazu noch bestrittenem Ausmaß das GG sich mit dem Problem solcher erworbenen Rechte wirklich auseinandersetzt, die in den Strudel umwälzender Vorgänge geraten waren.

Auch für den Lastenausgleich wird bekanntlich gefragt[10]), ob er nach „Konkursprinzip", d. h. unter prinzipieller Respektierung erlittener Verluste, also erworbener Rechte, oder nach dem Prinzip des „sozialen Neuaufbaues", das auch den Verlust erworbener Rechte ignorieren könnte, stattfinden soll. Die Kritik daran, daß der Lastenausgleich jetzt steuerlich geordnet wird und die Trennung zwischen sich und der Währungsreform damit weiter vertieft, zielt in diese gleiche Richtung.

Ich will nun sicherlich nicht darum rechten, ob der Komplex der sog. Befreiungsgesetzgebung denjenigen Teil unseres politischen und sozialen Gefüges ausmachte, der zur verfassungsmäßigen Aufhebung erworbener Rechte, damit zur Sanktionierung revolutionärer Eingriffe den wirklich dringendsten Anlaß bot. Wer uns — und den Parlamentarischen Rat — das hat glauben gelehrt, scheint teilweise schon heute geneigt zu sein, seine Belehrung zu überprüfen. Aber die Einzigartigkeit des Art. 139 GG ist deshalb so bemerkenswert, weil er — wenn ich recht sehe — den alleinigen Versuch des Grundgesetzes darstellt, aus ökonomischen, politischen und sozialen Umwälzungen, die nach 1945 unbestreitbar gegeben waren, Folgerungen im Sinne verfassungs-

---

[9]) Hierzu: Wenzel, Die Wiederherstellung der Beamtenrechte (1951); Dennewitz-Jess und Holtkotten, Komm. z. Bonner GG., Art. 131 S. 8, 28ff.

[10]) Raiser in: Gierke-Festschrift (1950), S. 198 Anm. 24.

mäßiger „Entwährung" (L. v. Stein) erworbener Rechte zu ziehen.

Im übrigen expropriiert das Grundgesetz nicht, und es depossediert nicht — weder etwa zur Lösung des Gesamtkomplexes, der den Namen „Lastenausgleich" trägt, noch in Bezug auf irgendwelche anderen Kriegsfolgen, die Zerstörung der Städte, die Raumnot, die Flüchtlinge und Vertriebenen, oder gar darüber hinaus zur prinzipiellen Eigentums-Neuordnung durch Bodenreform oder Sozialisierung.

Ganz unabhängig von der Frage, in welchem Ausmaß und mit welchen Methoden das Grundgesetz zur Lösung dieser Kernfragen unserer Sozialordnung selbst hätte beitragen können: jedenfalls steht — für unser Thema betrachtet — fest, daß es keinerlei gesetzliche Aufhebung erworbener Rechte auch nur ins Auge faßt, um dem Gebot neuer sozialer Ordnung auf einem dieser Gebiete den Weg zu ebnen. Es geht unter Nichtachtung der Existenz dieser Fakten und Aufgaben in der Eigentumsordnung vom rechtlich unberührten status quo aus. Die schwierigen, noch nicht abgeschlossenen Bemühungen, das Problem der Baulandbeschaffung für eine Kriegsfolge, den Städte-Wiederaufbau, zu lösen, ohne sogleich zur Änderung des Grundgesetzes schreiten zu müssen, sind ein aktuelles Beispiel für diesen Befund.

Das Grundgesetz hat sich mithin in der Respektierung, damit in der Anerkennung aller (wohl-)erworbenen konkreten Eigentumsrechte ganz eindeutig für den Rechtsstaat als Konservierung entschieden und alle Fragen notwendiger sozialer Umgestaltung von sich selbst auf den Weg der künftigen Gesetzgebung verwiesen, die ihrerseits aber nun der Eigentumsordnung des Grundgesetzes verpflichtet bleibt. Ihr Inhalt und ihre Auslegung rücken damit zwangsläufig in den Vordergrund.

4. Wahrscheinlich erklärt sich aus der status-quo-sichernden und in diesem Sinne beherrschenden Ausgangsstellung des Grundgesetzes, daß die Übernahme derjenigen Wendungen, die die sog. Sozialgebundenheit des Eigentums betreffen, aus Art. 153 in Art. 14 bislang nicht sonderlich ernst genommen zu sein scheint und das, was derart nun in Art. 14 ebenso wie in Art. 153 sich findet, bequem und formular-[11]), wenn nicht floskelhaft hingenommen und gedeutet, ja: nicht einmal mehr gedeutet wird. Als ob diese Wendungen und Sätze — „Inhalt und Schranken werden durch die Gesetze bestimmt", „Eigentum verpflichtet. Sein Gebrauch soll zugleich dem Wohle der Allgemeinheit dienen" — im Art. 14 GG. notwendig das Gleiche oder gar weniger Gewichtiges besagen als in Art. 153, wobei geradezu auch von einer

[11]) C. Fischer, Ztschr. f. d. ges. Kreditwesen 1950, S. 412ff.; ferner dazu: Grote-Missmahl, Gewerkschaftl. Monatshefte 1950, S. 456ff.

zwischenzeitlichen Abnutzung und einem gewohnheitsmäßigen Verschleiß dieser Aussagen gesprochen werden könnte. Es ist demgegenüber erforderlich, auch wenn die Entstehungsgeschichte des Art. 14 selbst nur für eine Weimarer Reprise spricht, weil man in Bonn vielleicht ungern weniger fortschrittlich erscheinen wollte als in Weimar, sich auf diese Wendungen prinzipiell und ganz von neuem zu besinnen, und zwar aus folgenden Gründen:

a) Eigentum des Art. 153 und Eigentum des Art. 14 ist zweierlei — zwar nicht im juristisch-technischen Sinne: auch zum Eigentum des Art. 14 zählen sicherlich über den sachenrechtlichen Begriff hinaus alle subjektiven privaten Vermögensrechte. Aber zwischen der Wortsetzung der Art. 153 i. J. 1919 und in Art. 14 dreißig Jahre später liegt eine unter keinen Umständen wegzuleugnende Entwicklung die von den ersten Ansätzen einer Weltkriegsgesetzgebung zur Planung und Lenkung der Wirtschaft und damit zur öffentlich-rechtlichen Bindung der Herrschafts- und Verfügungsbefugnis des Eigentümers bis zu den intensivsten hoheitlichen Einordnungen des Eigentums in eine vom Staat gesetzte Wirtschaftsgestaltung geführt hat und in ihren verschiedenen Perioden an uns vorübergezogen ist. Begriff und Funktion des Eigentums standen im Jahre 1949 und stehen heute unter der Last einer Erfahrung eines Menschenalters, die den öffentlich-staatlichen Einfluß auf Kapitalmarkt und Investitionsprozeß in außerordentlicher Weise gesteigert haben.

Ebensowenig wie das Kriegsende (wenn wir von ihm in diesem Zusammenhang überhaupt sprechen können) den automatischen Wegfall aller kriegswirtschaftlichen Staatskontrollen bewirkt hat[12]), kann der Staat und der Einzelne die Erfahrungen hoheitlicher Wirtschaftslenkung und -kontrolle auslöschen und preisgeben. Sie gehören heute (und nicht nur in Deutschland) im Prinzip zum Bestande zulässiger gesetzlicher Disposition über das Eigentum. Anders ausgedrückt: das Eigentum ist staatlicher Ingerenz heute tiefer erschlossen, als es das im Jahre 1919 war. Wenn Art. 14 GG. das Eigentum gewährleistet, dann d i e s e s Eigentum, und kein Eigentum einer gesetzlichen Ordnung, die staatliche Wirtschaftslenkung und -kontrolle noch nicht oder solcher Art noch nicht kannte.

Aus der Tatsache, daß die durch ein — wohlwollend formuliert — bestimmtes Wirtschaftssystem gekennzeichnete gegenwärtige (oder noch gestrige) deutsche Wirtschaftsgesetzgebung sich auf ein Minimum an Lenkung und Planung beschränken möchte, folgt keineswegs, daß künftig intensivere Einschränkungen sich an der Gewährleistung des Eigentums brechen müßten und daher

---

[12]) Hierzu: **Schumpeter**, Kapitalismus, Sozialismus und Demokratie 2. Aufl. (1950), S. 484ff.

nur auf dem Wege entschädigungspflichtiger Enteignungen noch zulässig wären. Es ist daher jedenfalls im Prinzip verfehlt, etwa angesichts der neuen Getreide-, Zucker-, Milch- und Fettgesetzgebung der Jahre 1950/51 (und des neuen Wirtschaftssicherungsgesetzes für die gewerbliche Wirtschaft) sogleich unbesehen nach Enteignungsschutz für Eigentum zu fragen[13]), dessen Unantastbarkeit gegenüber Lenkung und Kontrolle als ohne weiteres gegeben unterstellt wird. Eigentum i. S. des Art. 14 muß eben begrifflich und dogmatisch — anders als der Ausgangsbegriff „Eigentum" des Art. 153 — unter Berücksichtigung aller Wandlungen und Friktionen verstanden und gedeutet werden, die das Institut bis 1949 und darüber hinaus erfahren hat.

Es ist weiterhin nicht damit getan, ihm nur seine den sachenrechtlichen Bereich überschreitende Bedeutung beizumessen, wie das zu Art. 153 von Lehre und Rechtsprechung entwickelt worden ist. Erforderlich ist darüber hinaus, Eigentum in den Ansätzen neuer Dogmatik zu verstehen, die sich aus dem Zusammenhang zwischen Unternehmensrecht und Eigentum ergeben[14]) und auch das wirtschaftseinheitliche Unternehmen als Eigentumsobjekt begreifen. Auch die wirtschaftswissenschaftliche Figur der Intervention[15]) wird rechtlich weitgehend als Problem der Inhaltsbestimmung des Eigentums zu begreifen sein.

b) Im Grundgesetz selbst ergibt sich eine mögliche und für neue dogmatische Erfassung zugängliche Flexion des Eigentums dadurch, daß Art. 14 Abs. 1 Satz 2 seine gesetzliche Inhaltsbestimmung vorsieht. Die gleiche Wendung enthielt Art. 153. Sie hat aber in Art. 14 heute eine gesteigerte Bedeutung. Hierzu ist bislang nur vereinzelt und gelegentlich[16]) betont worden, daß das Eigentum — von Art. 12 Abs. 1 Satz 2 abgesehen — das einzige vom Grundgesetz genannte Grundrecht darstellt, dessen Inhaltsbestimmung — außer und neben seiner zulässigen gesetzlichen Beschränkbarkeit — ausdrücklich dem Gesetz (und zwar im nur materiellen Sinne) zugewiesen und vorbehalten worden ist. Das ist mehr und anderes als ein Gesetzesvorbehalt, der Eingriffe und Beschränkungen des Rechts durch die öffentliche Gewalt an Form oder Ermächtigung des Gesetzes knüpft. Die Inhaltsbestimmung des Eigentums bedarf auch nicht der Form des Art. 19 Abs. 1. Hier gilt, was für den gleichen Satz auch des Art. 153 bereits festgestellt worden ist, heute in erhöhtem Maße: „Inhaltsbestimmung des Eigentums heißt vielmehr Recht des

---

[13]) **Hamann**, Wirtschaftslenkung und Grundgesetz, BB. 1951, S. 341 ff.

[14]) **Ballerstedt**, JZ. 1951, S. 488.

[15]) **Marbach**, Zur Frage der wirtschaftlichen Staatsintervention (1950); ders. ZGesStWiss. Bd. 107 (1951) S. 552.

[16]) Z. B. von **Krüger**, Grundgesetz und Kartellgesetzgebung (1950), S. 15 Anm. 1.

Staates zur positiven Normierung des Eigentums-Machtbereiches"[17]). Daß die Aufgabe der Eigentums-Inhaltsbestimmung schlechthin dem Gesetz zusteht, allerdings beschränkt durch die Substanzgarantie des Art. 19 Abs. 2, gewinnt im Grundgesetz, das alle gesetzliche Beschränkbarkeit der Grundrechte im übrigen subtil geregelt und umgrenzt hat, über seine Bedeutung in Art. 153 hinaus prinzipielle Bedeutung. Die darin liegende Aufgabe des Gesetzes, den Inhalt des Eigentums zu bestimmen, wird durch Abs. 2 des Art. 14 in eine bestimmte Richtung gewiesen.

c) Die beiden Sätze dieses Abs. 2 von Art. 14, die schon für Art. 153 als Ablehnung einer liberalen Eigentumsauffassung gedeutet worden sind[18]), müssen über die Stellung des Art. 14 im Grundrechtsabschnitt hinaus im inneren Zusammenhang damit gesehen werden, daß der Staat des Grundgesetzes sich zum Sozialstaat proklamiert.

Wenn — ganz abgesehen von ihrer Motivation und Entstehungsgeschichte — diese nach Standort und Hervorhebung in den Art. 20 und 28 hervorragende, zur Staatszielbestimmung gehörige Aussage, die ihrerseits nach Art. 79 Abs. 3 unantastbar erklärt wird, mehr als eine Formel bleiben soll, dann muß sie sich in bezug auf das Eigentum als Grundelement jeder Sozialordnung gerade in der Ausdeutung des Art. 14 Abs. 2 bewähren. Dann muß die in ihrer Eleganz leicht unverbindlich wirkende und verstandene Wendung „Eigentum verpflichtet" mehr als eine zweckmäßige Auslegungsregel für den Richter, und dann muß der Satz „Sein Gebrauch soll zugleich dem Wohle der Allgemeinheit dienen" mehr als ein sozial-ethischer Appell an den Einzelnen sein. Beide Sätze sind als Ermächtigung und Direktive des Gesetzgebers aufzufassen, die Inhaltsbestimmung des Eigentums dahin auszugestalten, daß die Sozialstaatlichkeit, verstanden als Berufung zur Gestaltung der sozialen Ordnung, nicht farb- und inhaltlos verblaßt und verkümmert, sondern positiv-lösend den Weg der Gesetzgebung bestimmt.

In diesem Sinne bildet Abs. 2 in Verbindung mit Satz 2 des Abs. 1 in Art. 14 GG. die vornehmste und wesentlichste Handhabe des Grundgesetzes zur Entfaltung einer Sozialstaatlichkeit, und aus diesem Grunde bricht sich die darin liegende Ermächtigung zur Modifizierung des Eigentums auch nicht — wie für andere Grundrechtsvorbehalte, z. B. in Art. 12 Abs. 1 ebenfalls irrtümlich angenommen worden ist — an Art. 2 Abs. 1 GG., der die freie Entfaltung der Persönlichkeit als allgemeines Persönlichkeitsrecht proklamiert und nur durch die dort gesetzten Schranken begrenzt. Eigentum reicht nicht weiter und gibt nicht

---

[17]) **Kirchheimer** a. a. O. S. 37.
[18]) **Ders.** a. a. O. S. 38, 39.

mehr her, als seine gesetzliche Inhaltsbestimmung es vorsieht, und ihr gegenüber gibt es keine Berufung auf Art. 2 Abs. 1. Mit anderen Worten: das Gesetz ist nicht gehindert, den Eigentumsinhalt auch zu anderen Zwecken zu bestimmen als zum Schutz der Rechte anderer, der verfassungsmäßigen oder der Sittenordnung.

5. Nach einer bekannten Wendung der schweizerischen Rechtsprechung ist die Enteignung „nicht als Ausnahme von der Eigentumsgarantie, sondern als deren Bestätigung und Spezifikation zu denken", was die Enteignung als Eigentumswertgarantie auch nach Art. 153 zutreffend charakterisierte. Darin wirkt die frühliberale Vorstellung nach, daß Eigentumsgarantie im Grunde Garantie seines Kapitalwertes bedeutet und sein Austausch — durch Enteignung nämlich — unbedenklich ist, weil sie Kapitalwert-Ersatz verschafft[19]). Das würde auch für Art. 14 Abs. 3 GG., der die Enteignung behandelt, in umso höherem Maße zutreffen, je eigenständiger, autonomer das Enteignungsinstitut darin gesehen und je präziser zwischen unmittelbar gesetzlicher, also der Legal-Enteignung, und gesetzlicher Eigentumsinhaltsbestimmung differenziert wird. Über das Letzte aber erst später.

Gegen Enteignung ist derjenige Eigentumsbereich geschützt, den die Verfassung als erworbenes Recht vorfand und respektierte oder dessen legale Entstehung unter ihrer Geltung sie ermöglicht und duldet. Den Enteignungsbegriff selbst bestimmt Art. 14 ebensowenig, wie dies Art. 153 getan hat. Jeder fand den seinigen vor: Art. 153 den des Landesenteignungsrechts des Konstitutionalismus, Art. 14 den — wie C. Schmitt[20]) schon 1929 gesagt hat — „aufgelösten" der seit den 20er Jahren maßgeblich gewordenen Lehre und Rechtsprechung, den auch die Gesetzgebung der Länder vor dem Grundgesetz nicht umgeformt hatte. Man war sich in Bonn darin einig und ist seither auch sonst nicht darüber uneins geworden, daß Enteignung i. S. des Art. 14 in der Tat das Vorgefundene sei, und nichts anderes. Was Art. 14 an der Enteignung geändert hat, sind ihre Zulässigkeitsvoraussetzungen und — in ihrem Rahmen zugleich — ihre staatliche (exekutive und legislative) Anwendbarkeit und Einsetzbarkeit.

Ob sie ihrem Wesen nach im Sinne ihrer historischen Herkunft einen staatlichen Güterbeschaffungsvorgang, einen „Zwangskauf" an solchen Gütern darstellt, die ihrerseits dem Staat gegenüber bindungsfrei und makellos zu eigen besessen werden, oder

[19]) Wieacker in: Weber-Wieacker, Eigentum und Enteignung (1935) S. 43.

[20]) C. Schmitt, Die Auflösung des Enteignungsbegriffes, JW. 1929, S. 495ff.

ob die Enteignung auch als ein staatliches Instrument des Zugriffs auf solche Objekte und Rechte zur Verfügung steht, die Verfassung oder Gesetz zu Zwecken der politischen Bereinigung der Güterordnung primär lediglich nehmen, entziehen wollen — ohne Rücksicht auf den gedachten Verwendungszweck —, das kann Art. 14 Abs. 3 allein vielleicht schon von der Entschädigungsfrage her entnommen werden.

Wenn, wie noch zu erörtern sein wird, die Enteignung gegen bloße Nominalentschädigung, praktisch ohne Entschädigung, verboten ist, und zwar auch dem Gesetzgeber, wenn also Enteignung des Eigentums den Eigentumswertersatz zur Folge hat, dann scheidet sie begrifflich, nach Wesen und Funktion, aus für die meisten solcher Depossedierungen, deren politischer Zweck in der Verdrängung des privaten Eigentümers aus bestimmten sozialen Machtpositionen besteht. Denn die Entschädigung verhilft ihm weitgehend dazu, die gleiche Position mit anderen Mitteln zu behaupten.

Nur dann, wenn die Entschädigung in Geld diese Behauptung seiner Position nicht mehr gestattet — was bis 1948 der Fall war, was ein Wirtschaftssystem oder Währungs- und Steuerverhältnisse anderer Art als der gegenwärtigen voraussetzt und zugleich auch den Begriff der Entschädigung in Frage stellt, was aber übrigens im Zusammenhang mit der expropriativen Sozialisierung von manchen Nationalökonomen als probates Mittel empfohlen wird, um zunächst großzügige Entschädigungen nachträglich durch Inflation oder Steuersteigerung für den Staat zu verbilligen[31]) —, könnte die Enteignung zu anderen Zwecken als denen der Güterbeschaffung, nämlich zur Konfiskation eingesetzt werden. Da von ihnen hier abgesehen werden kann und soll, folgt die genannte Wesensbestimmung der Enteignung unmittelbar schon — und im Grundgesetz wegen des Verbots entschädigungsloser gesetzlicher Enteignung viel zwingender noch als in der Weimarer Verfassung — aus der geltenden Entschädigungsregelung. Es ist also richtig zu sagen: Enteignung bestimmt sich von der Entschädigung her[32]). Und aus diesem Grunde bietet der Enteignungsschutz in der Regel auch keine Hilfe gegen die Praxis der Gesetzesrückwirkung, weil die Entschädigung nicht heilt, was die Rückwirkung angerichtet hat[33]). Das einzige Wert- oder Unwerturteil, das der Enteignung ihrem Wesen nach zugrundeliegt, ist die hoheitliche Qualifikation des enteigneten Gutes als eines solchen, das in der Hand des Betroffenen — wenn überhaupt — dem Wohle der Allgemeinheit in geringerer Inten-

[31]) Hierzu: Schumpeter a. a. O. S. 361.
[32]) W. Weber AöR. Bd. 77 S. 84ff.
[33]) Hierzu: Tietze NJW. 1951, S. 468—470; Kirchheimer a. a. O. S. 20; H. Möller BB. 1951, S. 35ff.

sität dient als in der Hand desjenigen, zu dessen Gunsten die Enteignung stattfindet.

Die hierauf zielende Zulässigkeitsvoraussetzung der Enteignung kann daher zugleich als Werturteil über die Gemeinnützlichkeit des Gutes oder seiner Verwendung durch seinen Eigner angesehen werden. Indem Art. 14 Abs. 3 das Wohl der Allgemeinheit als Enteignungszweck fordert und seine Bestimmung dem Gesetz oder seiner Ermächtigung vorbehält, bekundet er sein Vertrauen darin, durch Mehrheitsbeschluß das Gemeinwohl rational und verbindlich zu bestimmen. Die richterliche Überprüfbarkeit dieser Bestimmung, die Art. 14 zuläßt, entspringt demgegenüber der Überhöhung der rechtsprechenden Gewalt, die dem Grundgesetz eigentümlich ist.

Da das Werturteil über das Enteignungsgut — höherer Nutzen für das Allgemeinwohl beim Betroffenen oder beim Begünstigten? — im Falle der Zulassung der Enteignung seine Entschädigung unabdingbar vorschreibt, liegt hierin zugleich die Abgrenzung zur entschädigungslos zugelassenen Konfiskation, deren Existenz — etwa im Straf- und Verwaltungsrecht — das Grundgesetz offensichtlich voraussetzt und für seinen eigenen Normenbereich ausschließlich im Rahmen und in der Prozedur des Art. 18 (Grundrechtsverwirkung) kennt: die Konfiskation entzieht das Eigentum ohne Rücksicht auf den Verwendungszweck des Konfiszierten, weil der Betroffene aus den vom Spezialgesetz verfolgten Zwecken unwert oder es bei ihm gefährlich erscheint, es weiterhin innezuhaben.

Die Konfiskation hat daher im Gegensatz zur Enteignung eine finale Funktion nur in bezug auf die Person des bisherigen Eigentümers und im ihn treffenden Entziehungsvorgang, die Enteignung dagegen in bezug auf die bezweckte Verwendung des entzogenen Gutes, dessen bisherige Innehabung gerade durch den Betroffenen für das Wesen der Enteignung ohne Belang ist. Man wird auch sagen können, Enteignung sei objektiv, Konfiskation subjektiv zweckbestimmt. Die Konfiskation will primär und allein eine bisherige Eigentümerposition vernichten, die Enteignung will primär eine neue, andere Eigentümerposition herstellen und muß zu diesem Zweck den bisherigen Eigentümer der seinigen entsetzen. Es wird näherer Auslegung des Art. 18 GG. und des § 39 des Gesetzes über das Bundesverfassungsgericht bedürfen, um zu klären, ob und inwieweit etwa diese Vorschriften auch Konfiskationen des eben umschriebenen Sinnes zulassen. Die Bestimmungen des Art. 13 Abs. 2 und 44 der Bremischen Verfassung etwa, die die Entschädigung wegen Enteignung ausschließen, insoweit der Betroffene Kriegsgewinne erzielt hat, stehen einer grundgesetzwidrigen Konfiskation näher als einem Enteignungstatbestand. Und Verfassungen der Ostzone, die von

Enteignungen gegenüber Kriegsverbrechern und ns. Aktivisten sprechen, ordnen damit zweifellos Konfiskationen an.

6. Aber zurück zum Enteignungsbegriff! „Erst aus dieser Verwirrung (zwischen Gesetz und individuellem Enteignungsakt) ist das Problem entstanden, wie sich die öffentlich-rechtliche Beschränkung von der Enteignung unterscheide und wo hier die positiven Grenzen zu ziehen seien", heißt es schon in der im Jahre 1930 geschriebenen Exegese des Art. 153[24]). Das war und das ist richtig. Es ist heute nach Art. 14 noch ungleich richtiger, nachdem er auch die Legal-Enteignung ausdrücklich anerkannt und den Entschädigungsausschluß auch für sie verboten hat. Es ist darüber hinaus materiell noch wichtiger (und auch schwieriger) geworden, zwischen Enteignung und Eigentumsbeschränkung und -bindung zu differenzieren, weil sich an dieser Grenzziehung bewähren muß, in welcher Weise und in welchem Ausmaß der Rechtsstaat sich kraft Art. 14 Abs. 1 Satz 2 als Sozialstaat entfalten kann, wenn soziale Gestaltung notwendig vorhandene Rechte und Interessen berühren muß. Gleiches gilt für das Verhältnis der vom Grundgesetz über den Enteignungsleisten geschlagenen expropriativen Sozialisierung zur gleichen Eigentumsbindung. Zunächst hier vom erstgenannten.

a) Wenn jetzt (von W. Weber) von neuem von der Verwirrung gesprochen worden ist, die durch die Vulgarisierung des Enteignungsbegriffs entstanden sei — indem unterschiedslos jede unerwünschte Vermögensschmälerung durch Gesetzgebung oder Verwaltung irgendwie als Enteignung benannt wird —, so liegt der Grund hierfür (im engeren Fragenbereich von Enteignung und Eigentumsbeschränkung) im wesentlichen in der Anerkennung der Legal-Enteignung. Art. 14 Abs. 3, der sie ausdrücklich sanktioniert, hat den Graben zwischen beiden Rechtsinstituten durch das Verbot des gesetzlichen Entschädigungsausschlusses noch wesentlich vertieft, ohne zugleich selbst ein Unterscheidungsmerkmal an die Hand zu geben. Daß nun auch de lege lata nach Art. 14 Abs. 3 Enteignung durch Gesetz überhaupt begrifflich vorstellbar, daß der Eigentümer also vom Entschädigungs-Moment her auch dem Gesetzgeber gegenüber schutzwürdig erscheint, erklärt sich, wie oft dargelegt worden ist[25]), aus der Wandlung des Gesetzes nach Begriff und Funktion von der bloßen staatlichen Aufsichts- und Verhaltensnorm zum möglichen Kollektiveingriff zwecks Gestaltung des Sozialbereichs, also — m. a. W. — der Grenzauflösung zwischen Staat und Gesellschaft; oder — noch anders formuliert — dem heutigen Angewiesensein auch der Exekutive auf das Gestaltungsmittel des

[24]) Kirchheimer a. a. O. S. 42—43.
[25]) Z. B. von Forsthoff DRZ. 1948, S. 408.

Gesetzes. Das Gesetz liegt eben nicht mehr, wie im 19. Jahrhundert, in der gesicherten Dispositionsgewalt derjenigen, deren Güter vom Kollektiveingriff betroffen werden können; auch dem Gesetz, nicht mehr nur der Verwaltung traut der einzelne Willkür, Ermessensfehler zu; auch das Gesetz soll daher nur mehr im Rahmen höherer Ermächtigung und nicht mehr allmächtig handeln[36]); oder[37]): „Eine Forderung gegen den Willen des Gesetzes hat das Rechtsdenken der deutschen Verwaltungsrechtslehre, solange das Gesetz Ausfluß bürgerlichen Willens blieb, nicht erhoben" — heute wird sie erhoben und vom Grundgesetz anerkannt —, und[38]): „In Wahrheit findet der Satz, daß Enteignung auch durch Gesetz stattfinden könne, nur eine politische Rechtfertigung. Es ist der Ausdruck der veränderten parlamentarischen Machtverhältnisse in der Nachkriegszeit." — Wir würden heute sagen: Ausdruck der Entthronung und Entmachtung des Gesetzes.

Schutz des einzelnen gegen Legal-Enteignung und — darüber hinaus — Verbot entschädigungsloser Legal-Enteignung fügen sich heute im Rahmen des Grundgesetzes ein in die höhere Bindung auch des Gesetzgebers durch Grundrechte, Substanzgarantie und Gleichheitssatz und die weitgehende hierarchische Überhöhung der richterlichen Gewalt über die gesetzgebende. Das Grundgesetz legalisiert in Art. 14 Abs. 3 den Zweifel des einzelnen an der demokratischen Gleichheit, der Allgemeinheit und Gerechtigkeit des Gesetzes, an der Volkssouveränität, damit aber auch — was uns hier wesentlich sein muß — an der Funktion und Kraft des Gesetzes, die soziale Ordnung eigenmächtig zu bestimmen.

Die entschädigungslose Legal-Enteignung, 1919 noch zugelassen, scheidet damit als ein mögliches Instrument der gesetzlichen Sozialgestaltung für das Grundgesetz praktisch aus. Der Einsatz der Legal-Enteignung für Zwecke sozialer Gestaltung wird nämlich notwendig behindert und begrenzt, weil er — am Maßstab des allgemeinen Wohls gemessen — mit der Hypothek der Entschädigungspflicht belastet ist, die in solchen Fällen, wo es am begünstigten privaten Unternehmer fehlt, der Allgemeinheit aufgebürdet ist.

Der Zweifel an der demokratischen Legitimität des Gesetzes, nach der herrschend gewordenen Auslegung des Art. 153 noch begrenzt und dosiert, weil mit seiner Hilfe jedenfalls die entschädigungslose Legal-Enteignung noch als verfassungsgemäßes Gestaltungsmittel akzeptiert und respektiert bleibt, wird im Grundgesetz auch insoweit zur Negation, zur Depossedierung, zur Ent-

[36]) Wieacker a. a. O. S. 42.
[37]) Kirchheimer a. a. O. S. 75.
[38]) Ders. a. a. O. S. 43.

machtung des Gesetzgebers. Der Zweifel an der demokratischen Selbstbestimmbarkeit siegt, was für den Sozialbereich, der der Gestaltung harrt, in einem wesentlichen Punkt Verzicht auf Gestaltung bedeuten muß. Soziale Gestaltung müßte nach Art. 14 Abs. 3 GG zu Lasten der Allgemeinheit gekauft und bezahlt werden. Es ist eine Frage des politischen, nicht des Rechtsstandpunktes, ob das Lob oder Tadel verdient.

b) Von diesem Ausgangspunkt aus rückt die Unterscheidung zwischen gesetzlicher Eigentumsbindung ohne Entschädigung und gesetzlicher Enteignung mit Entschädigung in den Vordergrund. Die Frage hat eine lange leidvolle Geschichte, die ich hier nicht nachzuerzählen brauche. Um das Ergebnis vorweg zu nehmen und nicht zu enttäuschen: mir ist sehr zweifelhaft, ob sie hier und schon heute ein „happy end" finden wird.

Frühere Versuche, die Unterscheidung mit Hilfe rechtlich präziser, praktikabler, berechenbarer Merkmale zu finden, sind zum Teil daran gescheitert, daß (im Grunde) Gesetz und Gesetz — im Falle der Eigentumsbindung und im Falle gesetzlicher Enteignung — formal identifiziert und beider Einwirkungen auf das Eigentum losgelöst vom Zweck der Maßnahme, ohne finale Einsicht, unterschiedlos nur in ihrem nachteiligen Effekt für den Betroffenen, gewürdigt werden mußten. Auch die Theorien, die auf Übereignung, Überführung oder Begünstigung eines Unternehmens abstellen, mußten scheitern. Geblieben ist die sog. materielle Einzelakttheorie, die auf die Umgrenzbarkeit des Kreises der Betroffenen, also Art und Kreis der Normadressaten, und die Besonderheit des ihnen zugemuteten Opfers, sowie die Schutzwürdigkeitstheorie, die auf die Wertung des betroffenen Rechtsgutes nach bestimmten allgemeinen Maßstäben der Zumutbarkeit abstellt.

Der leading case der Judikatur nach 1945 — die Entscheidung des Obersten Gerichtshofes vom 1. 7. 1948 in Bd. 1 S. 100 zum hamburgischen Baukostenzuschuß-Gesetz — hat in fleißiger Kompilation der Reichsgerichtsrechtsprechung die materielle Einzelakttheorie renoviert, und in den bekannten beiden Beschlüssen des Deutschen Obergerichts[39]) zu rückwirkenden Preisverordnungen, also an denkbar schlecht geeigneten Sachverhalten, ist versucht worden, die Einzelakt-Theorie durch Rückgriff auf die Schutzwürdigkeitstheorie materiell-wertend zu korrigieren und ihr den Makel allzu formaler Differenzierung und der Zufalls-Entscheidung zu nehmen. Einige andere Entscheidungen von Landesgerichten haben daran angeknüpft. So ist der Stand der

[39]) NJW. 1950 S. 540 = DV. 1950 S. 760 mit Anm. von Stödter = AöR. Bd. 77 S. 79 mit Anm. von W. Weber = ÖV. 1950 S. 686.

Judikatur bis zum Erlaß des Grundgesetzes und alsbald danach. Aber weder die Gerichtspraxis noch die überwiegende Lehre haben speziell zu Art. 14 bisher eine Neuorientierung aus Art. 14 selbst oder dem Grundgesetz allgemein unternommen.

Von den beiden theoretischen Versuchen, für die Enteignung das Merkmal der Zweckbestimmung für ein konkretes öffentliches Unternehmen zurückzugewinnen[30]) oder die Übereignung, die Überführung auf den zweckbegünstigten Dritten[31]) als wesentlich anzunehmen, liegt dieser vor, jener nach Inkrafttreten des Art. 14 GG. Beide müssen diejenige Unterscheidung, die die oben genannten Theorien zwecks Beantwortung der entscheidenden Entschädigungsfrage zwischen gesetzlicher Enteignung und gesetzlicher Eigentumsbindung finden wollen, notgedrungen nunmehr im Kreis der gesetzlichen Eigentumsbindungen selbst suchen und von ihnen der Gruppe der schwereren Eingriffe die Folge der Entschädigung, den übrigen die zugelassene Entschädigungslosigkeit zusprechen. Dabei muß die Entschädigungspflicht für schwerere gesetzliche Eigentumsbeschränkungen, die aus Enteignungsrecht nicht entnommen werden soll, weil eben ihr Enteignungscharakter geleugnet wird, aus dem ungeschriebenen Entschädigungsprinzip hergeleitet werden, das auf § 75 Einl.ALR. zurückgeht. So verfährt der erste Vorschlag (Forsthoff). Der andere hegt die optimistische Erwartung, nachdem das Reichsgericht auch Fälle bloßer Eigentumsbindung in solche der entschädigungspflichtigen Enteignung umgedeutet hätte, dürfte heute, „nachdem das Bewußtsein sozialer Pflichtgebundenheit des einzelnen tiefer Wurzel geschlagen hat, . . . die Gefahr einer Wiederholung dieses Vorgangs geringer geworden sein"[32]).

c) Es bleiben aber Zweifel in beiden Richtungen: einmal dahin, ob die Judikatur allein und gerade in der Rolle, die das Grundgesetz dem Richter zugewiesen hat, imstande sein wird, eine befriedigende Umgrenzung der sozialen Pflichtgebundenheit zu geben, nachdem das Reichsgericht sie in zweifellos weniger belasteten Verhältnissen (etwa 1930 zum Städtebau) nicht gefunden hatte. Zum anderen dahin, ob der dogmatische Gewinn, der in der vorgeschlagenen engeren Begriffsumgrenzung der Enteignung liegen kann, sich verlohnt, um genau dieselbe schwierige Unterscheidung in der Entschädigungsfrage künftig in den Bereich der Eigentumsbindungen zu verlagern, damit aber nun — und das ist das Entscheidende — den einheitlichen Legalbegriff des Art. 14 Abs. 1 Satz 2, nämlich den der gesetzlichen entschädigungslosen Eigentumsbindung, aufzuspalten und zu schwächen, der bisher ganz eindeutig und offensichtlich auch vom Grund-

---

[30]) W. Weber NJW. 1950 S. 401 ff.
[31]) Forsthoff, Lehrbuch des Verwaltungsrechts Bd. I (1950) S. 245.
[32]) W. Weber a. a. O. S. 401.

gesetz selbst als die entschädigungslos zugelassene und als solche vorgesehene Inhaltsbestimmung des Eigentums par excellence gegolten hat. Denn es scheint mir jedenfalls dogmatisch von Wichtigkeit zu sein, für die Normen des Art. 14 Abs. 1 Satz 2, die den Eigentumsinhalt bestimmen, die Vorstellung aufrecht zu erhalten, daß sie als Ausdruck demokratischer Selbstbestimmung und entschädigungsfrei regeln, was das Eigentum inhaltlich hergibt, und unter ihnen nicht nach Entschädigungsfolgen zu differenzieren.

Der Begriff der gesetzlichen Inhaltsbestimmung des Eigentums im Sinne seiner Bindung sollte systematisch von solchen Elementen freigehalten werden, die durch Verknüpfung mit der Entschädigung statt sozialer Gestaltung Methoden der Wertablösung oder des Entgelts zur Wirkung bringen. Soziale Gestaltung kann nicht gekauft werden. Dies ebensowenig, wie die Polizeipflichtigkeit des Eigentums. Wenn das Gesetz den Inhalt des Eigentums bestimmt, wozu es auch von Art. 14 berufen ist, so bedeutet jede Inhaltsbestimmung im Wege der Wertablösung einen Widerspruch zum Wesen der Inhaltsbestimmung, die ja gerade dahin zielt, allgemein und gleich, hoheitlich und positiv den Herrschaftsbereich des Eigentums zu umschreiben.

Anderseits verkenne ich nicht die Zwangslage, in die das Verbot entschädigungsloser Legal-Enteignung in Art. 14 den Sozialstaat (und nicht nur ihn) gegenüber Art. 153 gebracht hat. Aus ihr könnte der Vorschlag, den Enteignungsbegriff wieder einzuengen und fortan unter den Bindungsgesetzen nach Art. 14 Abs. 1 Satz 2 mit Hilfe des Entschädigungssatzes aus § 75 zu differenzieren, einen praktikablen Ausweg weisen: denn es müßte dann jedenfalls dem Bundesgesetzgeber gestattet sein, die Entschädigungsfolge aus dem Rechtssatz des § 75 (der keinen höheren Rang als den eines Bundesgesetzes besitzt) auszuschließen, so daß auf diese Weise im rohem Ergebnis der Rechtszustand des Art. 153 wiederhergestellt wäre. Dahin zielen denn auch die Vorschläge, Art. 14 durch ein Änderungs- oder Ausführungsgesetz in diesem Sinne klarzustellen[33]). Und ich brauche kaum anzudeuten, welche außerordentlichen Schwierigkeiten materieller und formeller Art, die z. Zt. allein im Baurecht in Art. 14 gesehen werden müssen, auf diese Weise behoben werden könnten. Auf die formellen Schwierigkeiten, die sich aus der Junctim-Klausel des Art. 14 Abs. 3 Satz 2 ergeben und die auf diese Weise ebenfalls gelöst werden könnten, komme ich noch zurück.

d) Auslegung und Handhabung des Art. 14 werden also künftig vor folgender Entscheidung stehen: **entweder** dogmatische Rückführung des Enteignungsbegriffs auf den früheren engeren

---

[33]) Hierzu demnächst: **Haas** im November-Heft der MDR.

Begriff der Enteignung durch Überführung zugunsten eines bestimmten Unternehmens, und zwar für Enteignung durch Gesetz und für die Enteignung auf Grund Gesetzes; dabei Unterscheidung gesetzlicher Eigentums-Inhaltsbestimmungen und -Beschränkungen ohne solche Überführung zugunsten eines bestimmten Unternehmens nach Besonderheit und Schwere des Opfers mit der Folge, daß unter den Voraussetzungen des Rechtsgedankens des § 75 Einl.ALR. zu entschädigen ist, der Bundesgesetzgeber diese Entschädigung jedoch modifizieren oder ausschließen kann. —

Oder: weitere Verwendung des bisherigen weiten Enteignungsbegriffs, wie dies der Genesis von Art. 14 entsprechen dürfte, der nach Einzelakt- und Schutzwürdigkeitstheorie von der dann stets entschädigungslosen gesetzlichen Inhaltsbestimmung und Beschränkung des Eigentums zu unterscheiden ist; insgesamt also Fortführung der bisherigen Judikatur und herrschenden Lehre; damit dogmatisch gewonnen und behauptet die Souveränität des Gesetzes, den Inhalt des Eigentums ohne Bindung durch Entschädigungsgesichtspunkte zu bestimmen und auch sozialer Gestaltung zu erschließen; anderseits dann aber keine Möglichkeit, gesetzliche Eingriffe, die auf diese Weise dem weiten Enteignungsbegriff unterfallen, von der Entschädigungspflicht und der Junctim-Klausel des Art. 14 Abs. 3 freizustellen.

So, wenn ich recht sehe, die beiden konstruktiv möglichen Wege, von denen mir selbst allerdings noch nicht sicher ist, welchen ich beschreiten soll. Dogmatisch halte ich die Reinerhaltung des Begriffs der entschädigungsfreien gesetzlichen Inhaltsbestimmung des Eigentums für wesentlicher als die Restauration des engeren Begriffs der Enteignung. Sozialstaatlicher Gestaltung dient es mehr, für gesetzliche Eigentumsbindungen, die besondere Opfer verlangen, notfalls die Entschädigung durch Bundesgesetz ausschließen zu können. Da dieses „notfalls" heute in manchem gegeben ist, und soweit unser Vertrauen zum Gesetzgeber reicht, neige ich dieser Lösung zu und würde ich den dogmatischen Nachteil in Kauf nehmen.

e) Jedenfalls ist und bleibt weiterhin der wesenhafte Unterschied von Legal-Enteignung und gesetzlicher Eigentumsbindung von ausschlaggebender Bedeutung; und es fragt sich, ob das Grundgesetz nicht auch für ihn noch seine Hilfe bietet: Sie kann in einem Punkt jedenfalls in Art. 19 Abs. 2 gesehen werden, der auch der gesetzlichen Inhaltsbestimmung des Eigentums aus Art. 14 Abs. 1 Satz 2 eine Grenze setzt. Obwohl der Wortlaut des Art. 19 Abs. 2 GG. auf „Einschränkungen" abstellt, die Art. 14 Abs. 1 Satz 2 neben der Inhaltsbestimmung als Schranken des Eigentums kennt, kann sein Kriterium auch für die Grenzen der Inhaltsbestimmung fruchtbar sein: Art. 19 Abs. 2 begrenzt auch die Tiefenwirkung der Inhaltsbestimmung. Der Wesensgehalt des Eigentums darf auch durch seine gesetzliche Inhaltsbestimmung nicht angetastet werden.

Danach liegt das Wesen der Eigentums-Inhaltsbestimmung (seiner Bindung) in der Belassung, in der Konservierung des Eigentums-Wesensgehalts bei seinem bisherigen Träger. Damit aber erweist es sich als unausweichbar, auch bei der Abgrenzung zur Enteignung nach dem Grundgesetz auf die durch die Schutzwürdigkeitstheorie angegebenen Faktoren abzustellen, da unter dem Wesensgehalt des Art. 19 Abs. 2 schwerlich anderes verstanden werden kann als dasjenige, was der gesamten Verfassungsordnung als schutzwürdig erscheint. Dabei geben die beiden Sätze des Art. 14 Abs. 2 die verbindlichen Maßstäbe der Sozialpflichtigkeit des Eigentums ab, die gegenüber denen des Art. 2 Abs. 1, wie schon dargelegt, den Vorrang der Spezialität haben. Mit anderen Worten des Art. 2: Jeder hat das Recht auf freie Entfaltung seines Eigentums, soweit sein Gebrauch zugleich dem vom Gesetz in den Grenzen des Art. 19 Abs. 2 umschriebenen Wohl der Allgemeinheit dient.

f) Außerdem kann der soziale Gehalt des Eigentums, die Stärke seiner Bindung, nicht ohne Rücksicht auf die Eigenart des Eigentums-Objektes und seine Stellung in der gesamten Güterordnung gesehen werden[34]). Ein wesentliches Beispiel hierfür, auf das ich zur Sozialisierung noch zurückkomme, bietet das Grundgesetz selbst in Art. 15: seine Produktivgüter sind dadurch, daß der Gesetzgeber ihre Sozialisierungsreife statuiert, in spezifisch gesteigerter Weise für sozial gebunden erklärt, und dies deshalb, weil die Allgemeinheit und die Gesamtwirtschaft auf sie als Produktivgüter angewiesen sind. Für reine Konsumgüter gilt das im Normalfalle nicht. Es galt anderseits z. B. im anomalen Falle ihrer Verknappung. Die Handhabung des Reichsleistungsgesetzes konnte das illustrieren. Innerhalb des Grundeigentums — um ein anderes Beispiel zu nennen — ergeben sich Grade und Varianten der Sozialgebundenheit aus ihrer örtlichen Lage und der Art ihrer Nutzung.

Zur Abgrenzung der Legal-Enteignung ohne Eigentumsentziehung von der gesetzlichen Eigentumsbindung wird — wozu die Schutzwürdigkeitstheorie alle Möglichkeiten anbietet — daher auch abgestellt werden müssen auf die Frage, ob die Inanspruchnahme adäquat zu derjenigen Sozialgebundenheit erfolgt, die dem Objekt innewohnt oder nicht.

In diesem Sinne kann die gesuchte Unterscheidung durch eine objektive und finale Konkretisierung über die oft allzu abstrakt

---

[34]) **Wieacker a. a. O. S. 48ff. Für weitere Anregungen hierzu und zum Bericht insgesamt bin ich meinem Kieler Kollegen Ballerstedt herzlich dankbar.**

bestimmten Merkmale der Tiefenwirkung hinaus wesentlich verfeinert werden.

7. Eigentumsbindung und Legal-Enteignung unterscheiden sich bereits in ihrer normativen Natur von derjenigen Einwirkung auf das Eigentum, die Art. 18 GG als Ausspruch seiner Verwirkung zuläßt. Sie erfolgt durch Entscheidung des Bundesverfassungsgerichts nach § 39 des BVG-Gesetzes, also durch Richterspruch, durch Einzelakt. Eine normative Verwirkung, deren Abgrenzung zur Eigentumsbindung und Legal-Enteignung in Frage stünde, kennt das Grundgesetz nicht. Dahingehende Fassungen[35]) sind teilweise von Beginn an (ebenso wie zu Art. 153 erörtert)[36]) auch im Hinblick auf den Satz „Eigentum verpflichtet" für überflüssig erklärt worden, da sich daraus ohnehin das Verbot des Rechtsmißbrauchs ergebe (wie allgemein etwa aus § 226 BGB). Die Verwirkung aus Art. 18 GG ist nun ein Spezifikum des Verfassungsschutzes geworden. Ihre causa ist der Mißbrauch zum Kampfe gegen die freiheitliche demokratische Grundordnung. Wenn Eigentumsverwirkung aus einer solchen Verhaltensweise des Eigentümers kraft — und ausschließlich — kraft Entscheidung des Bundesverfassungsgerichts in dem hierfür vorgesehenen förmlichen Verfahren eintreten kann, so muß daraus gefolgert werden, daß gesetzliche Eigentumsbindung oder Enteignung jeder Gestalt aus gleichen Gründen zu Lasten des Eigentümers ausgeschlossen ist. Das bedeutet insbesondere, daß dahingehende normative oder exekutive Maßnahmen des Verfassungsschutzes gegenüber dem einzelnen Eigentümer aus Gründen des Art. 18 unzulässig sind. Enteignungen oder gesetzliche Eigentumsbindungen zwecks Verfassungsschutz sind also verwehrt, und zwar auch dem Landesverfassungsrecht[37]).

8. Die Regelung des Art. 14 über die Enteignungsentschädigung ist in zwei Richtungen klarzustellen:

a) Das erwähnte Junctim zwischen dem Gesetz, das Grundlage oder Vollzug der Enteignung darstellt, und der Entschädigungsregelung ist rechtlich bedeutsam. Es macht die gleichzeitige Entschädigungsregelung zu einer zwingenden Gültigkeitsbedingung. Exekutive Enteignung auf Grund eines Gesetzes, das sich über die Entschädigung ausschweigt, oder das nur die Art, nicht das Ausmaß der Entschädigung — oder umgekehrt — regelt,

---

[35]) Zuerst die in der 26. Sitzung des Grundsatzausschusses beschlossene: „Wer sein Eigentum mißbraucht, kann sich auf den Schutz dieser Bestimmung (die Grundrechtsgewährleistung nämlich) nicht berufen", die bis zur 57. Sitzung des Hauptausschusses vom 5. 5. 1949 im Entwurf verblieb und dann der allgemeinen Verwirkungsklausel wich; vgl. Kurzprot. GSA. Pr. 12, 48—338 II S. 2; HA. StenBer. S. 747.

[36]) M. Wolff, Kahl-Festgabe (1923) S. 11/12.

[37]) And. Ans. Scupin, Die Rechtslage der Wirtschaft unter dem Bonner Grundgesetz (1950) S. 12.

entbehrt der gültigen Rechtsgrundlage und ist anfechtbar. Eine Legal-Enteignung gleichen Mangels ist von Beginn an unwirksam, also nichtig.

Wo der Zweifel, ob entschädigungspflichtige Legal-Enteignung vorliegt oder gesetzliche Eigentumsbindung ohne Entschädigungsfolge, erst vom Richter im Prozeß entschieden wird und sich daher die etwaige Nichtigkeit der getroffenen Maßnahme erst durch den Prozeßausgang erweist, bleibt der zwischenzeitliche Vollzug des Gesetzes zu revidieren. Es ist daher richtig, wenn — allerdings in bezug auf die gleichlautende Klausel des Art. 15 — festgestellt worden ist[38]), diese Verkoppelung bedeute „zunächst ein gewolltes Hindernis für voreilige und unüberlegte ... Maßnahmen und eine beabsichtigte Sicherung des Betroffenen; ... die Verkoppelung ist also geradezu der Schlüssel zur Wesensart, Inhaltsbestimmung und Durchführbarkeit einer" — wie nun hier fortzufahren wäre — geplanten Legal-Enteignung. Mit anderen Worten: Art. 14 Abs. 3 Satz 2 bürdet das Risiko einer falschen Deutung des Begriffs der entschädigungslosen Eigentumsbindung, die sich in Wahrheit als Legal-Enteignung erweist, dem Gesetzgeber und der Exekutive auf, die das Gesetz zur Geltung bringt. Und die gerichtliche Feststellung ihrer Fehldeutung führt nicht zur Aufrechterhaltung des vorgenommenen Eingriffs lediglich mit der Folge nachträglicher Entschädigung, also des „Dulde und liquidiere!", sondern zur Feststellung seiner Nichtigkeit oder Aufhebung, also zur Rückgewähr oder sonstigen Restitution. Was den zeitlichen Geltungsbereich des Junctim angeht, so gilt es nur für Gesetze, die seit Inkrafttreten des Grundgesetzes ergangen sind, nicht rückwirkend[39]).

Das alles gilt mit seinen für die Praxis weitreichenden Folgen, wenn der Enteignungsbegriff — wie bisher — weit gefaßt bleibt und nicht im Sinne der erwähnten Vorschläge wieder eingeengt wird. Denn Bindungsgesetze im Sinne des Art. 14 Abs. 1 Satz 2 erfaßt die zwingende Junctim-Klausel nicht, aber der Gesetzgeber und die Exekutive laufen das beschriebene Risiko einer Fehldeutung ihres Eingriffs. Auch dieses würde aber ausgeschaltet, wenn — wie vorgeschlagen — innerhalb der Bindungsgesetze mit Hilfe des Rechtsgedankens von § 75 Einl.ALR. zwischen entschädigungspflichtigen und entschädigungslosen Regelungen unterschieden und dem Bundesgesetzgeber der Entschädigungsausschluß gestattet wird. Denn die genannte Klausel als Gültigkeitsvoraussetzung der fraglichen Regelung ist eben nur für Legal-Enteignungen verbindlich, und mit ihrer begrifflichen Einengung würde auch ihre Tragweite begrenzt werden — wobei

[38]) Von W. Weber NJW. 1950 S. 404.
[39]) Richtig: Krüger AöR. Bd. 77 S. 63.

ich wiederum darauf hinweisen muß, daß die Entstehungsgeschichte des Art. 14 eine solche Deutung allerdings nicht unterstützt.

b) In allem Vorhergehenden wurde davon ausgegangen, daß Art. 14 eine Entschädigung, die einem nullum gleichkommt, verbietet. Das hat sich — mit einer einzigen Ausnahme[40]) — inzwischen als herrschende Auffassung herausgebildet und verdient Anerkennung. Der jetzt vorliegende Entwurf eines hessischen Ausführungsgesetzes zu Art. 41 und 39 Hess.Verf.[41]) irrt, wenn er glaubt, sich in der Herabsetzung der Entschädigung auf einen formalen Betrag auf die Meinung mehrerer maßgebender Rechtslehrer berufen zu können.

Was gegen die nahezu herrschende Aufassung angeführt werden könnte, ist bei richtiger Würdigung nicht einmal die Entstehungsgeschichte des Art. 14 mit ihren bekannten Bemühungen, das Wort „angemessene Entschädigung" zu retten. Denn einmal ging es dabei um eine Formel, von der die Antragsteller sich eine Sicherung erhofften, die sie in der Abwägungsklausel des Satzes 3 in Abs. 3 zu Unrecht glaubten vermissen zu müssen. Tatsächlich ist ja aber gerade die gesetzliche Formulierung in Abs. 3 die überkommene Umschreibung des Begriffs „angemessene Entschädigung".

Endlich ergeben sich aus dem Wortlaut von Art. 14 selbst mehrere, schon oft wiederholte Argumente, die gegen die Zulassung bloßer Nominalentschädigung sprechen und ihren gänzlichen Ausschluß verhindern. Erinnert sei nur an das Wort „Ausmaß", das mehr als nominatim bedeutet, und das Wort „Höhe" der Entschädigung, um die vor Gericht gestritten werden kann.

10. Es bleibt der Rolle zu gedenken, die Art. 14 dem Richter zuweist. Es sind deren nicht weniger als drei: das Verwaltungsgericht, das über den exekutiven Enteignungsakt in seiner Zulässigkeit zu entscheiden hat; das ordentliche Gericht, das im Entschädigungsprozeß urteilt; das Bundesverfassungsgericht, das in allen möglichen Streitformen mit Art. 14 befaßt werden kann, insbesondere auch im Wege der Verfassungsbeschwerde nach §§ 90—96 des BVG-Gesetzes.

Auf Einzelfragen hierzu sei verzichtet. Nur soviel: auch das „ob zum Wohle der Allgemeinheit" ist justiziabel, der Richter steht auch hier über dem volkssouveränen Gesetz, und das Gericht wird eine Enteignung etwa, die nur fiskalischen Zwecken oder der gesetzlichen Selbstlösung des Staates von geschlossenen Verträgen dient, für unzulässig erklären müssen. Die Zweispurigkeit des Rechtsschutzes — Verwaltungsgerichte, ordentliche Gerichte — ist nun also unausweichlich geworden. Im Regie-

---

[40]) Abraham a. a. O. Anm. II 9 S. 9 zu Art. 14.

[41]) Entwurf des Hess. Ministers für Arbeit, Landwirtschaft und Wirtschaft vom 15. 8. 1951 — R 1 und A I e — Begr. S. 5 zu § 15.

rungs-Entwurf des Baulandbeschaffungsgesetzes[42]) wird versucht, den Dualismus mit neuen Methoden auszuschalten: dort sollen besondere Kammern für Baulandsachen der Landgerichte und Bauland-Senate der Oberlandesgerichte im Interesse der Beschleunigung zugleich über die Zulässigkeit der Enteignung entscheiden und zu diesem Zweck z. T. mit Richtern der Verwaltungsgerichtsbarkeit besetzt werden — ein Kompromiß, der den Dualismus des Rechtsschutzes und alle Verfahrenshemmungen, aber auch eine Änderung des Grundgesetzes vermeiden will und im gerichtsorganisatorischen Effekt der Grundtendenz von Art. 19 Abs. 4 Satz 2 nahekommt. Der Bundesrat hat in seiner Stellungnahme vom 2. 3. 1951 an diesem Vorschlag[43]) keinen Gefallen gefunden und sich in der Replik der Bundesregierung nochmals über die durch Art. 14 und die Generalklausel der Verwaltungsgerichtsbarkeit gegebene Rechtslage belehren lassen müssen.[44]) Die Entscheidung steht aus.[45])

Dadurch, daß — m. E. ohne Not und allenfalls wegen der einstweiligen kassatorischen Unzulänglichkeit des verwaltungsgerichtlichen Prozeßrechts vertretbar — auch Maßnahmen von Spezialgesetzen (des RLG. z. B.) über den Enteignungsleisten geschlagen worden sind, ist der Dualismus im Rechtschutz noch vertieft worden. Nur für das Requisitionsrecht hat man ihn bisher mit Glück vermieden.[46])

11. Die Gewährleistung des deutschen Eigentums war vor dem Grundgesetz — und ist auch heute noch — nicht besatzungsfest. Vereinzelte deutsche Gerichtsentscheidungen, die unter Berufung auf den vor- und überstaatlichen Charakter der Gewährleistung, die Bindung der Besatzungsmächte durch die allgemeinen Regeln des Völkerrechts und das im Landkriegsrecht geprägte Prinzip der Unantastbarkeit des Privateigentums, endlich auch unter Hinweis auf eine selbstbindende Anerkennung des Grundgesetzes durch die Besatzungsmächte die Eigentumsgewährleistung auch in dieser Richtung durchsetzen wollten, müssen ohne Sanktion bleiben, solange ihnen Gerichtsbarkeit über Besatzungshoheit fehlt.

Auch das Gesetz Nr. 63 der AHK. vom 31. 8. 1951 (SaBl. S. 1055) zur Klarstellung der Rechtslage in Bezug auf deutsches Auslandsvermögen und andere im Wege der Reparation oder Rückerstattung erfaßte Vermögensgegenstände stellt die Ge-

---

[42]) BT.-Drucksache Nr. 2281 vom 28. 5. 1951.

[43]) S. 40 der BT.-Drucksache Nr. 2281.

[44]) S. 46 derselben Drucksache.

[45]) Zum Problem: Dittus, Die Probleme der städtebaulichen Enteignung und ihre gesetzgeberische Behandlung, Referat vom 1. 12. 1950 vor dem BT.-Ausschuß für Wiederaufbau und Wohnungswesen.

[46]) Vgl. etwa BGH. Ziv.-Sachen Bd. 1 S. 368/369.

währleistung nicht oder noch nicht wieder her. Sein Art. 2 erklärt die Eigentumsrechte für erloschen und Art. 3 die Erhebung von Ansprüchen oder Klagen für unzulässig. Das ist deutlich genug.

In diesem Bereich und in entsprechenden Fällen sog. besatzungsrechtlicher Enteignungen der verschiedensten Art (auch z. B. durch die Gesetze Nrn. 75 und 27 u. a.) fragt sich, ob eine innerdeutsche Schadloshaltung der Betroffenen beansprucht werden kann. Die Frage kann hier nur erwähnt und aufgeworfen werden. Sie ist z. T. bejaht worden.[47])

Eine gesetzliche Regelung besteht z. Zt. nicht. Ihre Problematik beruht auf der üblich gewordenen unmittelbaren völkerrechtlichen Inanspruchnahme des Einzelnen anstelle seines Staates. Ich glaube nicht, daß das letzte Wort hierzu auch rechtlich gesagt werden kann, ohne die jetzt sich mühselig anbahnende Wiederherstellung der deutschen Hoheit abzuwarten. Jedenfalls dürfte das für den Bereich der Entflechtung im innerdeutschen Bereich gelten, sofern sie wieder in deutsche Zuständigkeit gelangt.

III.

1. Inhalt und Standort des sog. Sozialisierungsartikels 15 müssen zunächst zwangsläufig den Eindruck erwecken, daß hier (und so, wie geschehen) dem Grundgesetz ein Element eingefügt worden ist, das sich nur mit Mühe überhaupt als harmonisch und homogen empfinden läßt. Die Nachbarschaft der Sozialverpflichtung des Eigentums in Art. 14 Abs. 2 und die wiederholte Sozialstaats-Bestimmung in den Art. 20 und 28 allein reichen hierfür auf Anhieb jedenfalls nicht aus, Gefühle der Harmonie zu verbreiten.

Der Vergleich zu Art. 155, 156 WeimRVerf. vollends, die ihren Platz im breit angelegten Abschnitt 5 „Wirtschaftsleben" (Art. 151—165) — in Gesellschaft der Vorschriften über Schutz der Arbeitskraft, Arbeitspflicht, Arbeitnehmergleichberechtigung und -Mitbestimmung — hatten, verstärkt den Eindruck einer strukturfremden Isoliertheit des Art. 15 im GG. insgesamt, im Grundrechtsteil selbst insbesondere. Seine Entstehungsgeschichte ist kaum geeignet, mit diesem ersten Eindruck zu versöhnen. Zwar ist die Sozialisierung von Beginn an thematisch in der Diskussion gewesen, und die sozialistische Partei, die in ihr wiederholt auch

[47]) Z. B. von Jahrreiß, Rechtsgutachten (1950), Die Rechtspflicht der Bundesrepublik zur Entschädigung für Reparations- und Demilitarisierungseingriffe der Kriegsgegner des Reiches in Privatvermögen; ebenso: Giese, Enteignung und Entschädigung (1950) S. 44; der Entschädigungsanspruch richtet sich nach deutschem Recht auch gegen die deutsche vollziehende Gewalt und ist vor deutschen Gerichten geltend zu machen, „ohne daß es darauf ankommt, von welcher Stelle die enteignende Maßnahme getroffen wird", S. 46; ferner: Cartellieri, Dekartellisierung und Entflechtung, BB. 1949 S. 716ff.

das Wesentliche einer „strukturellen Umwandlung der Wirtschaftsverfassung“[48]) sah, glaubte, den Art. 15 am Schluß der Beratungen[49]) als erstmalige verfassungsmäßige Verankerung der Begriffe „Gemeineigentum und Gemeinwirtschaft“ feiern zu können, aus der „in der Vorstellungswelt der Deutschen ... eine zunehmende Einsicht über die Notwendigkeit, die deutschen Schlüsselindustrien in Gemeineigentum zu überführen“, zu erhoffen sei.

Aber: dazwischen liegt erkennbar einmal, daß Art. 15, der die Zustimmung der beiden größten Parteien zwar gefunden hat, in seiner ständigen Verknüpfung mit dem Enteignungsthema sehr kompromißhaft und konservativ empfunden, daß zum andern bis zuletzt seine Entbehrlichkeit behauptet worden ist, weil Sozialisierung nur einen Spezial-(Unter-)fall der allgemeinen Enteignung darstelle; daß durch den Verzicht auf soziale Gestaltung im übrigen nur der Grundrechtsteil als Standort für den heutigen Art. 15 verblieb; und daß endlich die wesentliche Wendung „oder in andere Formen der Gemeinwirtschaft“ nicht eigentlich aus dem Bemühen positiver Ausgestaltung eingefügt wurde, sondern offenbar lediglich zwecks Wortlaut-Angleichung an die Kompetenznorm der heutigen Ziffer 15 des Art. 74 GG. Von der Weite, Spannkraft und Folgerichtigkeit des bekannten Thoma'schen Alternativ-Vorschlages für den PR.,[50]) an die Spitze des Eigentums-Artikels und der Gewährleistung des Eigentums die Wendung zu stellen: „Unbeschadet der staatlichen Besteuerungs- und Sozialisierungsgewalt“, ist nichts in das Grundgesetz eingegangen.

Nach der heutigen Regelung besteht die Gefahr, daß die Sozialisierung ohne Einsicht in Wesen und Autonomie des Instituts wegen ihres Standortes im Grundrechtsteil, wegen ihrer Anschlußstellung an Art. 14 und wegen ihrer Umhüllung durch Enteignungsbegriffe als bloßer Unterfall der Enteignung zu einer zusätzlichen, beliebigen, irgendwie auswechselbaren Eingriffsart zum Eigentum gesehen wird. Ich bekenne mich durchaus schuldig, an solchen vorschnellen Folgerungen mitgewirkt zu haben,[51]) und ich kann mich allenfalls durch die Güte der Gesellschaft ein wenig exkulpieren, in der ich mich befand.

So erklärt sich auch, daß — zu Unrecht — bereits einer prinzipiell intensiven, restriktiven Auslegung des Art. 15 das Wort geredet worden ist, da nach der ganzen Grundrechtskonzeption alle Einschränkungen des Eigentums, und so auch die Sozialisie-

---

[48]) Abg. Dr. Schmid, 8. Sitzung des GSA. vom 7. 10. 1948, Kurzprot. Pr. 10. 48 — 172 — S. 7.

[49]) Abg. Dr. Menzel, Plenum 3. Lesung, StenBer. S. 205.

[50]) P. R. 11. 48 — 244. III.

[51]) In meinem Rechtsgutachten „Aktionär und Sozialisierung in Verkehrs- und Energiewirtschaft“ (1949) S. 29/30.

rung, wie man sie sicht, als Ausnahmen anzusehen und daher tunlichst zu limitieren seien. So wird auch verständlich, daß Art. 15 bereits das zweifelhafte anatomische Prädikat einer „Achillesferse des Grundgesetzes und der Demokratie" erhalten hat.[52]) Da von diesen verwundbaren Körperteilen nur deren zwei existieren können, sollte man ihre bildhafte Verwendung aber besser wohl für ernstere Gebrechen des GG reservieren.

2. Die Einordnung des Art. 15 in die Gesamtstruktur des GG und seiner Staatszielbestimmung darf seinen insoweit zufälligen Standort im Grundrechtsabschnitt und seine Anknüpfung an die Enteignung indes nicht überschätzen. Nur wegen seiner Einfügung in die Grundrechte hat Art. 15 primär nämlich nicht die Funktion, die Zuordnung der privaten und der öffentlichen Herrschaftssphäre vom Standpunkt des Einzelnen aus defensiv zu bestimmen, also den Schutz des Privatunternehmens gegen staatliche Eingriffe (hier nun in Gestalt von Sozialisierungsmaßnahmen) zu ermöglichen und durch Wertersatz und Gerichtsschutz tunlichst einzudämmen.

Aus seiner immerhin ja gegebenen Sonderung von Art. 14, aus der Autonomie, der Eigenständigkeit der seit Jahrzehnten entwickelten und der in der heutigen Sozial- und Wirtschaftsordnung vorhandenen und nachweisbaren Wirksamkeit der Sozialisierungsidee, endlich aus der positiven Entscheidung des Grundgesetzes zur sozialstaatlichen Gestaltung folgt vielmehr, daß die Sozialisierung durch das Grundgesetz zum Inhalt seiner wirtschaftspolitischen Entscheidung gemacht und die Sozialisierung legalisiert worden ist. Daran ändert auch nichts, daß man dem GG. in der Frage seiner Wirtschaftsverfassungskraft Indifferenz nachsagt und in diesem Zusammenhang auch Art. 15 insoweit leicht bagatellisiert werden kann.[53]) In der Sprache der Ökonomen[54]) stellt Art. 15 zwar nicht den „Akt" als solchen (der Ablösung der kapitalistischen Ordnung nämlich) dar. Aber der Akt wird doch, — wenn er stattfinden soll —, nicht mehr der sonst erforderlichen Verfassungsänderung bedürfen und ohne einen Bruch der legalen Kontinuität stattfinden können.

Es fragt sich sogar, ob es nicht der Grundgesetzänderung nach Art. 79 bedürfte, um dort, wo eine prinzipielle Eigentumsneuordnung an Grund und Boden, Naturschätzen und Produktionsmitteln überhaupt in Frage steht und erfolgen soll, eine Neuordnung anderer Art und Zielsetzung als der Vergesellschaftung i. S. des Art. 15 herbeizuführen. Denn das Eigentum an den Objekten des Art. 15 ist — wie schon angedeutet — im Sinne des Art. 14 Abs. 1 Satz 2 durch Bejahung ihrer Sozialisierungsreife

---

[52]) Schumacher ZfH. Bd. 113 S. 184.

[53]) Vgl. Krüger DVBl. 1951 S. 363ff.; Raiser a. a. O. S. 182.

[54]) Schumpete. a. a. O. S. 351ff.

inhaltlich bestimmt und gebunden, und diese gesetzliche Bindung ist selbst eine solche von Verfassungsrang und -kraft. Ja, angesichts der in Art. 79 Abs. 3 verordneten Unantastbarkeit der Grundsätze des Art. 20, zu denen die Sozialstaatlichkeit zählt, ist mir bei einer Inhaltsbestimmung dieser Gestaltungsform, die die heutige soziale und wirtschaftliche Situation ernst nimmt und ernst nehmen muß, sogar zweifelhaft, ob auch nur der Weg der Grundgesetzänderung für eine solche Neuordnung über die von Art. 15 gegebene Zielsetzung der Vergesellschaftung hinweggehen könnte.

Das ist z. B. von praktischer Bedeutung für die Frage, ob der deutsche Gesetzgeber den Art. 15 ignorieren darf, wenn ihm heute nach dem Rückzug der Besatzungsintervenienten die Aufgabe obliegt, im Bereich der bisher besatzungsrechtlich erfaßten und deutscher Sozialisierung unzugänglichen Unternehmensgruppen[55]) eine Neuordnung der Eigentumsverhältnisse zu treffen. Es fragt sich eben sehr, ob sie sich in bloßer Restauration erschöpfen darf oder kraft Art. 15 nicht zur Vergesellschaftung führen muß. Entsprechendes gilt von der brechenden Kraft des Art. 15 gegenüber solchen Neuordnungsmaßnahmen der Länder, die — auf Grund der Landesverfassungen eingeleitet — bisher stecken geblieben sind.

Aus seiner Eigenart, primär nicht Defensiv-Grundrecht zum Schutz des status quo, sondern normativ-verbindliche Zielbestimmung einer prinzipiellen Eigentumsneuordnung in den von ihm erfaßten Bereichen zu sein, ergibt sich weiterhin, daß Art. 15 nicht ein Grundrecht des status negativus oder libertatis ist, der gegen die öffentliche Gewalt sich richtet, sondern mindestens reflexartig einen „status socialis positivus"[56]) zugunsten derjenigen Gruppen (der insbesondere am Produktionsprozeß Beteiligten) schafft, deren Teilhabe an der vergesellschafteten Eigentumsordnung der Produktivgüter in Frage steht und in der bisherigen Ordnung fehlt. Ich denke dabei an solche sozialen Gruppen, die Art. 156 Abs. 2 WeimRVerf. zu umschreiben unternommen hat.

In diesem Sinne kommt dem Art. 15 — während das Grundgesetz im übrigen, wie dargelegt, gegenüber nahezu allen sozialen und wirtschaftlichen Umwälzungen seiner Vorzeit und außerrechtlichen, revolutionären Einwirkungen auf erworbene Rechte indifferent und konservativ bleibt — eine (wenn auch begrenzte und rechtsstaatlich gebändigte) „fortschrittliche" Funktion zu[57]). Man braucht sie dabei keineswegs im Hinblick auf die politische Herkunft der Sozialisierungsidee einen „legalisierten Klassen-

---

[55]) Ges. Nr. 75 der Mil.Reg. für Kohlenbergbau und Eisen- und Stahlindustrie; vgl. auch Raiser a. a. O. S. 190.

[56]) Nipperdey, Gleicher Lohn der Frau für gleiche Leistung (1951) S. 18.

[57]) Apelt NJW. 1949 S. 482 nennt sie „sozialrevolutionär".

kampferfolg" zu nennen, wie das in den zitierten Schlußworten[58]) eines Abgeordneten des Parlamentarischen Rates in der 3. Lesung durchscheinen mochte. Eine solche parteinehmende Verengung und Belastung — ich will nicht unterstreichen, wie fern sie mir liegt — würde das Gewicht der grundgesetzlichen Entscheidung nur verringern.

3. Mir mag entgegengehalten werden, daß diese Folgerungen dem möglichen Ergebnis einer exegetischen Würdigung des Art. 15 bereits vorgegriffen haben. Das trifft in der Tat zu, wenn das Wort „können" — Grund und Boden usw. können ... überführt werden — im üblichen Sinne des „nicht müssen" und des nur „dürfen" gedeutet wird, wie das auch bislang durchweg geschehen ist und dem Wort „kann" des Art. 156 entsprechen würde.

Richtig ist zunächst sicherlich, daß Art. 15 nicht unmittelbar-konstitutiv wirkt, wie das Art. 41 der Hessischen Verfassung bekanntlich unternommen hat und ihm schließlich auch gelungen ist. Ohne ein auf Art. 15 gestütztes Gesetz treten also Überführungswirkungen zweifellos nicht ein. Auch enthält Art. 15 selbst keinen Befehl an die Gesetzgebung. Ich frage mich indes, ob er nicht aber doch auch mehr als eine nur unverbindliche Ermächtigung erteilt. Ihre Verbindlichkeit könnte aus den genannten Strukturzusammenhängen und der wirtschaftspolitischen Entscheidungskraft des Art. 15 im Zusammenhang mit Art. 20, 28 darin gesehen werden, daß der Gesetzgeber, wenn er die sozialisierungsreifen Güter des Art. 15 in ihrer Stellung in der Gesamteigentumsordnung überhaupt prinzipiell neubestimmen will, dann auf den von Art. 15 gewiesenen Weg der Vergesellschaftung verwiesen und ihm jeder andere Weg verschlossen ist.

Einen normativen Zwang, heute oder morgen oder überhaupt zur Neuordnung zu schreiten, übt Art. 15 in der Tat nicht aus. Sie durch Gesetzgebung herbeizuführen, liegt in der Hand derjenigen politischen Kräfte, die über Initiative und Beschluß der gesetzgebenden Gewalt verfügen — und es hat ja den Anschein, als ob das in zunehmendem Maße ständisch organisierte Kräfte sind, die das Grundgesetz nicht durch Organschaft unmittelbar (in Parlament und politischen Parteien) erkannt und anerkannt hat. Auch Art. 1 Abs. 3 GG gibt nicht mehr an Kraft und normativem Effekt her, wenn er die Gesetzgebung durch die Grundrechte als unmittelbar geltendes Recht bindet; auch er setzt Aktivität des Gesetzgebers voraus.

Aber wenn er — und insoweit könnte Art. 1 Abs. 3 meine Fragestellung unterstützen — aktiv wird in einer Weise, die Art. 15 (wie sich erweisen wird) seinem Wesen nach voraussetzt, wenn er die prinzipielle Eigentumsneuordnung für die sozialisierungsreifen

---

[58]) Vgl. oben Anm. 49.

Güter überhaupt anpackt, dann — so könnte man meinen — in der Zielsetzung des Art. 15, weil auch dieses Grundrecht den Gesetzgeber, wie Art. 1 Abs. 3 es ausdrückt, als unmittelbar geltendes Recht bindet und das Eigentum an den Objekten des Art. 15 inhaltlich im Sinne ihrer Sozialisierungsreife bereits jetzt von Verfassung wegen gebunden erscheint.

4. Nur „zum Zwecke der Vergesellschaftung" steht das Gesetz aus Art. 15 zur Verfügung. Das kann zunächst gedeutet werden aus seinem spezifischen Zusammenhang mit der Enteignungsvoraussetzung „nur zum Wohle der Allgemeinheit". Indem Art. 15 den Sozialisierungszweck der Vergesellschaftung anerkennt, nimmt er ihm nicht — wie insbesondere die wertfreie Auswahl der Sozialisierungsobjekte bestätigen wird, die sich aller Differenzierungen und Diskriminierungen ihrer bisherigen Eigner enthält — das Gleichheits-Prädikat, ein solcher des Allgemeinwohls zu sein; im Gegenteil, er weist ihm dieses Prädikat zu und setzt es zugleich auch voraus. Denn andernfalls wäre die Vergesellschaftung, die u. U. zur Depossedierung des bisherigen Eigners führt, als effektive Enteignung nach Art. 14 unzulässig und in diesem Fall und in dieser Auslegung nur haltbar, wenn Art. 15 als eine Durchbrechung des Art. 14 angesehen würde. Art. 15 ist insoweit aber keine Durchbrechung des Art. 14, sondern in seiner Zweckbestimmung ein aliud, das nicht, wie die Enteignung, auf Güterbeschaffung, sondern auf Neuverfassung des Eigentums zielt. Es ist also richtig, wenn angenommen worden ist, daß Art. 15 für seine Vergesellschaftung der dort genannten sozialisierungsreifen Güter, soweit sie Enteignungswirkung hat, die Voraussetzung des Allgemeinwohls als gegeben erklärt und bestätigt. Entsprechendes ist früher z. B. schon für Art. 155 WeimRVerf. (Bodennutzung für Wohnungsbau usw.) angenommen worden.[59]) Rechtstechnisch ergibt sich Gleiches daraus, daß Art. 15 Satz 2 zwar auf die Sätze 3 und 4 des Art. 14 Abs. 3 verweist, nicht auf seinen Satz 1. Daraus folgt zugleich, daß die Grenze, innerhalb deren die Gemeinwohl-Zweckbestimmung nach Art. 14 gerichtlich überprüfbar ist, weiter gezogen werden muß, als die richterliche Überprüfbarkeit eines Sozialisierungsgesetzes zulässig ist: sie beschränkt sich in diesem Zusammenhang — von der richtigen Bestimmung der Objekte i. S. des Art. 15, der neuen Eigentums- und Wirtschaftsform und der Entschädigungshöhe abgesehen — darauf, ob der vom Gesetz verfolgte Zweck wirklich ein solcher der Vergesellschaftung ist oder sich hinter ihm ein anderer, unzulässiger verbirgt — Überprüfung also nur unter dem Gesichtspunkt des détournement de pouvoir.

---

[59]) Erman in: Nipperdey, Die Grundrechte und Grundpflichten der Reichsverfassung Bd. III (1930) S. 302.

5. Der Zweck der „Vergesellschaftung" ist durch Art. 15 aber nicht nur als solcher des Allgemeinwohls auch für die enteignende (expropriative) Überführung der Sozialisierungsobjekte in Gemeineigentum usw. anerkannt; zugleich stellt er eine aus dem Wesen der „Vergesellschaftung" zu bestimmende Zulässigkeitsvoraussetzung jeder Sozialisierungsmaßnahme dar. Das besagt Mehr und Schärferes als die entsprechende Wendung des Art. 156 Abs. 1, die auf die Eignung der Sozialisierungsobjekte zur Vergesellschaftung abstellte und die Zweckbestimmung des Vorganges in die neue Eigentumsform verlagerte. Wenn der — von der Dogmatik unserer geltenden Unternehmensverfassung aus betrachtet — juristisch indifferente Begriff der Vergesellschaftung einen Sinn gewinnen soll, der zugleich dem historisch und wirtschaftspolitisch entstandenen Postulat der Sozialisierung entspricht, so verlangt er die Ablösung der individuellen, auf Eigennutzen gerichteten und nur den allgemeinen öffentlich-rechtlichen Eigentumsbindungen unterworfenen Eigentumsherrschaft mindestens durch eine Mehr- (Plural-, Mit-)herrschaft, kraft deren bislang von der Eigentumsherrschaft ausgeschlossene soziale Gruppen künftig an ihr beteiligt werden.[60]) Vergesellschaftung ist der einzige von Verfassung wegen zugelassene Sozialisierungszweck, und auch die neue Gestalt der erstrebten Eigentumsordnung, die Gemeinwirtschaft in ihren verschiedensten Formen, will primär als Verfassungs-, nicht als ökonomischer Begriff verstanden werden (Ballerstedt).[61])

Daraus erheben sich auch Zweifel, ob eine bloße Verstaatlichung dem Zweck der Vergesellschaftung genügt, wenn sie in der neuen Eigentumsverfassung der Sozialisierungsobjekte (etwa in irgendeiner Gestalt des neuen Gemeineigentums) der geforderten Mitbeteiligung an der Eigentumsherrschaft keinen Raum gibt und sich darin erschöpft, die bisher ausgeschlossenen sozialen Gruppen insoweit auf ihre allgemeine staatsbürgerliche Teilhabe zu verweisen.[62]) Daraus folgt weiter, daß der Vergesellschaftungszweck nicht erreicht wird, wenn im Wege der enteignenden Sozialisierung der bisherige private Träger der Eigentumsherrschaft lediglich durch einen anderen gleichartigen ausgetauscht wird: Legal-Entziehung von Wohnhaus-Trümmergrundstücken wiederaufbau-unwilliger oder -unfähiger Grundeigentümer zugunsten kapitalkräftiger Privatunternehmer kann und wird heute zum Wohle der Allgemeinheit eben als Enteignung zulässig sein, stellt aber keinen Akt zum Zwecke der Vergesellschaftung dar. Das Baulandbeschaffungsgesetz kann also insoweit kein Gesetz i. S. des Art. 15 werden. Folgt das unmittelbarer

[60]) Vgl. dazu Köttgen VeröffVStRL. Bd. 6 (1928) S. 120 Anm. 24.
[61]) Vgl. oben Anm. 34.
[62]) Ule in: Die Sozialgemeinschaften (1948) S. 15.

aus der Notwendigkeit, Gemeineigentum oder eine andere Form der Gemeinwirtschaft herzustellen, so liegt diese Folgerung ebenfalls bereits im Begriff der Vergesellschaftung. Legal-Enteignung nach Art. 14 gestattet den bloßen Eigentümeraustausch ohne Veränderung der prinzipiellen Verteilung der Eigentumsherrschaft, Vergesellschaftung nach Art. 15 dagegen nicht. Umgekehrt ist eine prinzipielle Neuverteilung der Eigentumsherrschaft an den Objekten des Art. 15 auf den Weg der gesetzlichen Vergesellschaftung angewiesen; die Individualenteignung auf Grund Gesetzes nach Art. 14 Abs. 3 ist ihr verschlossen. Wenn daher, wie ich annehme, Verkehrsmittel dem Art. 15 nicht unterfallen, können sie nicht, um ihre Sozialisierung gleichwohl zu erreichen, individuell nach Art. 14 enteignet werden.[63]) Also: zu Zwecken der Vergesellschaftung darf nicht individuell enteignet werden. Sie ist dem Gesetz vorbehalten.

Anders liegen die Dinge mit gesetzlichen Einwirkungen, die Eigentumsbindungen aus Art. 14 Abs. 1 Satz 2 darstellen: sie sind — neben gesetzlichen Vergesellschaftungen aus Art. 15 — zulässig, auch soweit sie Vergesellschaftungszwecken dienen, solange sie eben nicht zur Enteignung führen: ja, gesetzliche Eigentumsbindungen können aus dem Wunsch sozialstaatlicher Realisierung heraus gerade dem Zweck der Neuordnung der Eigentumsherrschaft dienen, dies indes nur an den Sozialisierungsgütern des Art. 15, da er die Vergesellschaftung dem Objekt nach limitiert. Ein Beispiel dafür kann in der jetzigen Regelung des Mitbestimmungsrechts nach dem Bundesgesetze vom 21. Mai 1951 gesehen werden, wenn es nicht noch treffender dem Art. 15 selbst unterstellt wird.[64]) Darüber später. Art. 15 ist also keine Absage an nur eigentumsbindende, daher entschädigungslos zulässige Vergesellschaftungsmaßnahmen im Rahmen des Art. 14 Abs. 1 Satz 2, sondern eine Ergänzungsnorm zu Art. 14 Abs. 1 Satz 2 für gleichgerichtete Aktionen. Beide Vorschriften stehen im inneren Zusammenhang miteinander und mit der Sozialstaatsbestimmung des Grundgesetzes. Daraus ergibt sich, daß die Abgrenzung zwischen Eigentumsbindung und expropriativer Vergesellschaftung im Rahmen des Art. 15 von gleich großer Bedeutung ist wie innerhalb des Art. 14 zur Enteignung selbst.

Endlich schließt der geforderte Vergesellschaftungszweck die Möglichkeit aus, die Sozialisierungsobjekte in Finanzmonopole

[63]) Meine gegenteilige frühere Auffassung in „Aktionär und Sozialisierung" S. 30 muß ich revidieren.

[64]) Richtig daher: Korsch, Mitbestimmung und Eigentum, Referat vor dem Verein für Wirtschaftsrecht in Köln am 11. 7. 1951, S. 20; U.M., AöR. Bd. 77 S. 369; and. Ans. Giese im Streitgespräch mit Korsch am 11.7.1951 vgl. Nr. 10 der Vortragsreihe des Deutschen Industrie-Instituts vom 27. 8. 1951.

des Bundes einzubringen,[65]) womit — da Finanzmonopole nach Art. 105 GG der ausschließlichen Bundeskompetenz unterliegen — der Bund sonst seine konkurrierende Sozialisierungskompetenz aus Art. 74 Ziff. 15 in eine ausschließliche umwandeln könnte.

6. In der möglichen Methode, die Sozialisierungsobjekte zu qualifizieren, unterscheidet sich Art. 15 von Art. 156: dieser stellte auf die Eignung privater wirtschaftlicher Unternehmungen ab, in Gemeineigentum überführt zu werden, ohne sie im übrigen näher zu bestimmen, insbesondere ohne sie sachlich zu limitieren. Das ist in Art. 15 durch Aufzählung von Grund und Boden, Naturschätzen (zunächst: Bodenschätzen) und Produktionsmitteln geschehen, womit zweifellos andere Objekte von möglicher Vergesellschaftung auf dem Wege des Art. 15 (also unfreiwilliger Art) ausgeschlossen worden sind, für ihre Eigner also ein Freiheitsrecht auf Nicht-Sozialisierung statuiert ist.

Zu Zweifeln hat bislang der Begriff „Produktionsmittel" Anlaß gegeben, der schwerlich lediglich deshalb, weil die alte Parteiprogrammatik dahin gezielt hat, auch etwa auf Verkehrsmittel erstreckt werden darf. Soweit das Landesrecht — wie Baden, Bayern, Bremen, Hessen, Rheinland-Pfalz, Württemberg — in der Objektbestimmung weitergeht, ist es durch die Limitierung des Art. 15 gebrochen worden, und zwar auch, soweit die Sozialisierungskompetenz kraft Art. 74 Ziff. 15 konkurrierend den Ländern noch zusteht. Auch eine konkurrierende Kompetenz darf nur grundgesetzmäßig wahrgenommen werden.

Obwohl Art. 15 — anders als Art. 156 — die Sozialisierungsobjekte in allen drei Richtungen irgendwie im naturwissenschaftlichen Urzustand (Grund und Boden, Naturschätze) oder in ihrer ökonomischen Funktion (Produktionsmittel) anspricht, stellt er durch den Vergesellschaftungszweck und die Absicht der „Überführung" in eine neue Eigentums- oder Wirtschaftsform weitgehend darauf ab, daß die fraglichen Objekte bereits im Zeitpunkt des gesetzlichen Zugriffs in einer bestimmten Unternehmensform verfaßt sind; die „Überführung" bedeutet damit in aller Regel ihre Umwandlung. Art. 15 operiert also weitgehend mit den Unternehmungen als Sozialisierungsobjekten und sieht sich damit allen Schwierigkeiten gegenüber, die ihrer dogmatischen Erfassung und ihrer Zuordnung zum Eigentum entgegenstehen. Sie wurden oben bei der Enteignung bereits angedeutet. Sie erwachsen weiterhin aus der — hier nicht zu vertiefenden — Fragestellung, ob die Sozialisierung heute überhaupt noch wesentlich vom Eigentum her aufgeworfen und gelöst werden kann und

[65]) Was Wacke, Das Finanzwesen der Bundesrepublik (1950) S. 20, für zulässig erachtet.

nicht auf die Unternehmensleitung abzustellen ist.[66]) Ohne diesen Umstand zu überschätzen, verdient doch auch angemerkt zu werden, daß Art. 15 von der Vergesellschaftung von Grund und Boden usw. spricht, nicht vom Eigentum an Grund und Boden usw.

In diesen Zusammenhang gehört auch die Erörterung, ob Erlangung des Mitbestimmungsrechts die Sozialisierung entbehrlich mache, sie gerade in besonderer Form vollziehe oder aber ihr gleichrangig zur Seite stehe.[67]) Auch die Frage, ob der Unternehmer im Regierungsentwurf eines Betriebsverfassungsgesetzes[68]) durch Beschlüsse der Gutachtenstelle, die ihm in wirtschaftlichen Angelegenheiten entgegentreten, nur unter psychologischen Druck für spätere Kündigungsprozesse gesetzt werden oder ob diesen Beschlüssen echte Entscheidungskraft mit Folgepflicht des Unternehmers zukommen soll (wie der Bundesrat in den Bremer Formulierungen vorgeschlagen hat), berührt das Problem, ob Mitbestimmung durch Einwirkung auf die Unternehmensleitung dem Zweck einer Art Vergesellschaftung genügt oder nicht.

Nicht notwendig ist nach Art. 15, daß es sich bei seinen Objekten (was Art. 14 ebenfalls nicht voraussetzt) um bisheriges Privateigentum handelt, wie dies aber Art. 156 verlangte. Wenn Eigentum der öffentlichen Hand, z. B. der Kommunen, durch Maßnahmen nach Art. 15 in eine andere, höhere Form der Vergesellschaftung überführt werden soll, so bietet er hierfür die erforderliche Rechtsgrundlage, ebenso, wie Kommunal- oder Staatseigentum nach Art. 14 enteignet werden kann.[69]) Daß Staats- und Kommunaleigentum dem Begriff des Gemeineigentums von Art. 15 unterfällt, ist kein Hinderungsgrund, es zum Zwecke intensiverer Vergesellschaftung und zur Steigerung des Herrschaftsanteils bestimmter sozialer Gruppen über ihre allgemeine staatsbürgerliche Teilhabe hinaus gesetzlichen Maßnahmen nach Art. 15 zu unterwerfen. Der Widerstand etwa der hessischen Kommunen gegen Maßnahmen nach Art. 41 der Hessischen Verfassung brauchte dem Art. 15 gegenüber nicht gerechtfertigt zu sein.

Was den Art. 15 im Hinblick auf die Sozialisierungsobjekte — im Gegensatz zu verschiedenen Landesverfassungen (Bremen, Hessen) und der der DDR — charakterisiert und dem Sozialisierungsinstitut des Grundgesetzes sein entscheidendes Gepräge

---

[66]) Strauß, Wirtschaftsverfassung und Staatsverfassung (1948) S. 14; Gundlach, Die soziale Frage von heute nach der Lehre der Kirche, Vortrag auf der kath. sozialen Tagung in Essen am 23. 9. 1951; Höffner, Die Sozialisierung der Grundstoffindustrien in der Bundesrepublik Deutschland, beurteilt nach den Grundsätzen der kath. Soziallehre (1951).

[67]) Raiser a. a. O. S. 199; Schumpeter a. a. O. S. 476 Anm. 9.

[68]) BT.-Drucksache Nr. 1546 vom 31. 10. 1950.

[69]) Ule a. a. O. S. 14. — Der Entwurf des Ausführungsgesetzes zu Art. 41, 39 Hess. Verf. beläßt es jetzt allerdings beim Kommunaleigentum.

gibt (damit zugleich aber auch den Begriff der Sozialisierung aus seiner ideologischen und parteiprogrammatischen Verkrampfung löst und erhebt), ist ohne Zweifel der Verzicht des Grundgesetzes auf eine irgendwie wertende und diskriminierende Objekt-Bestimmung der Sozialisierung: die Vergesellschaftung wird damit durch das Grundgesetz in ihrer Anerkennung als sozialstaatliches Gestaltungsmittel nicht nur legalisiert.[70]) Sie wird aus einem Instrument verfassungsgegnerischen Kampfes gegen die bestehende und von der Verfassung gewährleistete Eigentumsverfassung in dem Bereich, den Art. 15 objektiv umschreibt, zu einer in die prinzipielle Verfassungsverteilung zwischen Öffentlichem und Privatem einbezogenen Entscheidung über die Eigentumsordnung an Grund und Boden, Naturschätzen und Produktionsmitteln. Wessen Gut sozialisiert wird, ist in den Augen und nach den Maßstäben des Grundgesetzes nicht das Opfer einer Depossedierung und Durchbrechung der Eigentumsgewährleistung. Er wird auch nicht „entwährt" (L. v. Stein), weil er sein Gut verwirkt habe, weil ihm nach Eigenart, Größe, Herkunft oder Erwerbsgrund ein Makel anhaftet, weil sein Eigentum irgendwie Unrecht ist. Die Sozialisierung wird ermöglicht, weil sie Ausfluß der grundgesetzlich — um nun mit dem Vorschlag Thomas zu sprechen — zugelassenen Sozialisierungsgewalt des Staates ist ebenso wie seine Besteuerungsgewalt. Es gehört zur gesetzlichen Inhaltsbestimmung des Eigentums an Grund und Boden, Naturschätzen und Produktionsmitteln, in der gesetzlichen Gestaltung ihrer Eigentumsverfassung sozialstaatlicher Ordnung erschlossen zu sein.

Damit sind zugleich alle anderen staatlichen Einwirkungen, auch solche gesetzlicher Art, ausgeschlossen, die einen Zugriff aus anderer als sozialstaatlicher Zielsetzung und Motivierung zwecks Vergesellschaftung bedeuten: was einzelne Landesverfassungen in dieser Richtung ermöglichen wollen, wird vom Grundgesetz selbst ausgeschlossen. Und im Rahmen seiner selbst sind etwa gesetzliche Vergesellschaftungen aus Gründen des Art. 18 (wegen Mißbrauchs des Eigentums zum Kampfe gegen die freiheitliche demokratische Grundordnung, also zu Zwecken des Staatsschutzes) unzulässig.

7. In eine Detail-Erörterung darüber, was sich hinter dem unserer geltenden Rechtsordnung dogmatisch noch fremden Begriff des „Gemeineigentums" verbirgt oder durch ihn verhüllt wird, kann ich hier nicht eigentlich eintreten. Sie bleibt der Behandlung hier insbesondere verschlossen, soweit sie eine Neubesinnung und eine vom gesamten Zivil- und Handelsrecht her notwendige gesetzliche Neugestaltung des Unternehmens-Verfassungsrechts vor-

---

[70]) So: Jerusalem NJW. 1950 S. 210.

aussetzt. Von der angedeuteten prinzipiellen Entscheidung her gesehen, die Art. 15 enthält, läßt sich hier nur Folgendes feststellen:

Gemeineigentum schließt Mitherrschaft individuellen Privateigentums, insbesondere des bisherigen Eigentümers, nicht aus, wenn es eben nur Mitherrschaft darstellt und nicht, wie das Konzernrecht sich ausdrückt, „maßgeblichen Einfluß" hat.[71]) Der hessische Entwurf zieht diese Grenze unterhalb 25%. Ob die Zugehörigkeit zu jener Sozialrechtssphäre, die dem Gedanken der hessischen Sozialgemeinschaften zugrunde liegt, den Ansprüchen des Art. 15 genügt, hängt wesentlich davon ab, ob Gewerkschaften, Konsumgenossenschaften (und Selbstverwaltungskörperschaften), Erscheinungen „politischer Stände" also, als Einbruch in die Demokratie (W. Weber) wirken oder das Gemeineigentum unmittelbar und wirklich zum öffentlichen Wohl entfalten können und entfalten wollen. Das sog. Volkseigentum der Art. 40 und 41 der Hessischen Verfassung oder derjenigen der DDR. ist nur eine verfassungsbedürftige unjuristische Vorstufe des Gemeineigentums, das weitgehend lediglich als Staatseigentum unter zunehmender Verwendung des Begriffs der öffentlichen Anstalt realisiert wird. Auch Otto Mayers öffentliches Eigentum ist in Art. 15 nicht posthum zum Zuge gekommen.

Entscheidend ist, daß alle denkbaren Gestaltungen des Gemeineigentums eine Form der Gemeinwirtschaft darstellen müssen, womit sie zum begriffsbildenden und wesensbestimmenden Mittelpunkt der erstrebten neuen Eigentumsverfassung wird, zu deren Herstellung die Enteignung lediglich ein mögliches Mittel darstellt — neben vielen anderen, die Art. 15 und Art. 14 Abs. 1 Satz 2 dem Zweck der Vergesellschaftung anbieten. Ebenso wie in Art. 156, wo Gemeineigentum und Gemeinwirtschaft in ähnlicher Zuordnung stehen, will auch in Art. 15 die Form der Gemeinwirtschaft diejenige Gestaltung kennzeichnen, die die Vergesellschaftung verwirklicht. Ihr wohnt daher ebenfalls die Forderung inne, die individuelle, auf Eigennutzen gerichtete und nur den allgemeinen öffentlich-rechtlichen Eigentumsbindungen unterworfene Eigentumsherrschaft abzulösen und zu ersetzen durch mindestens Mitherrschaft der bislang von der Eigentumsherrschaft ausgeschlossenen sozialen Gruppen.

Hierin liegt der Wesensunterschied der Sozialisierung zur Enteignung, die insoweit indifferent ist und wirkt und sich in der ganz allgemeinen Zulässigkeitsvoraussetzung des Allgemeinwohls erschöpft. Eine Enteignung wird zum zulässigen Mittel der Sozialisierung, das allein sie darstellt, erst und nur durch eine soziale Mitherrschaft sichernde, neue Eigentumsordnung am er-

[71]) Friedlaender in: Nipperdey a. a. O. Bd. III S. 332.

faßten Objekt. Auch aus diesem Grunde ist Enteignung als solche kein zulässiges und geeignetes Mittel zur Vergesellschaftung anderer als der in Art. 15 genannten Objekte, da nur sie überhaupt der Vergesellschaftung zugänglich sind und das hierfür zu Gebote stehende Mittel der Enteignung nicht als Zweck mißbraucht werden darf.

8. Während Überführung in Gemeineigentum für den Betroffenen auch dann, wenn er — was ich für zulässig halte — Mitherrschaft (keine Mehrheitsherrschaft) im Gemeineigentum behält, Enteignung bedeutet, weil Überführung in Gemeineigentum schon dem engeren, noch nicht ausgehöhlten Enteignungsbegriff entspricht und sogar noch mit der Übereignungstheorie erfaßbar ist,[72]) kann die Überführung in „andere Formen der Gemeinwirtschaft" (was besonders nachdrücklich betont sei) auch ohne Enteignungswirkung stattfinden. Als Beispiele sind in der Kommentierung des Art. 15, aber ohne diese Klarstellung, „die Schaffung der Vergesellschaftung dienender Organisationen, die auf die Verwaltung des Eigentums Einfluß nehmen", und die Zwangspachtung genannt worden.[73]) Als Beispiele kommen weiterhin in Betracht die gemeinwirtschaftlichen Selbstverwaltungs-Zusammenschlüsse des Art. 156 Abs. 2, sog. gemischte Zwangskartelle und verschiedene andere Gestaltungsformen, wie sie etwa für Kohle, Kali, Eisen, chemische Produkte und Außenhandelskontrolle schon seit 1919 entwickelt worden sind.[74]) Die dazwischen liegende 30jährige Erfahrung und ausländische Beispiele bieten weitere gemeinwirtschaftliche Formungen an, deren systematische Darstellung mehrfach unternommen worden ist und hier nicht wiederholt werden kann (Ule, Dernedde u. a.).

Aus der generellen Verweisung in Art. 15 Satz 2 auf die Enteignungsentschädigung des Art. 14 Abs. 3 Satz 3 und 4 und aus der Satz-Konstruktion des Art. 15, auch ein Gesetz, das die Überführung in andere Formen der Gemeinwirtschaft (als eben Gemeineigentum) anordne, müsse (zugleich) Art und Ausmaß der Entschädigung regeln, müßte logischer Weise gefolgert werden, daß Art. 15 auch diese Gestaltung zu einer anderen Form der Gemeinwirtschaft notwendig als Enteignung ansieht. M.a.W.: der Wortlaut scheint dazu zu zwingen, eine jede gesetzliche Maßnahme i. S. des Art. 15, und zwar auch die Überführung „in andere Formen der Gemeinwirtschaft", als Enteignung i. S. des Art. 14 zu werten. Die Konsequenz — die in der Tat, soweit ich sehe, bislang weitgehend gezogen, jedenfalls nicht klar bestritten zu sein scheint — wäre außerordentlich. Sie würde nicht nur überhaupt immer Entschädigungspflicht auslösen, sondern auch jede

[72]) Ders. a. a. O. S. 332.
[73]) Abraham a. a. O. Anm. II 6 zu Art. 15.
[74]) Friedlaender a. a. O. S. 338—341.

Differenzierung der Entschädigung danach, ob Überführung in Gemeineigentum oder in eine etwa viel losere Form der Gemeinwirtschaft stattgefunden hat, ausschließen und in allen Fällen angemessene Entschädigung aus Enteignung nach Art. 14 Abs. 3 bedeuten.

Aus dieser scheinbaren Unausweichlichkeit dürfte sich die Anregung erklären, nach Mitteln und Wegen zu suchen, um für die Entschädigungsbemessung aus Art. 15 andere Maßstäbe als gerade und nur die der Enteignung des Art. 14 zu ermitteln (W. Weber). Die Begründung zum Entwurf des hessischen Ausführungsgesetzes hat diese Anregung denn auch sogleich aufgegriffen.

Demgegenüber halte ich es für sicher, daß Art. 15 in der Tat nicht jede Sozialisierungsmaßnahme als Enteignung angesehen wissen will, und daß er Raum dafür läßt, für solche gesetzlichen Maßnahmen, die zu „anderen Formen der Gemeinwirtschaft" (als eben Gemeineigentum) führen, ohne damit Enteignung zu bewirken, eine Entschädigungsabwägung besonderer Art zuzulassen, die zwischen bloßen gemeinwirtschaftlichen Eigentumsbindungen aus Art. 14 Abs. 1 Satz 2 ohne Entschädigung, der Enteignung gegen Entschädigung nach Art. 14 im Falle des Eingriffs dieser Intensität und — drittens — dazwischen liegenden gemeinwirtschaftlichen Einwirkungen differenziert. Da Art. 15 den Vergesellschaftungszweck in Bezug auf die von ihm genannten Objekte heiligt und für sie die Form der Gemeinwirtschaft derjenigen des Monopolprivateigentums vorzieht, bietet Art. 15 zur Abgrenzung zwischen Enteignungswirkung und jenen sog. „Tertiäreinwirkungen" im Sinne der Schutzwürdigkeitstheorie auch materielle Wertmaßstäbe an, die eine Differenzierung aus der Sache heraus erleichtern und ermöglichen. Grund und Boden usw., die Objekte also, die Art. 15 nennt, sind in diesem Sinne gegenüber Vergesellschaftungsmaßnahmen mit Enteignungswirkung oder Opferfolgen im Sinne des aus § 75 Einl.ALR. abgeleiteten Rechtssatzes eben weniger schutzwürdig als etwa mobiles Eigentum oder ein Handelsgeschäft oder ein Bank- oder Versicherungsunternehmen; und was diesen gegenüber Enteignung bedeutet, braucht den Objekten des Art. 15 gegenüber keineswegs Enteignung oder unzumutbares Opfer zu sein.

Daß Art. 15 — und zwar ebenso wie Art. 156 — expropriative und andere Vergesellschaftungsmaßnahmen und daher auch in der Entschädigungsfrage Unterschiedliches zuläßt, erscheint mir so banal-zutreffend, daß ich mich nahezu scheue, es hier zu unterstreichen. Aber die bisherige Ausdeutung des Art. 15 und die stereotyp wiederkehrende Wendung, Sozialisierung nach Art. 15 sei lediglich Unterfall der Enteignung, jede Aktion nach Art. 15 erfordere Enteignungsentschädigung — die offenbar durch die

Schlangenblick-Wirkung des Satzes 2 von Art. 15 ausgelöst zu werden pflegt —, zwingen zu dieser Banalität. Daß sie auch juristisch richtig ist und sich aus Art. 15 ergibt, kann seine Entstehungsgeschichte bestätigen. Alle begründeten Bedenken gegen den „Materialien-Kult" auch gerade zum Grundgesetz entheben doch nicht der Notwendigkeit, in Fällen offensichtlicher Redaktionsmängel daraus resultierende Fehler der Interpretation aufzuklären.

Ursprünglich enthielt der heutige Art. 15 als Vergesellschaftungsform ausschließlich das Gemeineigentum. Man dachte zunächst also nur an sog. Voll- oder Expropriativ-Sozialisierung. Solange das der Fall war, ist die Umhüllung des Art. 15 durch die beherrschende Enteignungsvorstellung absolut verständlich, erklärlich und einleuchtend. Die andere Vergesellschaftungsform, die Art. 15 heute kennt („andere Formen der Gemeinwirtschaft"), hat in ihm, soweit erkennbar, nicht deshalb Aufnahme gefunden, um aus sachbezogener Ausdeutung des „Zwecks der Vergesellschaftung" — ähnlich wie in Art. 156 und im Sozialisierungsgesetz vom 23. März 1919 — neue Formulierungen und Begriffe in Art. 15 selbst hineinzutragen und um auf diese Weise die gemeinwirtschaftlichen Gestaltungsformen anzureichern, also etwa dem Art. 156 nachzueifern. Wie die Materialien ergeben, ist die Ergänzung — und zwar offenbar ohne vertiefende Diskussion über die systematischen Folgen in der Entschädigungsfrage — lediglich erfolgt, um Art. 15 dem heutigen Art. 74 Ziff. 15, also der Kompetenzvorschrift, im Wortlaut anzupassen. Die zusätzliche Wendung im heutigen Art. 74 Ziff. 15, die Einfügung der Worte „oder in andere Formen der Gemeinwirtschaft", hat aber dort gerade Eingang gefunden, um — wie der antragstellende Abg. Dr. Lehr sich ausdrückte — damit entsprechend Art. 156 „neben dem Gemeineigentum im gegebenen Fall andere Formen der Gemeinwirtschaft" zuzulassen — andere Formen, die nach Art. 156 Abs. 2 zweifellos keine Enteignung und daher ohne Enteignungsentschädigung gestattet waren[75]). Sich über die Entschädigungsfrage auszulassen, war bei dieser Kompetenzvorschrift keine Veranlassung.

Aus Redaktionsangleichung ist aber nun bei Art. 15 eine Sachergänzung geworden, und zwar — was entscheidend für unsere Frage hier ist — ohne die notwendigen Konsequenzen daraus zu ziehen für Satz 2 des Art. 15, der unverändert belassen wurde in seiner Verweisung auf Entschädigungsmaßstab und Rechtsschutzklausel der Enteignungs-Vorschrift in Art. 14

[75]) 32. Sitzung des HA. vom 7. 1. 1949, StenBer. S. 390; ohne Diskussion auch weiterhin angenommen; vgl. HA. 49. Sitzung vom 9. 2. 1949, StenBer. S. 647.

Abs. 3[76]). Wenn, was ich also für gegeben erachte, die Überführung in andere Formen der Gemeinwirtschaft (als Gemeineigentum) auch ohne die Tiefenwirkung der Enteignung möglich ist, sie anderseits mehr als eine bloße Eigentumsbindung aus Art. 14 Abs. 1 Satz 2 darstellt, wenn also ein tertium an Wirkung in der Neugestaltung der Eigentumsverfassung vorstellbar ist, dann müßte der 2. Satz des Art. 15 gelesen werden als: „Für die Entschädigung gilt, sofern die Überführung Enteignung bewirkt, Art. 14 Abs. 3 Satz 3 und 4 entsprechend, im übrigen (wie hinzuzufügen wäre) ist eine Entschädigungsregelung dem Sozialisierungsgesetz überlassen", ihm also anheimgestellt, ob und inwieweit es entschädigen will. So würde das Wort „entsprechend" in Satz 2 des Art. 15 auch einen eigentlichen Sinn erhalten, den die Verfassungs-Redaktoren ihm nicht eigentlich zugedacht hatten. Hier hätte der Gesetzgeber dann die Möglichkeit, ohne Bindung an „Äquivalenzvorstellungen" der Wertablösung wegen Enteignung dem Betroffenen „im Rahmen der neugeformten Wirtschafts- und Sozialstruktur unter Würdigung seiner bisherigen Rechtsstellung eine

[76]) Vgl. Art. 18 in der vom ARA. in 1. Lesung formulierten Fassung vom 16. 11. 1948, PR. 11, 48—28 2 II: Nur Überführung in Gemeineigentum, noch keine Verweisung auf Enteignungsvorschriften! Einfügung dieser Verweisung auf Antrag der FDP vom 18. 11. 1948 — PR. 11. 48—296 III (in Übereinstimmung mit Abg. Dr. von Brentano [CDU]), aber in einer von diesem Antrag abweichenden Formulierung, nämlich „im Wege der Enteignung des Art. 14" in der 27. Sitzung des GSA. vom 1. 12. 1948, PR. 1, 48—326 II, Kurzprotokoll S. 4; ebenso der HA. in der 18. Sitzung vom 4. 12. 1948, PR. 1, 49—456, KurzProt. S. 4; Erläuterung der Einfügung durch Abg. Dr. Schmid (SPD) S. 216: Man hat einen besonderen Artikel (für die Sozialisierung) gewählt, „hat aber, um eine klare Rechtsgrundlage im Einzelfall zu schaffen, die Bestimmung aufgenommen, daß eine Sozialisierungsmaßnahme, wenn sie das Eigentum betrifft, nur im Wege eines Gesetzes erfolgen kann". Auf Antrag des ARA. zur Fassung 1. Lesung, Drucks. Nr. 370, ist die Verweisung, der heute geltenden entsprechend, als Sondersatz gefaßt in die Worte: „Für die Entschädigung gilt Art. 14 Abs. III entsprechend", wiederholt zur Fassung 2. Lesung des HA. vom 25. 1. 1949, Drucks. Nr. 543, endlich vom Fünferausschuß in seinem Vorschlag für die 3. Lesung, Drucks. Nr. 591, angenommen und auch vom HA. in 3. Lesung (47. Sitzung, Drucks. Nr. 612) akzeptiert worden. Erst in dieser Sitzung sind dann auf Antrag des Abg. Dr. Strauß (CDU) die Worte „oder in andere Formen der Gemeinwirtschaft" eingefügt worden, und zwar, wie er begründete, zur Anpassung an die Kompetenzvorschrift (damals Art. 36 Ziff. 14 und Art. 105 Ziff. 3), vgl. StenBer. d. HA. S. 617 u. 618: „lediglich redaktionell zur Angleichung an die neue Fassung der entsprechenden Ziffer von Art. 36 und an Art. 105". Dabei ist es dann insoweit ohne weitere Diskussion geblieben. Der Sachzusammenhang zwischen „Gemeineigentum" und „den anderen Formen der Gemeinwirtschaft" ist nicht gesehen und erörtert worden, insbes. auch nicht die Frage, ob die Überführung in diese anderen Formen notwendig auch Enteignung bewirken müsse. Infolgedessen verblieb es unbesehen bei der Verweisung des Satzes 2 auf die Enteignungsvorschriften, so daß der Anschein entsteht, als ob Sozialisierung jeder Gestaltungsform eben immer nur Enteignung sein und nur mit den für sie geltenden Maßstäben entschädigt werden könne.

angemessene Existenz zu ermöglichen, nicht mehr, nicht weniger", und auf diese Weise wäre der Gefahr zu begegnen, „daß Eigentumsgarantie und Sozialisierungsklausel sich gegenseitig zersetzen"[77]).

Vielleicht ist das geltende Mitbestimmungsgesetz bereits das erste Beispiel einer solchen Eigentumsneuverfassung, die als tertium zwischen bloßer Eigentumsbindung und Enteignung steht, die als andere Form der Gemeinwirtschaft im Sinne von Art. 15 wesensgemäßer denn als Eigentumsbindung zu verstehen ist und für die das Gesetz in zulässiger Weise die Entschädigung stillschweigend ausgeschlossen hat.

Der Vergleich zwischen Art. 15 und Art. 156 kann meine oben gegebene Argumentation stützen; denn nach der m. E. richtigen Auffassung konnte der Reichsgesetzgeber auch bei expropriativer Vollsozialisierung die Entschädigung ausschließen; und sein Abs. 2 ließ andere Formen der Gemeinwirtschaft ohne Entschädigung zu[78]). Mit einem solchen Ergebnis, dem auch selbst gegenteilige Argumente aus der Entstehungsgeschichte nicht hinderlich wären, wenn man der Verfassungsnorm des Art. 15 eine eigenständige, in sich selbst ruhende und durch Art. 20 und 28 gestützte Kraft beimißt, würde der von Art. 15 verfolgte Zweck einer Wirtschaftsverfassungs-Entscheidung wesentlich gestärkt werden.

9. Die Junctim-Klausel des Art. 15: „Gesetz, das Art und Ausmaß der Entschädigung regelt", im Wortlaut der des Art. 14 Abs. 3 Satz 2 angeglichen, als Art. 15 früherer Fassungen noch ausschließlich mit expropriativer Sozialisierung (eben durch Überführung in Gemeineigentum) rechnete, erfährt damit ihre zutreffende Ausdeutung. Sie hat die Bedeutung einer Gültigkeitsvoraussetzung wie in Art. 14 für Enteignungsgesetze nur für Sozialisierungsgesetze mit Enteignungswirkung, also für sog. Vollsozialisierung. Wo Überführung in andere Formen der Gemeinwirtschaft zwar Umgestaltung der Eigentumsverfassung, nicht aber Enteignung bewirkt, ist das Gesetz in der Behandlung der Entschädigungsfrage durch die Junctim-Klausel, also formal, nicht gebunden. Sie braucht weder uno actu mit der Sozialisierungsentscheidung zu erfolgen, noch nötigt die Klausel in ihrem für Art. 14 bestehenden Zwang, durch Art- und Ausmaß-Regelung jedenfalls überhaupt und mehr als nominell zu entschädigen, auch den Gesetzgeber des Art. 15 dazu, sich gleichermaßen zu entscheiden. Er kann z. B. durch Verschweigen auch Entschädigung ausschließen. Dem Betroffenen steht indes frei, mit der Behaup-

[77]) W. Weber NJW. 1950 S. 402/403.

[78]) Ebenso Anschütz, Komm. 10. Aufl. (1929) S. 625 Anm. 2 zu Art. 156, mit Poetzsch-Heffter gegen R. Wolff, Arndt; wie diese neuerdings Ule a. a. O. S. 11.

tung, die Überführung stelle auch in diesem Fall Enteignung dar, vor dem ordentlichen Gericht Enteignungsentschädigung geltend zu machen oder im Wege richterlicher Normenprüfung die Gültigkeit des Gesetzes überhaupt zu bestreiten, weil es solchen Falles die Junctim-Klausel verletzt habe. Im letzten Fall hat er beim Obsiegen Anspruch auf Rückgabe, nicht nur auf nachträgliche Entschädigung.

Wenn speziell für Art. 15 gesagt worden ist, was für Art. 14 sicherlich, wie ausgeführt, zutrifft, die Junctim-Klausel sei also „geradezu der Schlüssel zur Wesensart, Inhaltsbestimmung und Durchführbarkeit einer geplanten Sozialisierung, . . . mithin der Angelpunkt des ganzen Art. 15 überhaupt"[79]), so trifft das nach meiner Argumentation nur die expropriative Sozialisierung, nicht auch andere Formierungen der Gemeinwirtschaft ohne Enteignungswirkung. Nur insoweit bricht Art. 15 auch ältere, insbes. Landesverfassungsgesetze, die noch nicht vollzogen worden sind, was für den bekannten hessischen Vorgang m. E. allerdings zutrifft[80]).

10. „Überführung durch Gesetz" nennt Art. 15 die Rechtsform, durch die der Vergesellschaftungszweck realisiert wird. „Überführung" ist im hier fraglichen Zusammenhang zwischen Eigentumsordnung und ihrer hoheitlichen Beeinflussung eine durchaus verfängliche und verleitliche Vorstellung — scheint sie doch im Sinne der Überführungs- und Übereignungstheorie dem Vorgang im Sinne einer Enteignung zu präjudizieren. Ein solcher Schluß aber wäre verfehlt. Wenn aus dem Vorhergehenden erkennbar geworden ist, daß Vergesellschaftung nach Art. 15 alle möglichen Einwirkungen auf das Eigentum — und eben nicht nur Enteignung — kennt und zuläßt, so kann „Überführung" in diesem Zusammenhang nur ganz untechnisch und schon gar nicht sachen-rechtlich verstanden werden. Dann heißt Überführung nichts anderes als „Umgestaltung", „Umformung", nämlich zum Gemeineigentum oder zu einer (anderen) Form der Gemeinwirtschaft. In diesem Sinne wäre Art. 15 zu lesen: „Die Eigentumsordnung für Grund und Boden, Naturschätze und Produktionsmittel kann . . . in eine solche des Gemeineigentums oder anderer Formen der Gemeinwirtschaft umgestaltet werden". Wird Art. 15 so verstanden, so gewinnt auch der Vorbehalt des Gesetzes, die Verweisung auf das Gesetz im formellen und materiellen Sinne als die einzige hierfür verfügbare Rechtsform, ihren tieferen Sinn: während Art. 156, der ebenfalls den Gesetzesvorbehalt verwendete, ebenso wie Art. 153 dahin verstanden worden ist, er lasse Sozialisierung durch Gesetz und auf Grund Gesetzes, also auch durch

[79]) W. Weber NJW. 1950 S. 404.
[80]) Insoweit richtig: W. Weber a. a. O. S. 404.

Verwaltungsakt zu[81]) — erklärlich deshalb, weil die WeimRVerf. insoweit noch formal-indifferent war —, bedeutet die gleiche Formulierung in Art. 15 heute den Ausschluß aller exekutiven Sozialisierungsmaßnahmen. Die Entstehungsgeschichte bestätigt das eindeutig[82]). Ist das aber der Fall, so erhebt sich sogleich die Frage nach der Zulässigkeit von Individual-Sozialisierungsgesetzen in Bezug auf etwa ein einzelnes Unternehmen. Wenn Art. 15 als Grundlage der Umgestaltung der Eigentumsordnung an seinen Objekten verstanden wird und der Gleichheitssatz und Art. 19 Abs. 1 insoweit auch den Sozialisierungsgesetzgeber binden, so muß die Individual-Sozialisierung als unzulässig angesehen werden, ist Sozialisierung also zulässiger Weise immer nur Gruppen-Sozialisierung[83]). Dabei mögen selbstverständlich nach natürlichen, ökonomischen, betriebswirtschaftlichen, auch allgemeinvolkswirtschaftlichen Maßstäben aus Grund und Boden, aus den Naturschätzen und aus allen Produktionsmitteln ihrerseits einzelne Objekt-Gruppen nach sachlichen Gesichtspunkten ausgegrenzt werden, wenn dadurch nur die individuelle Erfassung eines Einzelobjekts als solchen unterbleibt. Wo allerdings etwa ein Unternehmen einen einzelnen Bereich von Produktionsmitteln monopolartig umfaßt, wird auch seine Sozialisierung zulässig sein müssen.

Damit bin ich am Ende meiner exegetischen Versuche.

11. Ein Schlußwort auch hier zu den Fragestellungen der Besatzungslage: In den Gebieten der deutschen Wirtschaft, in denen aus besatzungspolitischen Gründen (der Entmilitarisierung, der Entflechtung usw.) deutsche Neugestaltungen bislang ausgeschlossen waren, stehen deutsche Entscheidungen heran und bevor, soweit die Ablösung des Besatzungsstatuts sie ermöglichen wird. Das Gewicht vorläufiger Besatzungsmaßnahmen, das sich im Bereich des Mitbestimmungsgesetzes vom Mai 1951 noch erwiesen hat, wird dabei umso mehr zurücktreten, je radikaler der Rückzug des Besatzungsrechts sich vollzieht. Im Fall der I. G. Farben hat er die Restauration ermöglicht, was nicht ohne Widerspruch geblieben ist und die oben gestellte Rechtsfrage von der Verbindlichkeit des Art. 15 berührt. Jedenfalls dürfte sich die Periode, in der Entscheidungen des deutschen Gesetzgebers aus Art. 15 besatzungsrechtlich sistiert waren, ihrem Ende nähern.

Es ist daher verständlich, daß die Frage, ob der deutsche Gesetzgeber sich künftig in dieser Richtung völkerrechtlich durch

---

[81]) Friedlaender a. a. O. S. 333.

[82]) Axmann, Zur Auslegung des Art. 15 GG., (ungedruckte) Hamb. Diss. 1950, S. 100.

[83]) Heyland, Die Sozialisierungsbestimmungen der Verfassung des Landes Hessen vom 11. 12. 1946 als Rechtsproblem (1951) S. 14; v. Mangoldt a. a. O. S. 106; Abraham a. a. O. Anm. II 4 S. 4 zu Art. 15.

Vertrag binden soll, wird oder darf, am Schuman-Plan heftig umstritten wird. Der Auffassung, die nationale Eigentumsordnung bleibe durch den Plan kraft Art. 83 unberührt[84]), steht die gegenteilige[85]) gegenüber, durch Kartellverbot und Verflechtungskontrolle aus Art. 66 und 67 hemme er die Ausführung des Art. 15 GG. Daß ein Instrument wie der Schuman-Plan im Falle seiner deutschen Ratifikation rechtlich den deutschen Gesetzgeber insoweit binden dürfte, wenn sein Inhalt dahin zielt, hängt von der Verfassungsstärke des Art. 15 im Hinblick auf Art. 79 Abs. 3 GG. ab. Der Gedanke, daß Sozialisierung international sein oder aber nicht sein könne, würde allerdings in Frage gestellt, soweit eine völkerrechtliche Bindung des Gesetzgebers und Sistierung des Art. 15 GG. eintritt.

---

[84]) Menzel, Gutachten über staats- und völkerrechtliche Fragen des Vertrages über die Gründung der europäischen Gemeinschaft für Kohle und Stahl vom 18. 4. 1951 (1951) S. 9; Steindorff, Europa-Archiv 1951 S. 3957; Ophüls NJW. 1951 S. 291; Hallstein in: Baade, Probleme des Schumanplans (Diskussion zwischen Hallstein, Predöhl, Baade am 5. 5. 1951, Kieler Vorträge 1951) S. 33; Blankenagel, Der Schumanplan (1951) S. 10; Abg. Albers (CDU), 161. BT.-Sitzung vom 12. 7. 1951, StenBer. S. 6532 B.

[85]) Ritschl, Gutachten über die volkswirtschaftliche Bedeutung des Schumanplans (1951) S. 19, vgl. aber auch S. 9; Schiller in: Hamburger Denkschriften zum Schumanplan (1951) S. 51 Ziff. 13b; Henle, Der Schumanplan vor seiner Verwirklichung (1951) S. 2ff., aber nicht ganz eindeutig; Abg. Hennsler (SPD), 161. BT.-Sitzung vom 12. 7. 1951, StenBer. S. 6539 C.

Leitsätze des Berichterstatters über Enteignung und Sozialisierung

1. *Art. 14 GG. unterscheidet sich von Art. 153 WeimRV. im wesentlichen in drei Punkten:*
   a) in der ausdrücklichen Zulassung von Legalenteignungen und der Erstreckung des Enteignungsschutzes auf ihre Folgen;
   b) darin, daß die (mit dem Erlaß des Enteignungsgesetzes jetzt notwendig verbundene) Entschädigungsregelung („Junctim-Klausel") eine Gültigkeitsvoraussetzung der Enteignung darstellt;
   c) in dem Verbot, Enteignungs-Entschädigung und (oder nur) den Rechtsweg durch Gesetz auszuschließen.
2. *Das Grundgesetz ist — außer in Art. 139 — indifferent gegenüber vorgängigen sozialen Umwälzungen und Kriegsfolgen. Es enthält insoweit weder unmittelbare positive Gestaltungen noch (negativ) Ablösungen erworbener Rechte. Seine Auslegung muß demgegenüber die Sozialstaats-Bestimmung des Art. 20 im Sinne des Art. 14 Abs. 2 zur Geltung und Auswirkung bringen.*
3. *Inhaltsbestimmung und Sozialgebundenheit des Eigentums im Sinne des Art. 14 sind unter Abweichung von Art. 153 durch folgende Umstände gekennzeichnet:*
   a) Eigentum des Art. 14 ist wegen zwischenzeitlicher Wandlung der Staatsstruktur und der Methoden staatlicher Wirtschaftspolitik weitergehender öffentlich-rechtlicher Bindung aus staatlicher Lenkung erschlossen;
   b) die in Art. 14 vorbehaltene und zugelassene Inhaltsbestimmung des Eigentums durch Gesetz im (nur) materiellen Sinn ist einzigartig im Grundrechtsteil des Grundgesetzes und bedeutet anderes und mehr als zulässige gesetzliche Eigentumsbeschränkung, nämlich positive Normierbarkeit des Eigentümer-Machtbereichs;
   c) die soziale Pflichtbindung des Eigentums ist nicht nur Auslegungsregel, sondern auch Beauftragung und Ermächtigung des Gesetzgebers zur sozialstaatlichen Gestaltung im Eigentumsbereich. Er ist darin durch Art. 2 Abs. 1 GG. nicht begrenzt.

4. *Enteignung ist weder geeignetes noch legales Mittel zur Ausschaltung des Eigentümers aus sozialen Machtpositionen, da Enteignung Wertersatz auslöst.*

5. *Enteignung, nur zulässig auf Grund einer Eigentums-Bewertung im Vergleich seiner Gemeinnützlichkeit in der Hand des Betroffenen und in der des Begünstigten oder der Allgemeinheit, ist final bestimmt durch die künftige Eigentumsverwendung, nicht durch den Zweck der „Entsetzung" des Betroffenen. Hierin unterscheidet sich die Enteignung von der entschädigungslosen Konfiskation mit ihrem Zweck, den bisherigen Eigentümer seines Eigentums zu entkleiden.*

6. *Die künftige Auslegung des Art. 14 steht vor der Entscheidung, ob der Enteignungsbegriff im weiten Sinne der bisher herrschenden Auffassung oder im früheren engeren Sinne („Überführung" des Entzogenen oder Begünstigung eines bestimmten Unternehmens) zu verstehen ist. Seine begriffliche Wiedereinengung, dogmatisch zu bejahen, zwingt zur (dogmatisch anfechtbaren) künftigen Differenzierung gesetzlicher Eigentumsbindungen i. S. von Art. 14 Abs. 1 Satz 2 in solche ohne Entschädigung und andere, die wegen Auferlegung besonderer Opfer (nach dem aus § 75 Einl. ALR. entwickelten ungeschriebenen Rechtssatz) zur Entschädigung verpflichten, aber bundesgesetzlich für entschädigungslos erklärt werden können. Überwiegende sozialstaatliche Notwendigkeiten sprechen für eine solche effektive Angleichung des Art. 14 an Art. 153, der den reichsgesetzlichen Ausschluß der Enteignungsentschädigung zuließ.*

7. *Die Entschädigungsregelung der „Junctim-Klausel" (Art. 14 Abs. 3 Satz 2) ist Gültigkeitsvoraussetzung der Enteignung. Gesetzgeber und Exekutive tragen insoweit das Risiko des Fehlgriffs: ohne Entschädigungsregelung durch Gesetz oder auf Grund Gesetzes enteignetes Eigentum ist zurückzugeben, nicht nur zu entschädigen. Die Tragweite der Junctim-Klausel und das Risiko des Fehlgriffs verringern sich mit der Wiedereinengung des Enteignungsbegriffs (vgl. oben Nr. 6), da Bindungsgesetze i. S. des Art. 14 Abs. 1 Satz 2 der Klausel nicht unterliegen.*

8. *Gesetzliche Eigentumsbindung und Legalenteignung aus Gründen des Art. 18 (zum Verfassungsschutz wegen Mißbrauchs des Eigentums zum Kampfe gegen die freiheitliche demokratische Grundordnung) sind unzulässig, da Art. 18 die Verwirkung der Entscheidung des Bundesverfassungsgerichts vorbehält.*

9. *Art. 14 Abs. 3 verlangt angemessene, verbietet bloße Nominalentschädigung.*

10. *Der gerichtliche Rechtsschutz des Art. 14 ist dreigeteilt in Verwaltungs-, ordentliche und Verfassungsgerichtsbarkeit und über*

Art. 153 hinaus allseitig und vollkommen. Seine Aufspaltung ist nachteilig für die Einheitlichkeit und die Wirksamkeit des Rechtsschutzes, aber auch für die Effektivität der Inanspruchnahme des Eigentums zum allgemeinen Wohl.

11. *Standort, Wortlaut und Verknüpfung des Art. 15 GG. mit Enteignungsvorschriften des Art. 14 GG. verleiten dazu, Sozialisierung lediglich als eine Art möglichen Eingriffs ins Eigentum zu begreifen und ihre Eigenständigkeit als Verfassungsinstitut zu übersehen.*

12. *Art. 15 stellt primär keine defensive Grundrechtsverbürgung zwecks Entschädigungs- und Gerichtsschutz gegen Sozialisierung, sondern eine positive Wirtschaftsverfassungs-Entscheidung und die reflexrechtliche Gewährleistung eines positiven sozialen Status zuGunsten bisher an der Eigentumsherrschaft unbeteiligter sozialer Gruppen dar.*

13. *Art. 15 äußert selbst keine konstitutive Wirkung und zwingt nicht zu gesetzlicher Initiative. Er kann aber als bedingt-verbindlich für den Gesetzgeber verstanden werden, falls dieser eine prinzipielle Neuordnung der Eigentumsverfassung an den in Art. 15 genannten Objekten überhaupt unternimmt.*

14. *Daß Vergesellschaftung der in Art. 15 genannten Objekte auch im Falle ihrer expropriativen Überführung in eine Form der Gemeinwirtschaft zum Wohle der Allgemeinheit stattfindet, wird von Art. 15 verbindlich festgestellt und ist insoweit (anders als nach Art. 14 Abs. 3 GG.) gerichtlich unüberprüfbar.*

15. *Vergesellschaftung der Sozialisierungs-Objekte ist Zulässigkeits- und Gültigkeitsvoraussetzung des Sozialisierungsgesetzes und verlangt Ablösung der individuellen, auf Eigennutzen gerichteten Eigentumsherrschaft mindestens durch eine Mitherrschaft bisher von ihr ausgeschlossener sozialer Gruppen. Vergesellschaftung gestattet — anders als Legalenteignung nach Art. 14 Abs. 3 — keinen bloßen Eigentümeraustausch ohne prinzipielle Neuordnung der Eigentumsherrschaft. Für diese steht umgekehrt nur der Weg der gesetzlichen Vergesellschaftung nach Art. 15 offen, nicht der der Individualenteignung nach Art. 14 Abs. 3. Durch bundesgesetzliche Herstellung von Finanzmonopolen kann nicht sozialisiert werden.*

16. *Entschädigungslose gesetzliche Eigentumsbindungen der in Art. 15 genannten Objekte (aber nur dieser) nach Art. 14 Abs. 1 Satz 2 sind auch zum Zwecke der Vergesellschaftung im Sinne des Art. 15 zulässig und stehen innerlich mit der Sozialisierung und mit der Sozialstaatsbestimmung im Zweck-Zusammenhang.*

17. *Andere als die in Art. 15 genannten Objekte sind der gesetzlichen Vergesellschaftung nicht zugänglich. Weitergehendes Landesrecht ist gebrochen und künftig ausgeschlossen.*

18. *Art. 15 bestimmt die Sozialisierungsobjekte unter Verzicht auf wertende, insbesondere diskriminierende Qualifikation dieser Güter oder ihrer bisherigen Rechtsträger. Sozialisierung ist daher nicht Verwirkungsfolge, folglich auch nicht zulässig als Maßnahme des Verfassungsschutzes i. S. des Art. 18.*

19. *Gemeinwirtschaft ist verfassungsrechtlicher, begriffs- und wesensbestimmender Mittelpunkt der (zwecks Vergesellschaftung erstrebten) neuen Eigentumsverfassung, Enteignung ist nur ein mögliches Mittel zu ihrer Verwirklichung.*

20. *Überführung in andere Formen der Gemeinwirtschaft (als Gemeineigentum) braucht nicht Enteignung zu bewirken. Entgegen dem durch Redaktionsmängel mißverständlich gewordenen Wortlaut läßt Art. 15 auch Sozialisierungsgesetze ohne Enteignungswirkung zu, deren Entschädigungsregelung nach „ob" und „inwieweit" dem Gesetzgeber ohne Bindung an Wertvorstellungen des Art. 14 Abs. 3 Satz 3 aus der Zweckbestimmung des Art. 15 heraus zusteht.*

21 *Die Junctim-Klausel des Art. 15 als Gültigkeitsvoraussetzung (Sozialisierung nur „durch ein Gesetz, das Art und Ausmaß der Entschädigung regelt") bezieht sich nur auf expropriative Sozialisierung, nicht auf gesetzliche Überführung „in andere Formen der Gemeinwirtschaft" (als Gemeineigentum nämlich) ohne Enteignungswirkung.*

22. *„Überführung" in Art. 15 bedeutet im untechnischen, nicht sachenrechtlichen Sinne lediglich „Umgestaltung" oder „Umformung".*

23. *„Gesetz" in Art. 15 bedeutet Gesetz im formellen und materiellen Sinne und darf (in der Regel) nicht Individualgesetz sein (Art. 19 Abs. 1).*

Enteignung und Sozialisierung

2. Mitbericht von Privatdozent Dr. **Helmut K. J. Ridder**, Frankfurt a. M.

Ich glaube nicht gegen die Gepflogenheiten bei den Veranstaltungen dieser Vereinigung zu verstoßen, wenn ich als Mitberichter mich meiner heutigen Aufgabe nicht in dem allzu ängstlichen Bestreben unterziehe, meinen Ausführungen um jeden Preis von den Ausgangspositionen des Hauptberichts abweichende Gesichtspunkte zugrundezulegen. Andererseits beabsichtige ich nicht, am Hauptbericht haftend, mich auf eine bestätigende Wiederholung oder eine widerlegende Bekämpfung des vom Herrn Vorredner Vorgetragenen festzulegen. Auf einem mittleren Wege möchte ich vielmehr, im Gegensatz zu seinen vortrefflichen Darlegungen, die eine bestechende Exegese der Art. 14 und 15 des Grundgesetzes (GG.) darstellen, das Thema sehr wörtlich nehmen. Das wird mich jedoch in meinen Bemerkungen, die schon dem Umfang nach kaum mehr als ein bescheidener Anhang in der Gestalt eines erweiterten Diskussionsbeitrags sein können, die vorgetragene Exegese verschiedentlich kreuzen lassen. Ich bitte um Ihre gütige Nachsicht für etwaige Wiederholungen, deren Unterdrückung den Zusammenhang dessen, was ich zu sagen habe, zerreißen würde, und verspreche Ihnen, mich in solchen Fällen tunlichst kurz zu fassen, und, wenn eben möglich, es mit einem Hinweis auf die in Betracht kommenden Leitsatzziffern des Berichts bewenden zu lassen.

I.

In den bisher erschienenen Erläuterungswerken zum GG., die offenbar die Beziehungen zwischen den in fataler nachbarlicher Enge stehenden und unangemessenen knapp und wohl zu vorsichtig formulierten Bestimmungen des Art. 14 Abs. 3 und des Art. 15 GG. als ein Spezialitätsverhältnis ansehen, lesen wir: „Die Sozialisierung ist ein Sonderfall der Enteignung des Art. 14 Abs. 3" (Abraham im „Bonner Kommentar")[1]; „Die Sozialisierung bil-

[1]) H. J. Abraham: Bem. II 1 zu Art. 15, Kommentar zum Bonner Grundgesetz (Bonner Kommentar), Hamburg 1950. Ders. vorher — Bem. II 6 zu Art. 14 —: „Ein Sonderfall der Enteignung kann die Sozialisierung sein". (Der Textzusammenhang ergibt zweifelsfrei, daß dieser Satz mit dem vorzitierten gleichbedeutend sein soll.)

det einen Sonderfall der Enteignung ..." (Giese)[2]; „Der Art. (15) behandelt einen Unterfall der Enteignung des Art. 14 Abs. 3" (von Mangoldt)[3])[4]).

Wesentliches Ziel meiner Ausführungen ist es darzutun, daß solche Behauptungen, die, über eine Interpretation der in Betracht kommenden Verfassungsbestimmungen hinausgehend, auch meist den Anspruch auf allgemeinere Gültigkeit erheben, einer kritischen Nachprüfung nicht standzuhalten vermögen —: Enteignung und Sozialisierung sind inkommensurable Größen. Man kann allerdings wohl hinsichtlich eines nicht unbeträchtlichen Teiles staatlicher Sozialisierungseingriffe feststellen, daß sie, wie die hergebrachte Enteignung und die Konfiskation, Aufhebungen von privaten Eigentumsrechten sind. Ich werde diese Eingriffe „Sozialentwährungen" nennen. Sozialentwährung, Enteignung und Konfiskation sind miteinander vergleichbar. Sie können mit der zu-

---

[2]) Friedrich Giese, Grundgesetz für die Bundesrepublik Deutschland, Textausgabe mit Erläuterungen, 2. erw. Aufl., Frankfurt a. M. 1951, Bem. 2 zu Art. 15, S. 48.

[3]) Hermann von Mangoldt, Das Bonner Grundgesetz, Kommentar, Berlin u. Frankfurt a. M., Bem. 2 zu Art. 15, S. 105.

[4]) Ähnlich äußert sich auch die Kommentarliteratur zu den entsprechenden Bestimmungen der neuen deutschen Landesverfassungen, z. B. Adolf Süsterhenn u. Hans Schäfer, Kommentar der Verfassung für Rheinland-Pfalz, Koblenz 1950, zu Art. 60ff. der VRhPf. vom 18. 5. 1947, insbesondere Bem. 6c zu Art. 60, S. 257; Georg Geller u. Kurt Kleinrahm, Die Verfassung des Landes Nordrhein-Westfalen mit Nebengesetzen, Göttingen 1950, Bem. 2 zu Art. 27 der VNRW. vom 28. 6. 1950, S. 141f.: „Abs. 1 behandelt die Sozialisierung ... Die Überführung in Gemeineigentum, eine Enteignung ..."; Hans Nawiasky u. Claus Leusser, Die Verfassung des Freistaates Bayern vom 2. Dezember 1946, systematischer Überblick und Handkommentar, München u. Berlin 1948, S. 241, zu Art. 160 der BayV.: „Rechtlich ist die Vergesellschaftung als Sonderfall der Enteignung zu behandeln".

Genau so die Monographien und Zeitschriftenaufsätze, z. B. (statt vieler) Friedrich Giese, Enteignung und Entschädigung früher und heute, eine verfassungstheoretische Untersuchung, Tübingen 1950, an mehreren Stellen; Franz W. Jerusalem, Das Bonner Grundgesetz und die hessische Sozialisierung, insbesondere der Eisenbahnbetriebe, NJW. 3 (1950), S. 210ff., 210: „Die Sozialisierung ist lediglich ein Fall der Enteignung, die (der?) besonderen Zwecken dient".

Wegen der Verkennungen, die teilweise auch im Parlamentarischen Rat (PR.) geherrscht haben (Abg. Dr. Strauß u. Dr. Seebohm), vgl. Abraham a. a. O. Bem. I 3 zu Art. 15. Die wichtige Äußerung des Abg. Dr. Schmid im PR., es handle sich bei der „Sozialisierung" nicht um einen „Sonderfall der Individualenteignung", sondern um einen „Fall der strukturellen Änderung der Wirtschaftsverfassung" (zit. b. Abraham a. a. O.; von dort übernommen b. Werner Weber, Zur Problematik von Enteignung und Sozialisierung nach neuem Verfassungsrecht, NJW. 3 (1950), S. 401ff., 402 Anm. 5), verliert bei der Wiedergabe durch von Mangoldt (a. a. O.) infolge Einschiebung des Wörtchens „nur" („nicht nur um einen Sonderfall ...") ihre eindeutige Linie.

Im einzelnen ist das Ausmaß der Ungenauigkeit oder Verfehltheit der hier inkriminierten Erklärungen, von denen nur eine kleine Auswahl angeführt wurde, von Fall zu Fall recht verschieden.

sammenfassenden Bezeichnung „Expropriationen" belegt werden, wenn man darunter — unter teilweiser Loslösung von älteren Begriffsinhalten dieses Wortes — nichts weiter als eben die Aufhebung von Eigentumsrechten versteht. Damit werden sie von den gesetzlichen Eigentumsbindungen (Eigentumsbeschränkungen) abgehoben.

Mein Versuch muß sich vorab um eine Aufhellung sowohl des juristischen als auch des allgemeinen terminologischen und begrifflichen Nebels bemühen, der sich seit 1919 in zunehmendem Maße in der Wissenschaft und in der Rechtsprechung, sowie auch teilweise — wenn schon das nicht am meisten ins Gewicht fällt — in der Gesetz- und Verfassungsgebung um die Problematik von Enteignung und Sozialisierung gelegt hat[5]). Der nach dem Erlaß des GG. erste grundsätzliche — und, soweit ich sehe, bislang einzige — in diese Richtung zielende Vorstoß Werner Webers[6]) ist weithin auf Ablehnung oder Ignorierung gestoßen, die im Grunde dem Ansatz Webers, nämlich dem Unternehmen der Differenzierung überhaupt, gelten.

Diese Reaktion bestätigt die Richtigkeit einer Diagnose, die der neueren geistesgeschichtlichen Gesamtentwicklung zu stellen ist: Es scheint nachgerade zum Kernbestand ihrer Tragik zu gehören, daß die realen Fakten einerseits und deren geistige Erfassung, Durchdringung, Verarbeitung, Bewältigung und Spiegelung andererseits auf zwei Bahnen ablaufen, die sich zwar gegenseitig noch irgendwie beeinflussen und einander noch irgendwie zugeordnet sind — wenngleich das „Wie" rational oft schwer erfaßbar ist —, sich jedoch an der Zeitordinate immer mehr gegeneinander verschieben. Das zwangsläufige Ergebnis sind schiefe Frontstellungen in der politischen Auseinandersetzung und ein Klingenkreuzen auf verfehltem Gelände im wissenschaftlichen Streitgespräch, Erscheinungen, die auch die jüngste Diskussion um unseren heutigen Verhandlungsgegenstand schwer belastet haben.

II.

Die „Enteignung" (früher „Expropriation")[7]) ist das ältere der beiden Themaelemente. Der Ausdruck gehört bekanntlich seit mehr als hundert Jahren auch dem Wortschatz des deutschen

---

[5]) Die Lage ist z. Z. immer noch so, daß z. B. im Punkte der Enteignung ein und dieselbe Entscheidung (DOG.Beschl. vom 13. 4. 1950 — I S. 31/49, DVBl. 1950, S. 760ff. = AöR. 77 (1951), S. 79ff.) einen Besprecher (Rolf Stödter, DVBl. S. 762f.) zu längeren dogmatischen Ausführungen über die „Einzelaktstheorie" der Enteignung veranlassen kann, während sie einem andern (Werner Weber, AöR. S. 86) insofern nicht mehr abnötigt als die lakonische Bemerkung: „Mit Enteignung hat der Fall nichts zu tun".

[6]) Vgl. Anm. 4 vorletzter Abs.

[7]) Zu ihrer Dogmengeschichte vom römischen Recht bis zum europäischen Konstitutionalismus Georg Meyer, Das Recht der Expropriation, Leipzig

Gesetzgebers an[8]), seitdem die verfassungsmäßig-grundrechtliche Verbürgung der Unverletzlichkeit des Privateigentums[9]) den zuvor mit der Lehre vom jus eminens des Landesherrn und vom Notstandsrecht des Staates gerechtfertigten Zugriff der Obrigkeit auf das Privateigentum[10]) an die Voraussetzung des Gesetzes geknüpft hat. Sein rechtsbegrifflicher Inhalt war bis 1919 einigermaßen scharf umgrenzt („klassischer Enteignungsbegriff"[11]). Seither hatte unter dem Einfluß einer Rechtsprechung der höchsten deutschen Gerichte, die ex post im Hinblick auf die Bestimmungen der Weimarer Reichsverfassung (WeimRV.) über „Das Wirtschaftsleben" als verfassungsfeindlich bezeichnet worden ist[12]), angeregt und begünstigt durch die Stellungnahmen des überwiegenden Teils des Schrifttums, die vielberufene, von ihren Verfechtern meist „Erweiterung"[13]), von mehr Neutralen „Aus-

---

1868; Max Layer, Principien des Enteignungsrechtes, Leipzig 1902; vgl. auch Rolf Stödter, Öffentlich-rechtliche Entschädigung, Hamburg 1933, S. 52ff., und Ernst Forsthoff, Lehrbuch des Verwaltungsrechts, I. Bd.: Allgemeiner Teil, München u. Berlin 1950, S. 49ff. u. 238ff.

[8]) Erste deutsche Enteignungsgesetze ab 1821 angef. b. Hans Quecke u. Konrad Bussmann, Reichsenteignungsrecht, 2. wesentl. erw. Aufl., Berlin 1939, S. 1; ausführlichere Angaben b. Meyer a. a. O. S. 146ff.

[9]) Z. B. §§ 31/32 der Verfassungsurkunde für das Kurfürstentum Kurhessen vom 5. 1. 1831; Titel IV § 8 der Verfassungsurkunde für das Königreich Bayern vom 26. 5. 1818.

[10]) Über jus eminens und dominium eminens als Konstruktionsgrundlage der Enteignung Wieacker (Werner Weber u. Franz Wieacker), Eigentum und Enteignung, Hamburg 1935, S. 38f.; über die Einheit von Enteignung und Notrecht noch bei Grotius vgl. Layer a. a. O. S. 36 Anm. 1. In einem modernen Obrigkeitsstaat, Spanien, sucht die Doktrin heute noch unmittelbar an Grotius (De jure belli ac pacis II, 14, 7) anzuknüpfen; demgemäß unterscheidet man auch bei eigentumsrechtsaufhebenden großen Verstaatlichungsmaßnahmen: 1. Eingriffe titulo supereminentis dominii, 2. Eingriffe titulo poenae oder confiscatio (José Luis Villar Palasi, La actividad industrial del estado en el derecho administrativo, Revista de Administración pública [RAP.], I [1950] Nr. 3 [Sept.—Dez.], S. 53ff., 115f. Anm. 87).

[11]) Definitionen dieses die Legalenteignung ausschließenden und grundsätzlich nur die Enteignungsfähigkeit von Immboliarsachrechten anerkennenden „klassischen Enteignungsbegriffs" b. Walter Jellinek, Verwaltungsrecht, 3. Aufl. 1931, unveränderter Neudr. Offenburg 1948, S. 402; Theodor Maunz, Verwaltung, Hamburg 1937, S. 293. Über „Spezialgesetze über Enteignung von Mobilien" und „Enteignung geistigen Eigentums" im 19. Jahrhundert jedoch recht ausführlich auch schon Layer a. a. O. S. 578ff. bzw. 589ff.

[12]) Kritisch rückblickende rechtspolitische Würdigung von Rechtsprechung und Schrifttum b. Willibalt Apelt, Geschichte der Weimarer Verfassung, München 1946, S. 341ff.

[13]) Vgl. etwa Gerhard Anschütz, Die Verfassung des Deutschen Reiches vom 11. August 1919, ein Kommentar für Wissenschaft und Praxis, 4. Bearb. 14. Aufl., Berlin 1933, Bem. 7ff. zu Art. 153, S. 709ff., abweichend von der früheren Auffassung des Verfassers.

weitung"[14]) und von ihren Gegnern „Auflösung des Enteignungsbegriffs"[15]) genannte Trübung der juristischen Enteignungsvorstellungen eingesetzt, die, wie Werner Weber es ausdrückt, mit der Unterwerfung der Juristen unter einen „vulgären Enteignungsbegriff" endet, nach welchem jeder Vorgang als Enteignung erscheint, „bei dem jemand durch einen Akt der Gesetzgebung oder der Exekutive als Eigentümer oder in einer andern Vermögensposition unerwünschtermaßen geschmälert" wird[16]), der also u. a. auch die sog. Eigentumsbindungen des öffentlichen Rechts — dieser Stand war mit dem Hamburger Denkmalsurteil des Reichsgerichts erreicht[17]) — und rechtswidrige Eingriffe in sich aufnimmt. Seine letzte Übertreibung findet dieses eigentümliche posthume Nachblühen liberal gewandelter iura quaesita etwa in der Charakterisierung starker gesetzlicher Steuerprogressionen als „Enteignung", wie (nicht nur) die Tagespresse sich heute vielfach auszudrücken beliebt[18]).

Es kann nun zwar nicht zweifelhaft sein, daß das GG. in Art. 14, ebenso wie die in Betracht kommenden Bestimmungen der neuen deutschen Landesverfassungen, den Enteignungsbegriff nach einer jedenfalls der „klassischen Enteignung" gegenüber sehr stark ausgeweiteten Auffassung verstanden wissen will. Mit der positiven Zulassung der Legalenteignung und mit der stillschweigenden, aber fraglosen, Anerkennung der Enteignungsfähigkeit von Mobiliarsachrechten und Forderungsrechten aller Art[19]) knüpft es an den von Lehre und Rechtsprechung bis 1949 entwickelten Begriff an und ist insoweit sicher nicht „hinter die mit der ‚Auflösung des Enteignungsbegriffs' unter der Weimarer Verfassung entstandene Rechtslage zurückgegangen"[20]). Aber eine notwendige Resektion

---

[14]) Z. B. Ernst Rudolf Huber, Wirtschaftsverwaltungsrecht, Institutionen des öffentlichen Arbeits- und Unternehmensrechts, Tübingen 1932, S. 97.

[15]) Am bekanntesten Carl Schmitt, Die Auflösung des Enteignungsbegriffs, JW. 1929, S. 495ff.

[16]) Werner Weber, Problematik . . ., S. 401.

[17]) RGZ. 116/268, 272. — Das Urteil ist vom 11. 3. 1927.

[18]) In den Rechtsstaaten westlich-liberaler Herkunft wird das Besteuerungsrecht des Staates überhaupt heute noch vielfach konstruktiv mit dem dominium eminens verbunden; vgl. z. B. Louisville Bank v. Radford 295 U.S. 555, 602: „For the Fifth Amendment commands that, however great the nation's need, private property shall not be thus taken even for a wholly public use without just compensation. If the public interest requires, and permits, the taking of property of individual mortgagees in order to relieve the necessities of individual mortgagors, resort must be had to proceedings by eminent domain; so that, through taxation, the burden of the relief afforded in the public interest may be borne by the public". Damit erscheint die Besteuerung gleichzeitig als eine entschädigungslose Enteignung höherer Stufe.

[19]) Zum letzten Punkt Forsthoff a. a. O. S. 243f.

[20]) So die wohl kurz vor Erlaß des GG. von Forsthoff a. a. O. S. 244 formulierte, an den Verfassunggeber gerichtete Forderung.

des Mißwuchses der Enteignungsvorstellungen von 1927 ist durch die Positivierung des unbedingten Vorranges des allgemeinen Sozialstaatsgebots (das als Einzelnorm nur den Art. 15 in den Gesamtzusammenhang der auch in der prinzipiellen Ausgestaltung des Eigentumsrechts „konservativ-respektierenden" Verfassung eingesprengt hat) erfolgt; sie löst jedenfalls die entschädigungslosen Eigentumsbindungen (Art. 14 Abs. 1 Satz 2) aus der Umklammerung durch die Enteignung[21]). Und wenn das „Risiko des Fehl(ein)griffs" ohne Entschädigungsregelung nunmehr der Gesetzgebung und Exekutive aufgebürdet ist[22]), d. h. „Enteignung" ohne Entschädigungsregelung nicht mehr Enteignung, sondern nur rechtswidriger, zur Rückgabe oder zur Naturalrestitution verpflichtender Eingriff ist, so bedeutet das einen zweiten entscheidend wichtigen Schritt zur Rekonstituierung der Enteignung als Rechtsinstitut.

III.

Das Element „Sozialisierung" erweist sich beim Versuch von Analyse und Definition als weitaus hartnäckiger. Der Ausdruck ist scheinbar mit einer Reihe anderer vertauschbar: Vergesellschaftung, Vergemeinschaftung, Verstaatlichung, Nationalisierung, „Vervolklichung"[23]) sind einige der häufiger gebrauchten vermeintlichen Synonyma.

Unleugbar eignet dem Wort „Sozialisierung" eine Sprengkraft, die Sprengkraft politischen Ekrasits, die sich aus seiner bekannten gesellschaftswissenschaftlichen und parteiideologischen Verwurzelung erklärt: Der Vorsitzende des Deutschen Gewerkschaftsbundes soll unlängst auf einer Pressekonferenz geäußert haben,

[21]) Die Rechtsprechung seit dem Inkrafttreten des GG. erschließt sich dieser Erkenntnis offenbar nur zögernd (vgl. Wttg.-Bad. VGH., Senat Stuttgart, rechtskr. Vorbesch. vom 20. 5. 1950 — II 48/50, JurZtg. 1951, S. 86f = Ziegler VwRspr. 3 [1951] Nr. 99), wenn sie auch ab und an im Anschluß an Erwägungen des Reichsgerichts undeutlich (1) „mit Rücksicht auf die Sozialgebundenheit aller privaten Vermögensrechte (Art. 14 Abs. 2 GG.)", (2) „die Sozialpflichtigkeit des Grundeigentums", (3) „in Notzeiten" nur „einen Eingriff von längerer Dauer und erheblicher Intensität" als Enteignung betrachtet, wobei das Rangverhältnis dieser drei beispielhalber aus einer Entscheidung (Hamb.OVG., Urt. vom 30. 6. 1950 — Bf. I 685/49, MDR. 4 [1950], S. 569) zitierten Momente nicht geklärt und keine Kriterien an Hand gegeben werden, die sichere Führung zur Abgrenzung von Enteignung und Eigentumsbindung gewähren könnten. Das Urt. vom 9. 11. 1950 (Bf. II 184/50; Ziegler VwRspr. 3 [1951] Nr. 100) hält es für „denkbar", daß „geringfügige Eingriffe" in das Grundeigentum, z. B. „Begradigungen und andere ähnliche geringfügige Bodenabtretungen" nicht als (entschädigungspflichtige) Enteignungen anzusehen sind. Nur spärlich sind allenthalben die Bemerkungen über das Verhältnis von Art. 14 Abs. 1 Satz 2 und Abs. 2 GG.

[22]) Hinweis auf Leits. 7 des Berichts.

[23]) Friedrich Giese, Unternehmen in Stiftungsform?, Frankfurter Allgemeine Zeitung für Deutschland (FAZ.), Nr. 214 vom 14. 9. 1951.

des „harten Klanges" wegen spreche er nicht von „Sozialisierung", sondern (wie die Gesetzentwürfe der SPD) von „Neuordnung der Wirtschaft", meine aber dasselbe[24]). Der deutsche Gesetz- und Verfassungsgeber seit 1919, die neuen sowjetzonalen Landesverfassungen nicht ausgenommen, gebraucht die Bezeichnung fast gar nicht[25]).

Wir können einen Rechtsbegriff der Sozialisierung nicht gewinnen, wohl aber versuchen, die Vorgänge, die der Ursprung des modernen Kampfes um die Sozialisierung sind und die alle Kennzeichen der eingangs erwähnten zeitlichen Spannung zwischen Faktizität und Bewußtwerdung und bewußter Gestaltung der sozialen Phänome tragen, richtig zu deuten. Damit gelangen wir (nur) zu einem allgemeinen, vor dem rechtlichen Felde liegenden Sozialisierungsbegriff, der indes beträchtliche Auswirkungen auf die rechtliche Kategorienbildung zeitigt.

Dem kultivierten, aber in gewisser Weise naiven Individualismus des Hohen Mittelalters[26]) war (nach einer Zwischenperiode des Zerfalls) zunächst die gelassen-humanistische, sodann die polemisch-aufklärerische bewußte Konzentration des geistigen Aufwandes auf das Individuum gefolgt, welch letztere in der Revolution des Dritten Standes die Proklamierung der Freiheits- und Menschenrechte auslöste. Späte Frucht dieses Zehrens vom Baum der Erkenntnis für das Staatsrecht und die Staatsrechtslehre war das ausgereifte restriktive System des ausgehenden 19. Jahrhunderts mit seiner liberalen Theorie, die bis in unsere Tage fortwirkt. Was jedoch die soziale Wirklichkeit angeht, so war bereits das Wort Goethes nach der Kanonade von Valmy, soweit

---

[24]) J. E., Doch Sozialisierung?, FAZ. Nr. 216 vom 17. 9. 1951.

[25]) Ausnahme etwa Art. 165 Abs. 2 WeimRV. — Vgl. Heinrich Friedländer, Artikel 156. Sozialisierung, in: Die Grundrechte und Grundpflichten der Reichsverfassung, Kommentar zum zweiten Teil der Reichsverfassung, Herausg. Hans Carl Nipperdey, 3. Bd., Berlin 1930, S. 322ff., 323; Carl-Hermann Ule, Verfassungsrechtliche Probleme der Sozialisierung, Hamburg 1948, S. 15f. — Die Landessatzung für Schleswig-Holstein vom 13. 12. 1949 (nach den Streichungen durch das verfassungsändernde Gesetz vom 20. 11. 1950, GVBl. S. 289) und die Vorläufige Niedersächsische Verfassung vom 13. 4. 1951 enthalten sich angesichts der einschlägigen Bestimmungen des GG. überhaupt einer besonderen Regelung der Sozialordnung von Landesverfassungs wegen (vgl. zur VorlVNdS. Werner Weber, Die Verfassung Niedersachsens, AöR. 77 [1951], S. 362ff., 363). Einen Definitionsversuch macht bezeichnenderweise auch Art. 165 Abs. 3 WeimRV. nicht; die Bestimmung enthält lediglich eine Bezugnahme auf „Sozialisierungs"-Gesetze. Der einzige Versuch einer Begriffsfestlegung ist wohl die VO. betr. den Bergbau vom 18. 1. 1919 (RGBl. S. 64) — vor Erlaß der WeimRV.! —; über sie Justus Wilhelm Hedemann, Reichsgericht und Wirtschaftsrecht, ein Bild deutscher Praxis, Jena 1929, S. 113f.

[26]) Vorzüglich ausgewiesen etwa an der Parzival-Dichtung des Wolfram von Eschenbach.

es die Vollendung der Befreiung des Individuums gemeint haben mag, mit einiger Verspätung ausgesprochen. Denn was der Olympier dort mit Schaudern und Entzücken verkostete, war faktisch der Salut zur „Industrial Revolution", zu einem Kollektivierungsprozeß größten Ausmaßes.

Dieser Prozeß zeigte sich in der Berufsbetätigung und der wissenschaftlichen Forschung[27]) ebensowohl wie bei der industriellen Produktion in der immer weiter aufgezweigten Arbeitsteilung, im fortdauernden Absinken des einzeln kämpfenden Soldaten zum Teilchen massierter Armeen[28]), in der Entleerung des persönlichen Eigentumsrechts durch tatsächliche Trennung des imperium vom dominium[29]), in der Verkehrung der Vertragsfreiheit durch monopolistisch erzwungene Arbeitsverträge und in zahlreichen weiteren Vorgängen des sozialen Lebens, die mit besonderer Klarsichtigkeit von dem jüngeren Karl Marx registriert worden sind (und nach seiner späteren Lehre zur Sprengung ihrer „kapitalistischen Hülle" drängen). Marx spricht bei ihrer Darstellung — der kein Aufriß eines sozialistischen Systems folgt — von der „Vergesellschaftung der Arbeit". Andere nennen die Gesamtheit dieser Vorgänge, an denen alle Nationen der zivilisierten Welt teilhaben, „Sozialisierung" („socialization" — englisch —, „spontane Sozialisierung", „Sozialisierung im weiteren" oder „weitesten Sinne"). Ich bezeichne sie — unter Rückübersetzung der spanischen Übertragung des Marxschen „Vergesellschaftung" und des älteren englischen „socialization" — als „Sozialifikation"[30]) (das Wort ist häßlich, aber, wie mir scheint, von prägnanter Kürze). Mit ihr haben wir es nicht unmittelbar zu tun[31]).

Die Sozialifikation, die Umwandlung des Arbeitsprozesses in etwas Unpersönliches mit all ihren Auswirkungen auf die Sozialstruktur, ein historisch gegebener Vorgang, der als solcher jede Frage nach seiner „Logik" oder nach seiner Erwünschtheit zurückweist, ist die Ursache der Forderungen nach Sozialisierung („bewußte Sozialisierung"), wie sie, beginnend in der ersten Hälfte des 19. Jahrhunderts, zunächst und vor allem vom sozialistischen

---

[27]) Noch Robert Koch konnte der Mikrobenjagd mit Hilfe eines selbstkonstruierten Mikroskops obliegen.

[28]) Ernst Jünger hat den heutigen Krieg gelegentlich als ein Ringen der Produktionen bezeichnet.

[29]) Der Kleinaktionär der Groß-AG. als typisches Beispiel!

[30]) „socialificación": Manuel Garcia-Pelayo, Sobre los supuestos y consecuencias de la socialización, RAP. a. a. O. S. 13ff., 13.

[31]) Sie ist überhaupt in der Regel nicht gemeint, wenn heute Politiker, Wirtschaftler und Juristen von „Sozialisierung" reden; auch nicht bei Äußerungen zu Rechtsfragen der Sozialisierung aus sozialistischer Feder (vgl. z. B. Harald Koch, Rechtsform der Sozialisierung unter besonderer Berücksichtigung der Sozialisierung in Hessen, Hamburg 1947).

Schrifttum der „utopisch-empirischen" Art, später auch aus sozial-ethischen Überlegungen christlicher Denker, teils in Anknüpfung an scholastische Naturrechtslehren, durch die päpstlichen Sozialenzykliken und aus anderen, meist minder bedeutsasamen Richtungen erhoben worden sind.

Gemeinsam ist diesen — im übrigen erheblich divergierenden — Forderungen, in deren Vokabular, je nach ihrer Provenienz, das Wort „Sozialisierung" häufig, selten oder gar nicht vorkommt, das Bestreben, den Sozialifikationsprozeß durch Beseitigung des Widerspruchs zwischen der durch die Sozialifikation erzeugten sozialen Wirklichkeit und der als ungerecht empfundenen, durch die vorhandene Rechtsordnung gestützten einseitigen Machtverteilung innerhalb der Gesellschaft aufzufangen und die durch ihn entstandenen Spannungen nach bestimmten Leitbildern im Sinne einer sozialen Gerechtigkeit auszugleichen. Sie wenden sich also allesamt gegen die Perpetuierung der Sozialordnung eines einzelnen geschichtlichen Augenblicks durch das staatliche Recht, das diese Sozialordnung als vorgegeben behandelt[32]), wobei, wie im Denken des 19. Jahrhunderts überhaupt[33]), den wirtschaftlichen Grundlagen der Sozialordnung ein besonders hoher Rang beigemessen wird. Soweit die Forderungen in ihrer radikalsten Erscheinungsform auf die völlige Zertrümmerung der staatlichen Daseinsform der Völker abzielen, sind sie in der Tat utopisch — auch für die Sowjet-Union hat die von Lenin erhoffte Sternstunde einer vom Staat befreiten Gesellschaft nicht geschlagen —. Im übrigen sprachen und sprechen sie — und zwar immer mehr mit dem Dahinschwinden des Dualismus von Staat und Gesellschaft[34]) — zum Zwecke der erwünschten Neugestaltung den Staat als Rechtgeber und Ausüber der öffentlichen Verwaltung an[35]), der dem Umschlagen der individualistischen Freiheitsverbürgung in ihr Gegenteil — in der Sprache Hegels: ihrer „dialektischen Anti-These" — ein Ende bereiten, bzw. die von Gott gegebene und naturrechtlich begründete wahre Persönlichkeitsfreiheit wiederherstellen soll.

---

[32]) Daß die Rechtsordnung jener Zeit die Elastizität nicht besaß, die sie die Kluft hätte schließen lassen können, und daß die Rechtslehre, teils in verhängnisvoller Blindheit, teils auch durch mehr oder minder bewußte Festigung oder Entwicklung von „sub rosa"-Instituten den Zwiespalt vielfach verschärfte, beruhte auf den politischen Voraussetzungen der Verfassung (vgl. auch Forsthoff a. a. O. S. 53).

[33]) Vgl. Edward Hallet Carr, The Soviet Impact on the Western World, New York 1948, S. 87ff.

[34]) Vgl. Forsthoff a. a. O. S. 3.

[35]) So sehr deutlich nicht nur viele sozialistische Strömungen, sondern auch die thomistische katholische Soziallehre, z. B. in bezug auf die Beseitigung des Pauperismus (vgl. Alexander Horvath, Eigentumsrecht nach dem hl. Thomas von Aquin, Graz 1929, S. 158f.).

Dabei begegnen sie insbesondere heute, nach den schweren Wirtschaftsschädigungen und Vermögenszerstörungen und -umschichtungen im Gefolge der beiden Weltkriege, dem verwaltungsstaatlichen Gebaren des modernen Staates, der bereits als neuer promotor salutis publicae vielfältige Eingriffe in die Sozialordnung vornimmt. Es bedarf angesichts der regelmäßig anzutreffenden Vermengung dieser modernen verwaltungs- und wohlfahrtsstaatlichen Maßnahmen mit solchen der Sozialisierung — das sind nach dem soeben Ausgeführten alle diejenigen, die im Bewußtsein und nach dem Willen ihrer Urheber Entsprechungen auf den Anruf der Sozialifikation sind[36]) — eines nachdrücklichen Hinweises darauf, daß nur die letzteren ihre charakteristische Zweckbestimmung vom Gedanken einer sozialen iustitia distributiva empfangen, womit natürlich keineswegs gesagt sein soll, daß die ersteren per definitionem diesem Gedanken zuwiderlaufen müßten[37]). Sehr oft wird auch der Fall gegeben sein, daß eine Maßnahme Elemente beider Arten aufweist. Dann bedarf es einer überaus sorgfältigen Analyse, und zwar nicht nur für den allgemeinen Zweck wissenschaftlicher Erkenntnis überhaupt, sondern auch für die Bestimmung ihrer Rechtsnatur. wenn es sich um einen rechtlichen Vorgang handelt.

Die hier gegebene Definition von „Sozialisierung": bewußte und gewollte Entsprechung auf den Anruf der Sozialifikation — greift sehr weit; aber jeder Versuch, einen unanfechtbaren engeren Sozialisierungsbegriff zu umreißen, ist erfahrungsgemäß zum Scheitern verurteilt; er führt zu Verschwommenheiten oder endet mit den Temperamentsausbrüchen von Glaubensbekenntnissen. Bemühungen um einen rechtlichen oder verfassungsrecht-

---

[36]) Ganz anders die durchweg von starken apriorischen Werturteilen getragenen Definitionen von „Sozialisierung" in den Staats- und Wirtschaftswissenschaften; vgl. z. B. Wilhelm Röpke, Stichwort „Sozialisierung" im HdwbStW. 4. gänzl. umgearb. Aufl., 7. Bd., Jena 1926, wo die Grundlinie der späteren polemischen Werke dieses Verfassers bereits eindeutig zutage tritt.

[37]) „. . . daß man mit besonderer Vorsicht Eingriffe infolge besonderer Umstände, sei es im Kriege, sei es in sonstigen Notzeiten, sei es auf Grund besonderer Gefahrmomente, in konkreten Fällen scheiden muß von Eingriffen, die in der Gesinnung und ihren Zielen eine grundsätzliche Umgestaltung im Sinne der Sozialisierung bezwecken" (Fritz Haussmann, Rechtsstaat und „Wirtschaftslenkung", Ein Beitrag zum Problem: Staat, Recht und Wirtschaft, Basel 1938, S. 199ff.), wird nicht nur im ausländischen Schrifttum, sondern auch in den so dogmatisch formulierenden deutschen Untersuchungen zum Wirtschaftsrecht fast immer übersehen. Ein typisches Beispiel für das Verfehlen des Grundproblems ist die Abhandlung „Wirtschaftsrecht" von Friedrich Klausing (Arbeiten zum Handels-, Gewerbe- und Landwirtschaftsrecht, Nr. 62, Beiträge zum Wirtschaftsrecht, 1. Bd., Marburg 1931, S. 1ff., 13ff., 19f., 69u. passim), in der die undeutlichen Versuche der Unterscheidung von Kriegs- und Sozialisierungsmaßnahmen nicht zum Grundsätzlichen vorstoßen.

lichen Sozialisierungsbegriff oder gar um verfassungsrechtliche Sozialisierungsbegriffe halte ich für unfruchtbar und verfehlt, weil sie grundlos konkrete (verfassungs-)rechtliche Teilregelungen der Sozialisierung verallgemeinernd als die (Rechts-)Regelung der Sozialisierung hinstellen müssen. Das ist jedoch für keine der existierenden Verfassungen zutreffend; und die Größe des geregelten Ausschnitts sowie die Dichte der jeweiligen Regelung sind leider von Fall zu Fall sehr verschieden. Es ist daher auch nicht von ungefähr und sicher nicht wegen des „harten Klanges" allein so, daß der Gesetzgeber sich den Gebrauch des Wortes versagt. Man sollte auch in der wissenschaftlichen und politischen Auseinandersetzung, wohl im Auge behaltend, daß man es mit Sozialisierungsvorgängen zu tun hat, doch besser jeweils den in Betracht kommenden Vorgang von vornherein genauer bezeichnen[38]).

Art. 15 GG. spricht von der „Überführung in Gemeineigentum oder in andere Formen der Gemeinwirtschaft zum Zwecke der Vergesellschaftung". Gemeint ist, daß die Überführung usw. der Objekte des Art. 15 durch Intervention des Staates zu ihrem Vergesellschaftetsein, d. h. einer Anpassung an die Sozialifikation, führen soll. Demgemäß ist die Überführung usw. eine Sozialisierung. Genauer gesagt, ist sie, wie noch zu zeigen sein wird, eine Phase eines durchgängigen vom Staate betriebenen Sozialisierungsprozesses. Seine Erledigung war insbesondere von den sozialistischen Parteien mit der Losung „Vergesellschaftung der Produktionsmittel!" längst gefordert worden[39]); er ist zur Zeit der aktuellste und vielleicht der überhaupt wichtigste der Sozialisierungsvorgänge.

Eine moderne Verfassung, die der jungen italienischen Republik, bezieht sich dem Sinne nach auf die Sozialifikation und basiert auf dem Gedanken allumfassender Sozialisierung als der Staatsaufgabe (Art. 1 Abs. 1 und Art. 3 Abs. 2 der Verfassungsurkunde vom 27. 12. 1947[40])).

„Verstaatlichung" („nationalisation" — französisch und englisch) bedeutet die Überführung in Staatseigentum. Verstaat-

---

[38]) Dann würde übrigens auch wahrscheinlich eine Entgleisung der folgenden Art nicht unterlaufen: „Was ist ... gemeint, wenn in den einzelnen Verfassungen von Sozialisierung die Rede ist? Die Verfassungen gebrauchen den Ausdruck Sozialisierung überhaupt nicht ..." (Ule a. a. O. S. 15)

[39]) Eine Zusammenstellung der wichtigsten parteipolitischen Wirtschaftsprogramme und Leitsätze enthält Haussmann a. a. O. S. 306ff.

[40]) Diese Bestimmungen sind allerdings gegenüber dem Art. 1 des Entwurfs bereits etwas abgeschwächt. Dort waren die jetzt in Art. 1 Abs. 1 u. Art. 3 Abs. 2 enthaltenen Vorschriften zusammengefaßt und in prononcierter Weise an die Spitze der „Disposizioni Generali" und der ganzen Verfassung gestellt: „L'Italia è Repubblica democratica. La Repubblica italiana ha per fondamento il lavoro e la partecipazione effettiva di tutti lavoratori all'organizzazione politica, economica e sociale del Paese".

lichung kann mit Sozialisierung einhergehen[41]) und tut es vielfach auch, wie alle Verstaatlichungen in England nach dem Zweiten Weltkrieg und ein großer Teil der Verstaatlichungen in Frankreich seit 1944, braucht es aber keineswegs. Fiskalisches Staatseigentum ist genau so sozialisierbar wie individuelles Privateigentum.

IV.

Es liegt auf der Hand, daß für eine staatsrechtliche Betrachtung die Bereiche „freiwilliger" Sozialisierungen[42]) ausscheiden, auch, soweit sie auf Grund staatlicher Initiative (z. B. infolge zweckentsprechender staatlicher Beratungstätigkeit) in Gang kommen. Der Sinn der heutigen Themastellung, die durch die Verknüpfung „Enteignung und Sozialisierung" stillschweigend das Element „Eigentum" im Sinne der Enteignungslehren[43]) vorausschickt, kann m. E. ferner nur sein, lediglich diejenigen Sozialisierungsvorgänge in die Untersuchung einzubeziehen, die, wie die Enteignung, hoheitlich das grundrechtlich befestigte individuelle Privateigentum berühren. Auch diese sind noch sehr zahlreich. Sie liegen weithin auch auf den Gebieten des Arbeits- und Wirtschaftsrechts[44]).

Für die weiteren Ausführungen hätte die Arbeitsfassung des Themas also etwa zu lauten: „Das Verhältnis von Enteignung und Sozialisierungseingriffen in das Eigentum".

---

[41]) So Julius von Gierke mit der oft zitierten Stelle aus „Die Einheit des Rechtes", in: Zeitschrift für das gesamte Handelsrecht und Konkursrecht, 111 (1948), S. 39ff., 50f.

[42]) Dahin gehören z. B. manche genossenschaftliche Bildungen (ihnen sind z. T. bereits Rechtsformen bereitgestellt), zwanglose, d. h. nicht unter Ausnutzung von Monopolstellungen erzielte Abmachungen begrenzten Umfangs unter Sozialpartnern über Gewinnverteilung u. ä. m. Die „freiwilligen" Sozialisierungen fallen praktisch nicht sehr ins Gewicht.

Vom Blickpunkt des Unternehmensrechts will Kurt Ballerstedt, Unternehmen und Wirtschaftsverfassung, JurZtg. 1951, S. 486ff., 488, eine Regelung des Mitbestimmungsrechts durch Betriebsvereinbarung (eine „freiwillige" Sozialisierung), die Eigentumseingriffe mit sich bringt, nicht anders werten als einen hoheitlichen Eigentumseingriff.

[43]) = „alle privaten Vermögensrechte", wie seit Martin Wolff, Reichsverfassung und Eigentum, in: Festgabe für Wilhelm Kahl, Tübingen 1923, S. 3ff., trotz Fehlens einer eigentlichen Begründung daselbst (Walter Schelcher: Art. 153. Die Rechte und Pflichten aus dem Eigentum, b. Nipperdey a. a. O. S. 196ff., 201ff.; vgl. aber S. 128 dieses Mitberichts) kaum bestritten.

[44]) In unbestimmt, aber sehr lebhaft empfundener Weise führt Giese (Enteignung und Entschädigung, S. 17) in einem Atemzug „Bodenreform", „Sozialisierung" (gemeint ist „Überführung in Gemeineigentum") und „Verhütung wirtschaftlicher Machtkonzentration" als mit „Enteignung(!) verbundene Sonderfälle" auf. In der Tat handelt es sich in allen drei Fällen um eigentumsaffizierende Sozialisierungsvorgänge.

V.

Unter der Herrschaft des GG. ist eine Einwirkung der Staatsgewalt auf das Privateigentum als

1. Eigentumsbindung (Inhaltsbestimmung des Eigentums) oder
2. Expropriation (Aufhebung von Eigentumsrechten)

möglich.

Eine Expropriation kann als

a) Verwaltungsexpropriation — Enteignung,
b) Sozialexpropriation — Sozialentwährung oder
c) Strafexpropriation — Konfiskation (Einziehung, Verwirkung)

in Erscheinung treten[45]). —

Der Hauptbericht hat mit Recht betont, daß die in Art. 14 GG. vorbehaltene und zugelassene (entschädigungslose) Inhaltsbestimmung des Eigentums durch das einfache Gesetz die positive Normierbarkeit des Eigentümermachtbereichs bedeutet. Das ist freilich der Hauptsache nach nichts grundsätzlich Neues. Das sog. Vollrecht des Eigentums ist niemals grenzenlos gewesen[46]). Die nicht sonderlich glückliche Wendung „immanente Eigentumsbindungen" und noch mehr die Wendungen „gesetzliche Eigentumsschranken" oder „Einschränkungen" oder „Beschränkungen des Eigentums" sind nicht durchsichtig genug. Das Vorhandensein solcher „Bindungen" und die Möglichkeit neuer gesetzlicher „Bindungen" sind kaum je ernstlich bestritten worden. Sie besagen: Das Eigentum deckt nur das, was ihm die konkrete Rechtsordnung von vornherein zuerkennt, hinter der stets die durch die Rechtssetzung verbindlich werdende Sozialauffassung der öffentlichen Meinung mit ihren wechselnd messenden Zuweisungsgesichtspunkten steht. Das Eigentumsrecht ist für die konkreten Eigentümer-Sach-Beziehungen erst mit Festlegung von „Inhalt und Schranken" durch die (allgemeinen) Gesetze konstituiert[47]).

Über die Abgrenzung der Eigentumsbindung durch Gesetze, deren Möglichkeiten jetzt Art. 19 GG. absteckt, von der Ent-

---

[45]) Eine Einordnung des Sonderfalles der Besteuerung ist für die Behandlung des Themas nicht notwendig; auch wird nicht geprüft, ob ein „Staatsnotrecht" weitere Eingriffe rechtfertigen könnte.

[46]) Was sich beispielhaft darin zeigt, daß selbst eine introvertierte Sachenrechtsdogmatik älteren Stils das „Vollrecht" nur durch eine begrenzte Figur veranschaulichen kann (, aus der man dann die dinglichen Teilrechte als Segmente herausnimmt usw.). Ein unbegrenztes Recht ist ohnehin ein Widerspruch in sich.

[47]) Nur bei einem (unzulässigen) Ausgehen von der bürgerlich-rechtlichen Vorschrift des § 903 BGB. und einer rein buchstäblichen Interpretation dieser Bestimmung kann man zu der Auffassung gelangen, die „Eigentumsbeschränkungen" stünden dem Eigentumsrecht „entgegen".

Bei Grünhut (Stichwort „Enteignung", HdwbStW. 3. gänzl. umgearb. Aufl., 3. Bd., Jena 1909) sind die Eigentumsbindungen allerdings noch nach der Vorstellung zivilistischer Schikaneverbote die durch ein Veto des Staates gegenüber dem Eigentümer, der nach dem Satz „qui iure utitur neminem

eignung habe ich nicht zu handeln[48]; jedoch noch zu bemerken, daß zu den gesetzlichen Eigentumsbindungen a minore auch die verfassungsgesetzlichen des GG. selbst gehören, die durch Art. 15 normiert sind. Das Entsprechende hatte für Art. 153/156 WeimRV. mit voll genügender Schärfe erst Ernst Rudolf Huber am späten Abend des kurzen Lebenstages der WeimRV. festgestellt[49]. Das Privateigentum an den in Art. 15 enumerativ aufgezählten „vergesellschaftungsfähigen" Objekten wird durch das GG. selbst in „einer besonderen Form des allgemeinen ‚sozialen Vorbehalts'" im Sinne des Sozialstaatsgebots neu konstituiert[50]. Diese (entschädigungslose) Eigentumsbindung, die in aller Regel den freien Verkehrswert der betroffenen Gegenstände erheblich mindern dürfte, da man sich von seiten des Gesetzgebers der nach Art. 15 zugelassenen Überführungsgesetze zu versehen hat, — sie kann praktisch einem Veräußerungsverbot gleichkommen — ist Sozialisierung, und zwar die erste rechtliche Phase eines weiter-

---

laedit" handelt, durchgesetzten Gebrauchsmodifikationen als Äquivalent ausgleichender sozialer Gerechtigkeit, also Billigkeitsbeschränkungen des strengen Rechts. Sie sind noch längere Zeit nachher oft als dem „an sich vorhandenen" Eigentumsrecht aufliegende „Legalservituten" bezeichnet worden. Bei Layer lag jedoch die Beschränkung schon im Objekt bzw. im Recht selbst und wurde nicht mehr von außen hineingetragen (a. a. O. S. 42f.: „. . . eine Eigenschaft [bzw. . . . eine Modifikation des (prinzipiell unbeschränkt gedachten[!]) Rechtes] . . . ein dauernder Zustand . . ."). Unter der WeimRV., deren Art. 153 die Eigentumsgarantie nicht als Freiheitsrecht im liberalen Sinne wiedergab, sondern insbesondere durch seinen Abs. 2 (wie allgemein der ganze 5. Abschn. des 2. Hauptteils) zum Ausdruck brachte, daß der Eigentumsbegriff der RV. auf gebundenen Eigentumsvorstellungen aufbaute, ist auch nicht mehr versucht worden, das Eigentum „prinzipiell unbeschränkt" zu denken (wie Martin Wolff a. a. O. S. 7ff. restfrei dargetan hat).

Der von „Inhalt und Schranken" handelnde Wortlaut veranlaßte freilich einen neuen Versuch der Differenzierung (so nicht befriedigend Schelcher a. a. O. S. 208f. — anders als die dort zitierten Autoren); danach waren gesetzliche „Inhaltsbestimmungen" des Eigentums die Festlegungen der rechtlichen Herrschaft des Eigentümers nach dem objektiven Privatrecht (Hinweis auf §§ 903ff. BGB.), „Schranken" die Grenzen der Ausübung dieser Herrschaft, also die alten Gebrauchsmodifikationen unter starkem Verblassen ihres äquitablen Charakters. Dieser Versuch, der wegen Art. 14 Abs. 1 Satz 2 GG. heute wiederholt werden könnte, verkennt die Tatsache, daß die Bestimmung von Inhalt und Schranken des Eigentums die Festlegung der Größe Eigentum und die Frage nach den sog. Eigentumsbindungen nur das Messen dieser Größe ist.

Unbestrittenermaßen lösen Eigentumsbindungen in keinem Fall eine Entschädigung aus, soweit nicht der Gesetzgeber ausnahmsweise und ausdrücklich aus Billigkeitserwägungen der umgekehrten Richtung eine solche zuerkennt.

[48]) Hinweis auf Leits. 3, 6 u. 7 des Berichts.

[49]) Ernst Rudolf Huber, Bedeutungswandel der Grundrechte, AöR. 60 (1933), S. 1ff., 42ff., insbesondere 43 Anm. 80a.

[50]) Insoweit kann man in jedem Fall von einer „konstitutiven Wirkung" des Art. 15 sprechen (Hinw. auf Leits. 13 des Berichts).

zuführenden Sozialisierungsvorgangs. Seine zweite ist bei Erlaß des Überführungsgesetzes nach Art. 15 die Überführung usw. Diese ist nicht Enteignung; aber sie enthält in der ersten Alternative des Art. 15 („Überführung in Gemeineigentum") eine Sozialentwährung.

Die Einführung des Ausdrucks „Sozialentwährung" bedarf einer sie rechtfertigenden Erläuterung.

Lorenz v. Stein hat in seiner großangelegten Entwährungslehre versucht[51]), Enteignung und Grundentlastung, d. h. die rechtsreformatorische Herstellung der sozialen Freiheit des Grundeigentums mit allen dadurch involvierten Aufhebungen, Ablösungen und Umbildungen ganzer Klassen von überalterten Privat- und öffentlichen Rechten zwecks Liquidierung ständestaatlicher Restbestände, die schon Roesler in ihrem tieferen Zusammenhang richtig als Neubildung des öffentlichen Rechts angesehen hat[52]), unter dem einheitlichen Gesichtspunkt einer oberbegrifflichen „Entwährung" zusammenzufassen. Das ist, wie bereits kurze Zeit später unbestritten war[53]), wegen der durchgreifenden Verschiedenheit der respektiven Eigentumseingriffe nicht angängig. Fast alles, was die Kritik an Stein zur Klärung dieses Unterschiedes herausgearbeitet hat, was z. B. Layer an Enteignung und Grundentlastung exemplifiziert hat, behält seinen Wert auch heute für den Vergleich von Enteignung und rechtsaufhebendem Sozialisierungseingriff in das Eigentum. Will man den entscheidenden Unterschied im Akzent der Eingriffe zum Ausdruck bringen, so dürfte man die hergebrachte Enteignung als Verwaltungsenteignung, den Sozialisierungseingriff als Sozialenteignung bezeichnen. Nur um von vornherein ein erneutes Fragen nach einem zusammenfassenden Enteignungsbegriff auszuschließen, behalte ich für die erste den Ausdruck „Enteignung" bei und nenne die zweite „Sozialentwährung".

Der Unterschied von Enteignung und Sozialentwährung erhellt im einzelnen durch die folgende Gegenüberstellung, in die zur Verdeutlichung z. T. auch die Konfiskation einbezogen wird:

Jede Enteignung ist in ganz entschiedener Weise von ihrer konkreten Zweckbestimmung erfüllt. Mag dies Merkmal für eine Unterscheidung von Enteignung und Eigentumsbindung vielleicht auch nicht weiter förderlich sein[54]), so sehr dient es einer scharfen Abgrenzung der Enteignung von der Sozialentwährung. Sowohl die

---

[51]) L. Stein, Verwaltungslehre T. VII, Stuttgart 1868, S. 293ff.

[52]) Hermann Roesler, Lehrbuch des Deutschen Verwaltungsrechts, I. Bd. Das sociale Verwaltungsrecht, 1. Abteilung, Erlangen 1872, S. 365.

[53]) Roesler a. a. O. S. 366; Woldemar v. Rohland, Zur Theorie und Praxis des Deutschen Enteignungsrechts, Leipzig 1875, S. 2f.; Layer a. a. O. S. 29ff., insbesondere 30 Anm. 1.

[54]) Hinw. auf Leits. 6 des Berichts.

förmlichen Enteignungen, sei es durch Gesetz, sei es durch Verwaltungsakt auf Grund eines Gesetzes, als auch, wofern man weiteren Enteignungsvorstellungen anhängt, die sonstigen „sich als Enteignung darstellenden" staatlichen Maßnahmen dienen der Güterbeschaffung für konkrete Vorhaben des öffentlichen Wohles oder sonstwie der Begünstigung oder Ermöglichung solcher Vorhaben — es können durchaus solche der Linderung sozialer Not sein —, deren sich der hier typisch verwaltungsstaatlich auftretende Staat fördernd annimmt oder die er selbst durchführt. Es kann aus Gründen der Vereinfachung also für die beabsichtigte Gegenüberstellung offen bleiben, ob etwa die zeitlich beschränkte Inanspruchnahme beweglicher Sachgüter quoad usum nach Requisitions- und Leistungsgesetzen oder die Inanspruchnahme von Dienstleistungen Privater für öffentliche Verwaltungsaufgaben solche Güterbeschaffungen und damit Enteignungen sind[55]). Schließlich mag auch etwa ein Bauverbot zwecks Erhaltung von Baumbeständen[56]) Enteignung sein. In jedem Fall ist der charakteristische Zweck der Enteignung — in deren Begriff freilich nur die Aufhebung von Rechten liegt[57]) — der positive der Ermöglichung oder weiteren Förderung eines konkreten[58]) Verwaltungsvorhabens.

Der Eingriff der Sozialentwährung — in ihrem Begriff liegt ebenfalls nur die Aufhebung von Rechten —, wie er z. B. in der gesetzlichen „Überführung in Gemeineigentum" nach Art. 15 GG. enthalten ist, dient nicht einzelnen konkreten positiven Verwaltungsvorhaben, sondern steht nach dem Willen des sich hier vor allem sozialstaatlich gebarenden Staates im Dienste der sozialen Gerechtigkeit und des sozialen gerechten Ausgleichs[59]). Nur deswegen und nur unter dem Bezugspunkt der sozialen Gerechtigkeit wird dem „Wohl der Allgemeinheit" gedient, während bei der Enteignung die Erwägungen materieller Nützlichkeit ohne diese Bezugnahme tragend sind.

---

[55]) Für die ersteren verneinend Werner Weber a. a. O. S. 402; für die letzteren ebenso Hans Peter Ipsen, Gesetzliche Indienstnahme Privater für Verwaltungsaufgaben, in: Um Recht und Gerechtigkeit, Festgabe für Erich Kaufmann, Stuttgart u. Köln 1950, S. 141ff., 155ff.

[56]) Schelcher a. a. O. S. 224.

[57]) Im Sinne Schelchers a. a. O. S. 224, 225 Anm. 41.

[58]) „. . . ein bestimmtes öffentliches Unternehmen oder gemeinnütziges Vorhaben . . ." (Schelcher a. a. O. S. 227).

[59]) Mit dieser Gegenüberstellung soll, wie noch einmal betont sei, nicht ein Gegensatz von Verwaltungsstaat und Sozialstaat behauptet werden. Jeder Sozialstaat muß Verwaltungsstaat sein, um Sozialstaat sein zu können. Es kommt mir auf den Akzent der staatlichen Tätigkeit an. Bei der Verwaltungsenteignung zum Zwecke der Linderung sozialer Not gibt der Staat dem letztlich Begünstigten ein Almosen (aus fremder Tasche), ohne daß es darauf ankommt, ob dem Empfänger damit sein auf die soziale Gerechtigkeit bezogenes Recht wird.

Bei der Enteignung wird die Entprivatisierung der Güter auch von seiten des enteignenden oder das Enteignungsrecht verleihenden Staates sozusagen mit dem Ausdruck des Bedauerns für den Betroffenen um des Verwaltungsvorhabens willen gesehen, weil eine freie vertragliche Regelung vom Betroffenen abgelehnt wurde oder würde oder aus anderen Gründen praktisch nicht durchzuführen wäre.

Bei der Sozialentwährung kommt es auf die Entprivatisierung des Vermögens des Betroffenen entscheidend an, weil der Privatcharakter des Vermögens für aktuell oder potentiell sozialschädlich gehalten wird. Gegenüber dieser negatorischen Zweckbestimmung der Sozialentwährung sind die positiven Zweckaspekte allgemeiner Art (neue Impulse für die Volkswirtschaft, Hebung des Lebensstandards breiter Schichten u. ä.) höchstens von zweitrangiger Bedeutung und solche besonderer Art (Erhöhung der Rentabilität in einem bestimmten Wirtschaftszweig u. ä.) nahezu belanglos (diesbezügliche Erwartungen werden übrigens bekanntlich nach den bisher vorliegenden Erfahrungen regelmäßig enttäuscht[60]).

Damit rückt die Sozialentwährung in eine — gegen Weber — doch sehr große Nähe zur Konfiskation — auch diese ist begrifflich nur Aufhebung von Rechten —, die außerdem einen betonten punitiven Charakter hat. Die Sozialentwährung nimmt insofern, wie auch in anderen Beziehungen, eine Mittelstellung zwischen der Enteignung und der Konfiskation ein, von deren drei Anwendungsfällen (kriminalstrafrechtliche Konfiskation, ordnungs(straf)-rechtliche Konfiskation, Konfiskation der politischen Verfemung) das GG. die beiden ersten fraglos zugelassen und die letzte, abgesehen von Art. 18[61]), fraglos nicht zugelassen hat.

Wir erkennen so die Enteignung als Rechtsaufhebung mit der positiven Zweckrichtung unmittelbarer Ermöglichung konkreter Verwaltungsvorhaben durch Zuführung von Werten zur Förderung des allgemeinen Wohles, die Sozialentwährung als Rechtsaufhebung mit der negativen Zweckrichtung der Beseitigung oder Verhütung sozialschädlicher Rechtsausübung unter Erhaltung der betroffenen Werte durch Rechtspositivierung von Geboten sozialer Gerechtigkeit, was u. U. erst mittelbar eine (wohlverstandene) Förderung des allgemeinen Wohles bewirkt, und die Konfiskation als Rechtsaufhebung zur Vergeltung rechtswidrigen Verhaltens und zur Verhinderung solchen Verhaltens fernerhin, bei der Be-

[60]) Allein die Zahlen aus dem ersten Wirtschaftsjahr der sozialisierten und verstaatlichten französischen Industrie dürften für einen Nationalökonomen erschütternd sein (vgl. die Angaben bei Henry P. de Vries u. Berthold H. Hoeniger, Post-Liberation Nationalizations in France, in: Columbia Law Review 50 (1950), S. 629ff., 649ff.).

[61]) Aber Hinw. auf Leits. 8 des Berichts wegen der Zuständigkeit. — Eine Ausnahmebestimmung ist auch Art. 139.

griff und Zweck nahezu in eins fallen und das Schicksal der erfaßten Werte nicht interessiert.

Eine Mittelstellung nimmt die Sozialentwährung auch bezüglich der Entschädigungsregelung ein, wie aus dem bisher Gesagten folgen muß. Das Vermögen des „mit dem Ausdruck des Bedauerns" Enteigneten genießt den vollen Schutz der vorhandenen Rechtsordnung. Sie kompensiert für den bei grundsätzlich nicht erschütterter Ruhelage der eigentumsrechtlichen Verhältnisse erfolgenden Eingriff durch Gewährung voller bzw. angemessener Entschädigung. Das Vermögen des von der Konfiskation Betroffenen ist nicht geschützt; er befindet sich vor der vorhandenen Rechtsordnung gegenüber dem bei grundsätzlich nicht erschütterter Ruhelage der eigentumsrechtlichen Verhältnisse erfolgenden Eingriff im Unrecht und erhält keine Entschädigung[62]). Der Sozialentwährte war bis zur Vornahme des Eingriffs von der vorhandenen Rechtsordnung geschützt; durch den Eingriff, der gleichzeitig die Eigentumsverfassung grundsätzlich ändert — Privateigentum alter Art an den überführten Objekten wird nicht mehr entstehen können[63]) —, gerät er der werdenden Ordnung gegenüber in einen Unrechtszustand. Wenn ihm gleichwohl kraft positiver Vorschrift eine Entschädigung zuerkannt wird, so deswegen, weil die Schutzwürdigkeit seines Vermögens und die Ruhelage der Eigentumsverfassung erst mit dem Eingriff — oder, wenn Sie wollen, erst eine juristische Sekunde vor dem Eingriff — aufgehört haben. Eine solche Entschädigung trägt demgemäß notorischen Billigkeitscharakter.

Wenn die östlichen Staaten die Eigentümer von Produktionsmitteln (im Sinne der sozialistischen Parteidoktrinen) entschädigungslos expropriiert haben, so entspricht das dem Umstand, daß das dortige Rechtsbild von einem extremen progressiven „wissenschaftlichen" Sozialismus geprägt ist, für den der positive Unrechtszustand der betroffenen Vermögen bereits vor dem Eingriff erreicht ist. Dort geht die Sozialentwährung notwendig in der Konfiskation auf[64]); und diese stellt kein Rechtsinstitut mehr dar,

[62]) Auch wer gegen den ungeschriebenen Rechtssatz verstößt, sich selbst so zu verhalten bzw. seine Sachen in einem solchen Zustand zu halten, daß daraus keine Gefährdung der öffentlichen Sicherheit oder Ordnung erwächst, befindet sich dem polizeilichen Eingriff gegenüber in einem Unrechtszustand. Der rechtmäßige polizeiliche Eingriff in das Privateigentum ist im Regelfall eine ordnungs(straf)rechtliche Konfiskation.

[63]) Alte Enteignungsgesetze sahen vielfach sogar vor, daß der Enteignete nach Erledigung des Verwaltungsvorhabens sein nicht mehr benötigtes Eigentum zu Vorzugsbedingungen zurückerwerben konnte. Der Gedanke, daß ein Sozialentwährter sein früheres Eigentum in altes Recht zurückkaufen könnte, wäre absurd.

[64]) Als allgemeine „abrogation of private property" (Andrei Y. Vyshinsky, The Law of the Sovjet State, übersetzt v. Hugh W. Babb, mit einer Einf. v. John N. Hazard, New York 1948, S. 75).

sondern ist, eine Unterscheidung von strafenden und politisch verfemenden Zügen nicht mehr zulassend, Teil der revolutionären Zäsur in der gesamten staatlichen Rechtsordnung. Nur aus der Brechung der neuen Rechtsvorstellungen an dem überkommenen begrifflichen und terminologischen Bestand erklärt sich der vielfach zu Mißdeutungen Anlaß gebende sprachliche Ausdruck, den solche revolutionären Konfiskationen oft finden. Im Westen sucht man das rechtsstaatliche Gewissen bei politischen Konfiskationen auf dürftiger rechtlicher Grundlage bisweilen durch naive Fehlbenennungen zu beschwichtigen[65]. —

Aus der obigen Gegenüberstellung folgt, daß die Sozialentwährung im Gegensatz zur Enteignung kein Rechts**institut**, sondern, wie die Grundentlastung es war, eine Rechts**reform** ist. Die unter die Enteignung fallenden Tatbestände können beliebig wiederkehren. Der Staat bedient sich der Enteignung ad hoc. Deshalb liegt ihr Schwerpunkt auch — trotz Zulässigkeit der Legalenteignung[66]) — im Individualakt.

Die Sozialentwährung hat eine einmalige Aufgabe; sie erfüllt die Mission der Sozialisierung. Das GG. läßt ausdrücklich, wie es der Sache ansteht, für die Sozialentwährung nach Art. 15 nur den Gesetzesweg zu. Und es muß verlangt werden, daß diese Gesetze nicht nur einen **Teil** der Unternehmen eines bestimmten Industriezweiges erfassen.

VI.

Sozialentwährung ist die in der Überführung nach der ersten Alternative des Art. 15 GG. enthaltene Rechtsaufhebung[67]). Aber auch die Überführung nach der Alternative zwei kann eine Sozialentwährung enthalten. Das wäre z. B. der Fall, wenn ein Gesetz über das wirtschaftliche Mitbestimmungsrecht der Arbeitnehmer („eine andere Form der Gemeinwirtschaft") diesen die Majorisierung der Eigentümer und Kapitaleigner bei den Verwaltungsentscheidungen in den Aufsichtsräten und Vorständen ermög-

---

[65]) Mit aller Schärfe verwahrt sich **Marcel Waline**, Traité Elémentaire de Droit Administratif, 6. Aufl. Paris (1951), S. 315f. (Fall der Verstaatlichung der „Usines Renault"), gegen eine solche Bemantelung „d'une confiscation de caractère pénal ou pseudo-pénal, ou pour un motif exclusivement politique (prévenir une agitation ouvrière menaçante)", der eine rein fiskalische Verstaatlichung ohne Schaffung eines „service public" folgte.

[66]) **Hans Peters**, Lehrbuch der Verwaltung, Berlin-Göttingen-Heidelberg 1949, S. 176: „... durch **formelle Gesetze**".

[67]) Nur den **Gesamtvorgang** der Überführung (Rechtsaufhebung plus Begründung neuer „Gemeineigentumsrechte") wird man füglich als „soziale Umschichtung" (**Werner Weber** a. a. O. S. 402) bezeichnen dürfen.

lichte[68]). Das Bundesgesetz v. 21. 5. 1951[69]) tut das durch die Einführung des „elften Mannes" a limine wohl noch nicht[70]).

Handelt es sich bei der Einführung des Mitbestimmungsrechts eindeutig um Sozialisierung, so werden Gesetze zur „Bodenreform" genauestens daraufhin zu untersuchen sein, ob und inwieweit sie wirklich Reform-, d. h. Sozialisierungsgesetze, und damit ihre rechtsaufhebenden Eigentumseingriffe Sozialentwährungen sind. Hier werden oft allgemeiner Vergesellschaftungszweck und konkrete Verwaltungszwecke der Flurbereinigung, der Beschaffung von Bau- oder Siedlungsland, der Bevölkerungswanderungs- und -berufslenkung u. a. m. miteinander im Gemenge liegen. Überwiegen diese Verwaltungszwecke — das wird meistens der Fall sein —, so sind die rechtsaufhebenden Eigentumseingriffe Enteignung.

Die Unterscheidung ist wichtig für die Bemessung der Entschädigung, worauf ich sogleich eingehen werde.

Doch zuvor noch ein Wort zur „Entflechtung" und zu sonstigen Maßnahmen der Verhütung oder Beseitigung „übermäßiger wirtschaftlicher Machtkonzentration". Sie sind, wenn man von gewissen außenpolitischen Beeinflussungen und von den besatzungsrechtlichen Vorbehalten einmal absieht, als rechtspositivierende Billigkeitsformen nach der sozialen Gerechtigkeit geradezu Modelle von Sozialisierung. Nur wenn das GG. eine verfassungskräftige positive Gesamtentscheidung für eine bestimmte Wirtschaftsverfassung, nämlich die der freien oder modulierten Wettbewerbswirtschaft, getroffen hätte — was nicht der Fall ist[71]) —, würden diese Eingriffe das Privateigentum nicht tangieren[72]).

---

[68]) Die Verwaltungsbefugnis gehört zum Eigentumsrecht. Ihre Beschränkung ist Rechtsaufhebung; ob mehr oder minder umfangreich, ist gleichgültig. Daher m. E. im Ausgangspunkt verfehlt Hans Korsch, Mitbestimmung und Eigentum, Köln 1951 (Referat vor dem Verein für Wirtschaftsrecht am 11. 7. 1951).

[69]) BGBl. I S. 347.

[70]) Vgl. auch U.M.: Wirtschaftliches Mitbestimmungsrecht und Enteignung, AöR. 77 (1951), S. 366ff.

[71]) So überzeugend gegen Böhm und die Freiburger Schule Herbert Krüger, Grundgesetz und Kartellgesetzgebung, Göttingen 1950, nach grundlegenden Ausführungen S. 10f.

[72]) In der Verfassung der Vereinigten Staaten von Amerika ist eine solche Gesamtentscheidung offenbar erreicht (in den common law-Ländern wird auch das Verfassungsrecht durch die verbindlichen gerichtlichen Präzedentien weitergebildet; und ihnen folgt auch das moderne kodifizierende Anti-Trust-Gesetzesrecht). Der Unterschied zum deutschen Recht wird verkannt von Joseph Kaskell u. Rudolf B. Schlesinger, Monopole — Trusts — Kartelle in Amerika und Deutschland, Hann.-Münden 1951, S. 23, 59. Das individualistische Rechtsdenken der Amerikaner ist noch undoktrinär genug, um ohne Rechtsreform eine Selbstkorrektur der Rechtsordnung zu ermöglichen, bevor die „dialektische Anti-These" Wirklichkeit wird.

Heben diese Maßnahmen Eigentumsrechte auf, was bei aktiven (Nur-)Entflechtungen der Fall sein wird, so sind sie Sozialentwährung: Hier erschöpft sich also der Sozialisierungsvorgang in der Sozialentwährung. Die Maßnahmen unterfallen aber nicht, jedenfalls nicht unmittelbar, dem Art. 15, der sich nur über Sozialentwährungen verhält, die mit der Überführung usw. verbunden sind, und für diese doch vorschreibt, daß Eingriff und Überführung durch ein Gesetz uno actu vorzunehmen sind. Die Zulässigkeit von Entflechtungsmaßnahmen ist vielleicht nicht ganz über jeden Zweifel erhaben. Auf Art. 14 kann sich der Eingriff jedenfalls nicht stützen (fehlt es doch übrigens schon an einem konkreten öffentlichen Verwaltungsvorhaben). Sie kann m. E. nur unmittelbar aus dem Sozialstaatsgebot und der Sozialpflichtigkeit des Eigentums, deren Anwendungsfall der Art. 15 ist, hergeleitet werden. Für die Fragen der Entschädigung, des Rechtsweges im Streitfall und der Form der Entwährung (nur durch Gesetz, nicht auf Grund eines Gesetzes!) ist Art. 15, nicht Art. 14, entsprechend heranzuziehen. Nach Schelcher, der die „expropriative Sozialisierung" nach Art. 156 Abs. 1 WeimVR. richtig als eine auf besonderer Verfassungsvorschrift beruhende Ausdehnung der „Vorschriften für die Enteignung" (nicht: der Enteignung!) ansah[73]), wären solche Maßnahmen unter der WeimRV. wohl nicht zulässig gewesen. Will man über die in Art. 15 GG. ausdrücklich zugelassenen Sozialentwährungen nicht hinausgehen, so muß man die Zulässigkeit von eigentumsrechtsaufhebenden Entflechtungsmaßnahmen überhaupt verneinen: mit Art. 14 GG., mit der Verwaltungsenteignung, haben sie nichts zu tun.

VII.

Das GG. hat dem durch Sozialentwährung Betroffenen mittels der Verweisung auf Art. 14 Abs. 3 Satz 3 und 4 eine Entschädigung zuerkannt, die ich schon oben als Billigkeitsausgleich charakterisiert hatte, und ihm wegen der Höhe der Entschädigung im Streitfall den Rechtsweg vor den ordentlichen Gerichten eröffnet. Nichts zwingt jedoch dazu, wegen einer gesetzestechnischen Verweisung, wie sie übrigens in den neuen deutschen Landesverfassungen bei den entsprechenden Vorschriften nicht zu finden ist[74]), auch den Maßstab für die Angemessenheit der Entwährungsentschädigung einer besseren Erkenntnis zuwider dem Vorgang der

[73]) Schelcher a. a. O. S. 227; widerspruchsvoll aber schon Anm. 43 das.

[74]) Vgl. Art. 159/160 der Verf. d. Freistaates Bayern vom 2. 12. 1946, Art. 8/28 der Verf. f. Württemberg-Baden vom 28. 11. 1946 (hier jedoch bei Art. 28 eine Trübung des Sozialisierungsgedankens durch rein verwaltungsstaatliche Erwägungen), Art. 45/39ff. der Verf. d. Landes Hessen vom 11. 12. 1946, Art. 15/98 der Verf. f. Württemberg-Hohenzollern vom 18. 7. 1947, Art. 60/61 der Verf. f. Rheinland-Pfalz vom 18. 5. 1947.

Enteignungsentschädigung des Art. 14 zu entnehmen. Die Materialien des GG. und die darin zum Ausdruck kommenden Intentionen mancher Mitglieder des PR. können es sicher nicht[75]).

Entscheidend für die Bemessung der Entwährungsentschädigung muß ihr Billigkeitscharakter sein, der Umstand, daß die Verfassung, die das Sozialisierungsgesetz zuläßt (und vielleicht sogar für den Fall, daß überhaupt eine eigentumsrechtliche Neuordnung an den Objekten des Art. 15 vorgenommen wird, vorschreibt), welches rechtsreformierend einer großen Bewegung des Billigkeitspendels folgt, auch noch dessen sofortigem Rückschwingen ein wenig nachgeben will. Unter Berücksichtigung dessen wird die vorgeschriebene „gerechte Abwägung der Interessen der Allgemeinheit und der Beteiligten", um gleich mit dürren Worten das im Ergebnis praktisch Wichtige zu sagen, dazu führen, daß die Entschädigung oft, wenn nicht regelmäßig, geringer sein wird, als sie sein würde, wenn dieselben Rechte durch eine Enteignunug aufgehoben worden wären. Bei der Abwägung der Interessen für die Enteignungsentschädigung geht es darum, dem voll schutzwürdigen Enteigneten ein Äquivalent, d. h. einen vollen Wertersatz zu verschaffen, soweit nicht die Interessen der Allgemeinheit ein Weniger erfordern, während bei der Interessenabwägung für die Entwährungsentschädigung die Ausgangsvorstellung gleichwertiger Entschädigung entfällt: Gerechtes Subtrahieren vom vollen Wertersatz auf der einen, gerechtes Addieren zum Nichts auf der andern Seite! Daß eine Sozialisierung nach Art. 15 erst bei einem Abgehen von den Entschädigungsmaßstäben des Art. 14 ohne einen Ruin der Staatsfinanzen möglich wird, wäre natürlich, für sich allein genommen, kein Grund, einen andern Maßstab zu nehmen.

Die Feststellung der praktischen Undurchführbarkeit von Gesetzen nach Art. 15, die Sozialentwährungen mit sich bringen, wegen finanzieller Insuffizienz des Staates gegenwärtig und auf absehbare Zeit, wenn die Entschädigung nach den Maßstäben der Enteignungsentschädigung bemessen werden müßte, ist übrigens zu elementar, als daß sie von denjenigen, die für eine Gleichstellung der beiden Entschädigungen eintreten, nicht hätte getroffen werden müssen. Es wäre der gemeinsamen deutschen Sache dienlicher, wenn diejenigen, die den Erlaß von Sozialisierungsgesetzen nicht wünschen, die letztlich doch nur gesetzgebungspolitischen (und damit freilich auch zwangsläufig allgemeinpolitischen) Ziele ihrer Argumentationen offen zu Tage treten ließen. — Autoren, die der WeimRV. nicht sonderlich freundlich gesonnen waren, haben deren Grundrechtsteil mehrfach ein „interfraktionelles Par-

---

[75]) Dankbar darf man die erfrischende Bemerkung Walter Jellineks, Die Verwaltungsgerichtsbarkeit, Referat, Verhandlungen des 38. Deutschen Juristentages, Tübingen 1951, Teil D S. 3, über diese Auslegungsmethode verzeichnen.

teiprogramm" oder noch ätzender eine „Plakatsäule der Weimarer Koalition"[76]) genannt. Das Wort vom „Verständigungsfrieden", der „bürgerliches, sozialistisches, katholisch-naturrechtliches Gedankengut" nebeneinander gestellt habe[77]), wird der Ehrlichkeit des Kompromißwillens der Weimarer Nationalversammlung sicher mehr gerecht; wir dürfen es auch auf die Grundrechte des GG. anwenden. In einem aber hat das Wort von der „Plakatsäule" recht, und auf diese Schwäche soll das gebrauchte Bild ja gerade mit infamer Pointiertheit hinweisen: Zu einer Einheit nach einer gemeinsamen politischen Ideologie waren die Grundrechte von Weimar — und sind die Grundrechte von Bonn — nicht verschmolzen worden. Will man bei Art. 15, der einzigen Bestimmung des GG., die der sozialstaatlichen Dynamik unmittelbar Raum geben kann, nach dem „Plakat" sehen, so muß man feststellen, daß seine Grundfarbe ein eindeutiges Rot ist[78]). Daran kann man post festum nichts dadurch ändern, daß man es durch eine schwarze, blaue oder gelbe Brille betrachtet.

Aber Art. 15 zwingt den Gesetzgeber ja nicht zum Tätigwerden. Ob von den mit dieser Bestimmung gegebenen Sozialisierungsmöglichkeiten Gebrauch gemacht wird, ist auf der politischen Ebene auszutragen. Dort wird auch der, der vom Neuen Europa „Patriotismus" verlangt, wie er früher von den Nationalstaaten verlangt wurde, die Bedenken vortragen dürfen, die vor genau 100 Jahren Donoso Cortés in seiner berühmten Rede über Europa gegen den Sozialismus angemeldet hat[79]).

Und hier drängt sich eine weitere verfassungsrechtliche Erwägung auf: Ich glaube nicht, daß mit Art. 15 eine Ermächtigung von unbegrenzter Dauer erteilt ist. Die Sozialisierungen, die Art. 15 im Auge hat, die Überführung usw. von Grundstoffindustrien, Naturschätzen, Grund und Boden, sind ein vehementer Spannungsausgleich quasi-revolutionärer Art. Zum Beleg dessen darf etwa auf das Beispiel Frankreichs verwiesen werden, das den Großteil der wichtigsten Maßnahmen dieser Art in der revolutionsähnlichen Periode zwischen der Befreiung von der deutschen Be-

[76]) Wieacker a. a. O. S. 45.

[77]) Rudolf Smend, Die Verfassung des Deutschen Reiches, Berlin 1929, S. XXIII.

[78]) Die katholische Soziallehre hat z. B. in jüngster Zeit eindeutig gegen die „Vergesellschaftung der Produktionsmittel" Stellung genommen (Hans Hirschmann, S. J. Jenseits von Kommunismus und Sozialismus, Festvortrag zur 60-Jahr-Feier der Enzyklika „Rerum Novarum" im Rathaus Berlin-Schöneberg am 15. 5. 1951, ungedr.); das gilt jedoch mit gewissen Einschränkungen: „... hay casos especiales en que la socialización es licita y es oportuna" (F. Rodriguez, Aspectos sociales de la nacionalisación, RAP. a. a. O. S. 173ff., 187 Anm. 38, nach den Kommentierungen des „Osservatore Romano" zu „Quadragesimo anno"; dort auch zahlreiche weitere Belege).

[79]) Donoso Cortés, Obras Completas II, Madrid 1946, S. 310f.

satzungsmacht und dem Erlaß der Verfassung der Vierten Republik hinter sich gebracht hat. Einer verfassungsrechtlichen Ermächtigung zu solchen Maßnahmen dürfte in besonders hohem Maße die Eigenschaft innewohnen, bei Nichtbenutzung in verhältnismäßig kurzer Zeit obsolet zu werden. Ich kann das nur andeuten und nicht wagen, mit konkreten Maßen aufzuwarten. Jedenfalls halte ich, falls die Kräfte sich überlegen durchsetzen sollten, die u. a. heute die Sozialentwährung auf das Prokrustesbett der Enteignung spannen, in dieser Beziehung einen Selbstverzehr der Ermächtigung nach relativ kurzer Frist für möglich. Ob die Abdrängung eines Gewitters eine gescheite politische Wettermacherei ist, steht allerdings wieder auf dem politischen Blatt. Der Gesetzgeber jedenfalls muß sich entweder zum Handeln entschließen und sich dabei darüber klar sein, daß seine Entscheidungen nicht rückgängig gemacht werden können[80]; oder er handelt nicht; dann muß er damit rechnen, daß er vielleicht später nicht mehr handeln kann oder mit solchen Gesetzes verfassungswidrig handeln würde, was ihm u. U. die Stelle zu bescheinigen hätte, die sich ohnehin wegen ihrer politisch weittragenden Rechtsentscheidungen in einer denkbar prekären Lage befindet.

Ein positiv-verfassungsrechtliches Sozialisierungsgebot oder selbst eine wahrscheinlich bedingt gebietende Gestattung, wie die des Art. 15 GG,. kann also ein Danaergeschenk für ein politisch nicht reifes Staatsvolk sein. Und da sind es gerade die beiden Nationen mit der erregtesten jüngsten politischen und Verfassungsgeschichte in Europa, die sich auf diesen Weg begeben: Deutschland und Italien[81]).

---

80) Die Engländer haben für ihre Sozialisierungen das Wort von den zu Rührei zerschlagenen Eiern gefunden, denen die alte Form nicht zurückgegeben werden kann.

81) Teil I, Titel III, insbes. Art. 43 ff. der VU. (wie aus den Materialien hervorgeht, u. a. nach dem Vorbild von Weimar; vgl. z. B. Paolo Emilio Taviani, Il diritto di proprietà, Bericht, in: La nuova costituzione italiana, Rom o. J., S. 133 ff.).

Leitsätze des Mitberichterstatters über Enteignung und Sozialisierung

1. *„Enteignung" und „Sozialisierung" sind inkommensurabel.*

2. *Die „Enteignung" ist ein einigermaßen scharf umreißbares Rechtsinstitut; „Sozialisierung" ist kein Rechtsbegriff; „Sozialisierung" sind alle bewußten und gewollten Entsprechungen auf den Anruf der „Sozialifikation".*

3. *„Sozialifikation" ist die Umwandlung des Arbeitsprozesses in etwas Unpersönliches mit ihren Auswirkungen auf die tatsächliche Sozialstruktur; sie ist ein historisch gegebener Vorgang.*

4. *Staatsrechtlich greifbar sind nur die vom hoheitlich handelnden Staat durchgeführten Sozialisierungen.*

5. *Staatliche Sozialisierungsmaßnahmen stehen vorab im Dienst sozialer Gerechtigkeit; sie sind von den Eingriffen des nur verwaltungs- und wohlfahrtsstaatlich auftretenden Staates in die Individualsphäre auch zum Zweck der Bestimmung ihrer Rechtsnatur zu unterscheiden.*

6. *Unter dem GG. sind Einwirkungen der Staatsgewalt auf private Eigentumsrechte als*

   a) „Eigentumsbindungen" (Inhaltsbestimmung des Eigentums) oder als

   b) „Expropriationen" (Aufhebung von Eigentumsrechten) statthaft. —

   „Expropriationen" treten als

   a) „Enteignung",

   b) „Sozialentwährung" oder

   c) „Konfiskation"

   in Erscheinung. —

   Sozialisierungseingriffe in das Privateigentum sind entweder „Eigentumsbindungen" oder „Sozialentwährungen"; sie sind nicht „Enteignung".

7. *Die „Überführung in Gemeineigentum" (Art. 15 GG.) enthält eine „Sozialentwährung"; die „Überführung in andere Formen der Gemeinwirtschaft" kann eine „Sozialentwährung" enthalten; auch*

„Sozialentwährungen", die nicht mit „Überführung" usw. nach Art. 15 verbunden sind, sind statthaft (?) und nach Art. 15 zu behandeln.

8. *Die Enteignungsentschädigung ist eine Entschädigung strengen Rechts; die vorgeschriebene Interessenabwägung hat vom Gedanken des Wertersatzes auszugehen. Die Sozialentwährungsentschädigung hat Billigkeitscharakter; bei der Interessenabwägung für ihre Bemessung entfällt der Ausgangspunkt des Aquivalenzpostulats.*

9. *„Sozialentwährungen" sind als Sozialisierungsmaßnahmen quasirevolutionärer Art. Verfassungsermächtigungen zur Vornahme von Sozialisierungen durch den Staat können bei Nichtbenutzung obsolet werden (?).*

Enteignung und Sozialisierung

3. Aussprache

v. Mangoldt-Kiel: Weil ich auch hier wieder als Mitglied des Parlamentarischen Rates angesprochen worden bin, darf ich vielleicht das Wort zu ein paar Ergänzungen nehmen. Ich darf zunächst sagen, daß wahrscheinlich alle Mitglieder des Grundsatzausschusses den Ausführungen der beiden Referate mit größtem Interesse gelauscht hätten. Denn alle die Fragen, die wir damals sehr eingehend erörterten, sind hier wieder aufgetaucht. Und ich darf weiter sagen: wir sind uns damals vollkommen klar darüber gewesen, daß die beiden Artikel die Auslegung vor viele schwierige Aufgaben stellen würden. Alle Ausschußmitglieder hätten daher sicher mit Freude diesen wegweisenden Ausführungen hier zugehört. Ich selbst kann von mir nur sagen, daß ich von ihnen reichen Gewinn gehabt habe. Nun habe ich schon eben zugegeben, daß wir selbst bei Abfassung der Art. 14 und 15 uns vollkommen klar waren, daß wir alle die Fragen, die jetzt auftauchen, damals gar nicht lösen konnten. Ich darf ferner zu der Frage, die Herr Ridder an mich gestellt hat, sagen, daß ich im Moment darauf nicht antworten kann, weil ich die Materialien nicht hier habe. Vielleicht bin ich auch nicht fleißig genug gewesen, indem ich nicht vor der Tagung zu Hause noch die ganzen Protokolle durchgesehen habe. Ich muß daher manches aus dem Gedächtnis vortragen, das allerdings nach drei Jahren da und dort trügen könnte. Indes gibt es bestimmte Dinge, die mir sicher im Gedächtnis geblieben sind und mit denen ich vielleicht hier doch etwas beitragen kann.

Zunächst einmal ist ganz sicher, daß Art. 15, das möchte ich Herrn Kollegen Ipsen gegenüber sagen, ein Kompromiß ist. Wir waren uns völlig klar darüber, daß die beiden Art. 14 und 15 ihrer Struktur nach in den Grundrechtskatalog nicht recht paßten, in etwa, weil schon Art. 14 in die Wirtschaftsordnung hinüberführt, die ja eigentlich von dem Gesetzgeber nicht behandelt werden sollte. Hier haben historische Reminiszenzen eine Rolle gespielt, aus denen heraus man geglaubt hat, auf die Eigentumsgewährleistung nicht verzichten zu dürfen. Art. 15 andererseits ist rein politisch bedingt. Er bedeutet seiner ganzen Form nach ein Kompromiß zwischen den beiden großen Parteien, die hier zu einer

Einigung gelangen mußten. Ich bin auch der Auffassung von Herrn Ipsen, einer Auffassung, die wohl auch in den Verhandlungen des Parl. Rates zum Ausdruck gekommen ist, daß der Art. 15 für den Bereich des Grundgesetzes eine Legalisierung der Sozialisierung bedeutet.

Nun zu einer anderen Frage: Es ist schon häufig gesagt worden, und etwas Ähnliches ist auch hier aufgetaucht, nämlich der Vorwurf — vielleicht darf ich einmal so sagen —, daß der Parl. Rat zu wenig auf die Fragen eingegangen sei, die eigentlich im Hintergrund gestanden hätten. Herr Ipsen hat etwa angeführt, daß eine Auseinandersetzung mit der Frage der wohlerworbenen Rechte fehle, und dann auf die schwierigen Fragen hingewiesen, die sich aus der Gegensätzlichkeit zu Art. 139 GG. ergeben. Ich darf dazu nur auf den Zwang der damaligen Situation hinweisen, die einfach den Art. 139 forderte mit allen seinen Eingriffen in die Grundrechte, über die wir uns vollkommen klar waren. Nun sehe ich, das muß ich ganz offen sagen, bei den Kritikern des Grundgesetzes doch aber eine gewisse Inkonsequenz in ihrer Haltung. Einmal wird immer wieder die Forderung in den Vordergrund gestellt, daß das Grundgesetz nur ein Provisorium hätte sein dürfen. Andererseits hätte es alle jene Fragen beantworten sollen. Mag das Grundgesetz aus dem auch von mir bedauerten Perfektionismus an vielen Stellen allzusehr in die Einzelheiten gegangen sein, so sollte doch bei seiner Beurteilung immer davon ausgegangen werden, daß es praktisch nur ein Provisorium sein konnte und daß die große Zahl der Fragen, die heute gerade zu den Art. 14 und 15 auftauchen, vom Parlamentarischen Rat nicht einmal in etwa angegriffen werden konnten. Vieler dieser Fragen sind wir uns bewußt gewesen. Wir haben uns aber gesagt, man müsse sich hier bescheiden. Wer einmal verfolgt, welche Schwierigkeiten diese Fragen heute dem Bundestag machen, wie viele der von Herrn Ipsen angeschnittenen Fragen heute noch der Erledigung harren, der wird einsehen, daß es unter dem ständig herrschenden Zeitdrange kaum möglich war, weiter zu kommen.

Ein paar kurze Worte ferner zum Eigentumsbegriff des Grundgesetzes: Meiner Erinnerung nach trifft es durchaus die im Parl. Rat herrschenden Auffassungen, wenn Ipsen ausgeführt hat, daß der Eigentumsbegriff hier ein anderer sein muß als der des Art. 153 WRV. Ich glaube, auch auf gewisse Vorgänge verweisen zu können, die hier aufklärend wirken können, nämlich die Diskussionen um die Formulierung des Art. 2. Für Art. 2 hatte der Allgemeine Redaktionsausschuß Formulierungen gewählt, die in etwa den extrem liberalen Vorschriften des Eigentumsparagraphen des BGB, des § 903, entsprachen. Diese wurden aber rundweg abgelehnt. Daraus ergibt sich dann, daß die Auffassungen des Parl. Rates vom Eigentum durchaus andere waren. Nun ist hier gestern davon die Rede gewesen, daß der Gesetzgeber des GG. sich in einer Gedankenwelt bewegt habe, daß dem GG. Auffassungen zugrundelägen, die etwa denen der Zeit des Jahres 1830 entsprächen. Ich muß eigentlich sagen, daß ich derartige Behauptungen für die wissenschaftliche Diskussion um das GG. kaum für sehr förderlich halten kann. Denn schließlich waren die Mitglieder des Parlamentarischen Rates — ich will ganz von mir absehen — doch Menschen, die mitten im Leben ihrer Zeit standen und von denen man nicht kurzum sagen kann, daß sie sich ganz in der Geisteswelt der ersten Hälfte des 19. Jahrhunderts befunden hätten. Das kann im übrigen auch deshalb nicht zutreffen, weil viele von den Mitgliedern des Ausschusses, der hier in erster Linie beteiligt war, nicht Juristen waren und daher die juristischen Finessen gar nicht übersehen konnten, aber sehr wohl ein Urteil über die Fragen der Zeit und über die Probleme um das Eigentum hatten.

Des weiteren darf ich die folgende Frage anschneiden — die Reihenfolge mag vielleicht nicht ganz geschickt sein —: Herr Ipsen hat die Frage aufgeworfen, ob das von ihm als Junctim-Klausel bezeichnete Entschädigungsjunctim des Art. 14 nur eine redaktionelle Änderung oder Einfügung sei; ob der Parlamentarische Rat wirklich übersehen habe, was er damit festlegte, ob das also wirklich so beabsichtigt war. Aus meiner Erinnerung darf ich dazu sagen, daß diese Frage, diese Verbindung, von Anfang an eine sehr starke Rolle gespielt hat. Ich glaube, mich da auch nicht in meiner Erinnerung zu täuschen; denn ganz ähnliche Grundsätze wie die, die sich hier niedergelegt finden, tauchen ja auch in Art. 19 Abs. 1 auf. Das spricht stark dafür, daß sich diese Klausel schon von Anfang an in Art. 14 vorfand.

Ganz kurz eingegangen werden muß hier auch auf die vielumstrittene Behauptung, daß die Entschädigung nach dem letzten Satz des Abs. 3 des Art. 14 von einer nur nominellen bis zur vollen Entschädigung reichen könne. Ich darf dazu sagen, daß der Begriff der nominellen Entschädigung, das muß ich gestehen, hier vielleicht unglücklich gewählt ist. Meiner Erinnerung nach ist dabei allerdings an Fälle gedacht worden, bei denen — wie bei manchem spekulativen Eigentumserwerb — der Erwerber selbst nur einen sehr geringen Vermögenseinsatz gemacht hat, bei denen er also bei einer späteren Enteignung, schon aus der sozialen Gestaltung des GG. heraus, mit dem Verkehrswert überentschädigt wäre. In der damaligen Zeit ist uns aber nicht klar geworden, daß wir mit der Verwendung der Bezeichnung „nominelle Entschädigung" etwas zum Ausdruck brachten, was wir eigentlich nicht sagen wollten. Jedenfalls kann nach der ganzen sonstigen Gestaltung des GG. nicht die Rede davon sein, daß hier eine Regelung getroffen werden sollte, die es ermöglichte, den Betroffenen einfach ohne Rücksicht auf die ganzen Umstände des Falles vollkommen entschädigungslos zu enteignen, also zu konfiszieren. Das war sicher nicht die Absicht des Gesetzgebers. Ich darf an dieser Stelle vielleicht auch folgendes bemerken: Wenn in meinem Kommentar zu dieser Frage Ausführungen aus dem Bericht übernommen worden sind, den ich für das Plenum des Parl. Rates zu erstatten hatte, so bitte ich, doch die Schwierigkeiten zu berücksichtigen, die für einen Kommentator gegeben sind, der in der gesetzgebenden Versammlung neutraler Berichterstatter zu sein hatte und nun zu seinem eigenen Bericht kritisch Stellung nehmen muß. Ich will Ihnen verraten, daß ich das an anderen Stellen meines Kommentars bereits getan habe. Das ist dann aber leider dem Schrifttum nicht aufgegangen, das sich zum Teil noch auf meinen Bericht stützt, obwohl ich inzwischen bereits von dessen Auffassungen abrückte.

Noch zu einem letzten Punkt, nämlich zu den Fragen des Art. 15. Die eigentlichen Fragen tauchen hier meiner Meinung nach erst bei den Worten „Überführung in Formen der Gemeinwirtschaft"; und nicht bei den Worten „Überführung in Gemeineigentum" auf. Das war auch die Auffassung des Parl. Rates. Das ermöglicht es mir, deutlich zum Ausdruck zu bringen: Wir waren uns wohl bewußt, was es mit der Ergänzung durch die erstere Formel auf sich hatte. Sie geht zurück auf einen Brief des damaligen Abgeordneten im Parlamentarischen Rat, Dr. Lehr, — auch da bitte ich zu entschuldigen, wenn ich mich auf mein Gedächtnis verlassen muß —, der eine Anregung nach dieser Richtung aus den Kreisen der Industriellen bekommen hatte, die bei der Gesamtentwicklung sehr großes Gewicht darauf legten, daß nicht nur die Überführung in Gemeineigentum stehen blieb, sondern vor allem die Überführung in die Gemeinwirtschaft hineingenommen wurde. Das geschah aber erst zu einem ziemlich späten Zeitpunkt, zu dem wir uns nicht sehr viel davon versprachen, die Diskussion über diesen Artikel noch einmal aufzunehmen und damit noch einmal alle Fragen aufzurollen. Daher die vom Herrn Erstreferenten gerügten Unstimmigkeiten. Das wird vielleicht zur Klärung beitragen.

Scheuner-Bonn: Die beiden schönen Referate, die wir heute gehört haben, ergänzen sich trefflich. Sie haben es verstanden, den Gegenstand von verschiedenen Ausgangspunkten her zu erhellen, sich aber doch in vielen Ergebnissen zu begegnen. Gegenüber so abgewogenen Gedankengebäuden ist Einzelkritik schwierig. Ich will dennoch eine Stellungnahme zu einzelnen Thesen versuchen.

Zunächst eine methodische Vorbemerkung. Jede Diskussion über das Problem Enteignung und Sozialisierung muß — das hat Herr Ridder dankenswerterweise gezeigt — von der geistigen und soziologischen Situation der Gegenwart ausgehen. Herr Ipsen hat uns in die soziologischen Feststellungen, die seinen Ausführungen zu Grunde liegen, nicht hineinblicken lassen. Aber selbstverständlich geht auch er von solchen Überlegungen aus. Zwei Gegebenheiten werden dabei vor allem wesentlich sein: Die Schwierigkeiten in der Erfassung des Enteignungsbegriffes hängen zusammen in der Veränderung der Kategorien des Eigentums, die längst ihre klassische Gestalt aufgegeben haben. Darüber hinaus mußte die tiefe soziale Umgestaltung der letzten 50 Jahre auch den Enteignungsbegriff in ihre Bewegung einbeziehen. Das Eigentum ist heute vielfach nur mehr eine Funktion anderer rechtlicher Zusammenhänge. Es kann, z. B. in der Frage der Bildung industriellen Eigentums, nur mehr von den Grenzen der Besteuerung her erfaßt werden. Das große Eigentum aber, wie ich die Herrschaft über die wirtschaftlichen und sozialen Machtstellungen nennen möchte, ist immer ein Teil der gesamtpolitischen Ordnung gewesen und wird von dieser mitgeformt. Am Problem des Mitbestimmungsrechts kann man die Auflösung des scharfumrissenen Eigentumsbegriffs des 19. Jahrhunderts deutlich studieren. In jener umfassenden Inhaltsbestimmung des Eigentums als absoluten Verfügungsrechts lag das Recht zur Direktion eines Betriebes natürlich einbegriffen. Wenn wir dagegen heute die Einräumung der Mitbestimmung nicht als eine Enteignung, sondern als eine neue, soziale Definition des Eigentumsinhalts sehen, so kann man überhaupt nur von einem gewandelten Eigentumsbegriff her zu dieser Lösung kommen.

Herr Ipsen hat die Methoden der Verfassungsauslegung mit einer — nur manchmal etwas Schwindel hervorrufenden — Meisterschaft gehandhabt. Ganz gehe ich mit ihm einig, wenn er die Idee des Sozialstaats, des sozialen Rechtsstaats, ernst nimmt. Art. 20 und 28 GG. betonen diesen Gedanken an so maßgebender Stelle, daß er in der Tat als fundamentaler Auslegungsgrundsatz für das ganze Grundgesetz Anerkennung verdient. Damit stehen wir freilich vor der Notwendigkeit, das soziale und das rechtsstaatliche Moment, Gleichheit und Freiheit zu versöhnen, wobei der Akzent heute mehr auf der Gleichheit und dem sozialen Bestreben liegt, als auf den liberalen Gedanken.

Was den Begriff der Enteignung anlangt, so wird seine Erörterung immer noch von dem Aufsatz bestimmt, den Carl Schmitt 1929 zugunsten des klassischen Enteignungsbegriffs veröffentlicht hat; sein Einfluß ist auch bei Werner Weber und Ernst Forsthoff, denen beiden wir grundsätzlich neuere Stellungnahmen verdanken, noch spürbar. Ich bin darüber erfreut, daß Herr Ipsen trotzdem den modernen weiteren Enteignungsbegriff mit der Möglichkeit der Legalenteignung akzeptiert hat. Die Forderung einer Rückkehr zum alten engeren Enteignungsbegriff verkennt, daß unser heutiger Staat in weitem Umfang die Enteignung unmittelbar durch Gesetz vollzieht. Dem muß die Verfassung dadurch begegnen, daß sie auch für den Gesetzgeber bindend den Enteignungsbegriff, und eben einen weiteren Begriff, festlegt.

Schwieriger ist die Frage der Abgrenzung zwischen sozialer Eigentumsbindung und Enteignung. Hier kann ich gewisse Bedenken nicht verhehlen. Herr Ipsen hat die Bestimmung von Inhalt und Grenzen des Eigentums im wesentlichen dem Ermessen des Gesetzgebers überantwortet. Er hat dabei die Einmaligkeit dieser Ermächtigung des Gesetzgebers zur eigentlichen Inhaltsbestimmung eines Grundrechts in Art. 14 betont. Aber auch in Art. 12 finden wir den Satz: „Die Berufsausübung kann durch Gesetz geregelt werden." Auch hier liegt dennoch eine Bindung des Ermessems vor, die nicht übersehen werden darf. Aus dem Institut des Eigentums und seiner Anerkennung heraus folgen bestimmte Bindungen des Gesetzgebers, die es zu beachten gilt.

Zu eng ist der Begriff der Konfiskation bei Herrn Ipsen, während ich hier mit Herrn Ridder einig gehe. Konfiskation ist nichts anderes als entschädigungslose Enteignung. So wird auch der Begriff im Völkerrecht verstanden. Von ihm sondern sich klar ab die strafweisen und präventiven Maßnahmen der Einziehung und Verwirkung wie sie Art. 18 und 139 GG. gegen den politischen Gegner zulassen. Beide Bestimmungen sieht man daher in einer rechtsstaatlichen Verfassung nicht ganz ohne Bedenken.

Die Frage der Enteignungsentschädigung hat Herr Ipsen mehr mit leichter Hand behandelt, obwohl sie eine Kernfrage darstellt. Hier erheben sich eine Reihe von Fragen. Ist der Maßstab der Entschädigung in Art. 14 GG. der gleiche wie in der Weimarer Verfassung?

Es scheint, als ob Art. 14 die Möglichkeit eröffnet, zu einer leichten Differenzierung gegenüber dem früheren Maßstab zu gelangen, nicht aber eine prinzipielle Abwendung von der angemessenen Entschädigung zu vollziehen. Eine andere Frage beschäftigt mich in diesem Zusammenhang. Die Entschädigung erfolgt in Geld. Darf die Entrichtung dieser Entschädigung auf lange Frist hinaus geschoben werden? Bei der heutigen Struktur des Währungsrechts gibt es keine volle Entschädigung in Geld. Der Staat hat die Herrschaft über die Währung und bei langdauernden Verpflichtungen damit auch über seine Verbindlichkeiten. Er kann mit der einen Hand währungspolitisch wegnehmen, was er mit der anderen nominell verspricht. Dadurch besteht aber die Gefahr einer Herabdrückung der Entschädigung auf einen formalen Betrag. In den meisten heutigen Staaten besteht unter sozialen Gesichtspunkten eine leicht inflatorische Tendenz. Damit wird nicht nur die Sicherheit jedes in Geld ausgedrückten Vermögenswertes auf die Länge aufgelöst, auch jede Entschädigung, deren

Zahlung auf lange Frist hinausgeschoben wird, wird dadurch möglicherweise zu einem nur partiellen oder gar bloß formalen Ausgleich. Wenn beispielsweise der Entwurf zum hessischen Ausführungsgesetz zur Sozialisierung eine Abfindung durch Hergabe von Schuldverschreibungen mit langjähriger Laufzeit vorsieht, so kann die Entschädigung nur mehr als formelle bezeichnet werden. Auch muß man sich fragen, ob die 25% des Eigentums, die dem Eigentümer verbleiben sollen, nicht eher ein nicht gezahlter Entschädigungsanteil sind, als eine echte Mitbeteiligung am Eigentum, die eine wirkliche Mitbestimmung nicht mehr gewährt.

In der Frage der Sozialisierung stimme ich Herrn Ridder bei, daß Definitionen hier nicht möglich sind. Zweifelhaft ist mir der Versuch von Herrn Ipsen, bei der Sozialisierung solche Fälle zu unterscheiden, die entschädigungspflichtig sind und solche, die es nicht sind. Ich würde es vorziehen, den Begriff der Sozialisierung auf entschädigungspflichtige Eingriffe zu beschränken und andere Vorgänge als soziale Eigentumsbindung anzusehen, also in Art. 15 die gleiche Grenzlinie zu ziehen wie in Art. 14. Die entschädigungslosen „anderen Formen der Gemeinwirtschaft" wollen mir nicht recht einleuchten. Die Frage sollte man noch einmal durchdenken. Für die Entschädigung bei der Sozialisierung liegt ein Grundirrtum in der Annahme, daß Gewährung angemessener Entschädigung die Sozialisierung wirtschaftlich unmöglich mache. Man übersehe doch nicht, daß etwa bei großen Gesellschaften nur das Aktienkapital entschädigt wird, das bei der üblichen Bildung von stillen Reserven und der steuerlich erzwungenen Dividendenbeschränkung den wirklichen Realwerten nicht entspricht. Die Frage hängt mit der weiteren Entscheidung zusammen, ob wir Herrn Ridder folgen wollen, der sagt: „Sozialisierung ist Sozialentwährung, nimmt im Grunde nicht mehr als sozial tragbar empfindendes Eigentum fort", oder ob wir — und das ist meine Ansicht — die Lösung von Herrn Ipsen vorziehen, der aus Art. 15 den Gedanken einer Diskriminierung des erfaßten Eigentums verbannt. Zum Schluß: Vergessen wir nicht, die Frage des großen Eigentums hängt stets mit der politischen Ordnung zusammen. Der Feudalismus des Mittelalters war eine Funktion des Staatsrechts, nicht nur des Privatrechts. In der Auffassung der Gegenwart ist gegenüber anderen Vorstellungen des 19. Jahrhunderts das große Eigentum wieder — das zeigen die Institutionen der Sozialisierung und des Mitbestimmungsrechts — in den politischen Kreis hineingezogen.

Flume-Göttingen: Wenn „Grund und Boden, Naturschätze und Produktionsmittel" voll sozialisiert würden, so hätten wir zweifellos eine ganz andere „Verfassung", als wir sie jetzt haben. Damit wäre die Privatrechtsordnung weitgehend aufgehoben, was auch eine völlige Änderung unserer politischen Existenz bedeuten würde. Wir würden in einer anderen „Verfassung" leben. Dieser grundsätzliche Umsturz der Verfassung soll nun durch ein einfaches Gesetz, und zwar nicht nur durch ein einfaches Bundesgesetz, sondern sogar durch ein einfaches Landesgesetz herbeigeführt werden können. Wäre das richtig, so bestände nach dem Grundgesetz die groteske Situation, daß alle möglichen Ordnungsbestimmungen, Kompetenzverteilungen usw. unter Verfassungsschutz gestellt wären, daß aber die grundsätzliche Gestaltung unserer Rechtsordnung des verfassungsmäßigen Schutzes entbehren würde. Dem ist jedoch nicht so. Die Entschädigungsbestimmung des Art. 15 GG. ist die verfassungsmäßige Garantie des privaten Vermögensrechts und unserer an diesem orientierten derzeitigen Rechtsordnung. Wegen des Entschädigungszwanges ist es unmöglich, unsere am privaten Vermögensrecht orientierte Rechtsordnung ohne Verletzung der Verfassung umzustürzen. Es verstößt gegen die Verfassung, wenn man durch einen Abbau der Entschädigungsbestimmung die Garantie des privaten Vermögensrechts aushöhlen und damit den Umsturz unserer Rechtsordnung ermöglichen will.

Man versucht den Umsturz auf zwei Wegen: einmal, indem man die Entschädigung des Art. 15 GG. devalutiert, und ferner, indem man Sozialisierungseingriffe, durch welche die Substanz des privaten Vermögensrechts mehr oder weniger beseitigt wird, ohne daß das private Vermögensrecht formell weggenommen wird — und die Technik der modernen Gesetzgebung gewährt bei der unterstellten, nicht mehr an der Rechtsidee orientierten Allmacht des Gesetzgebers scheinbar unbegrenzte Möglichkeiten — als überhaupt nicht entschädigungspflichtig hinstellt.

Beide Wege verstoßen gegen das Gesetz, weil das Gesetz im Grundsätzlichen negiert wird.

In den Referaten ist der Kontakt der Sozialisierungsfrage mit dem Bekenntnis der Verfassung zum Sozialstaat und sozialen Rechtsstaat hergestellt worden, als ob die Sozialisierung mit diesem Bekenntnis identisch oder seine notwendige Folge sei. Davon kann aber keine Rede sein. Es ist noch sehr die Frage — und die Erfahrungen sprechen dagegen —, ob ein sozialisierter Staat auch ein Sozialstaat und erst recht ein sozialer Rechtsstaat ist. Es ist dann aber unzulässig, in einer rechtlichen Argumentation den positiven Affekt, der mit dem Begriff des „Sozialen" verbunden ist, für die Bestrebungen nach einer Durchführung der Sozialisierung auszunutzen. Es wird damit ein ethischer Wert usurpiert, um Zwecke zu erreichen, die mit diesem ethischen Wert nichts zu tun haben oder nichts zu tun zu haben brauchen, ja ihm sogar strikt zuwider sein können.

Raiser-Göttingen: Ich bin wie Herr Flume Privatrechtler, kann aber seinen von der Romanistik und dem Liberalismus bestimmten Standpunkt nicht teilen. Wir stehen vor der Schwierigkeit, daß das Grundgesetz die hier diskutierten Fragen nicht zu Ende gedacht hat und daß darum in der Verfassung selbst Widersprüche klaffen. Als Juristen haben wir die Aufgabe, damit fertig zu werden. Herr Ipsen hat versucht, das Problem mit Hilfe einer exegetischen Feinarbeit zu lösen, die brillant war, aber in mir doch Schwindelgefühle erregt hat.

Der Sachverhalt ist doch der: Die Verfassung hat in ihrem Grundrechtsteil in fast reaktionär zu nennender Weise den Gedanken der Freiheit des Einzelnen herausgestellt und sich um die Sicherung dieser individuellen Freiheitssphäre bemüht. In diesen Zusammenhang gehört auch die traditionelle Eigentumsgarantie des Art. 14. Unmittelbar daneben steht aber der Art. 15, der aus einer ganz anderen geistigen Welt kommt. Was ist hier vor sich gegangen? Lassen wir einmal den Wortlaut der beiden Bestimmungen beiseite und denken wir an die politische Situation, in der sie entstanden sind, und an die Erlebnisse der Männer, die sie gemacht haben. Da war auf der einen Seite die Parole der Freiheit: los von der Diktatur und den Schikanen der totalitären Systeme, auch los von dem Bild des Ostens! Aber gleichzeitig war man sich mehr oder weniger klar bewußt, daß man durch die schwierigen Zeiten nicht durchkommen werde, wenn man nicht die Möglichkeit zu einer sozialeren Gestaltung der Wirtschaftsordnung mindestens offen hält. Daher die Kompromißlösung, neben den Art. 14 den Art. 15 zu stellen, dem ja auch die CDU zugestimmt hat. Daher andererseits die lockere Fassung des Art. 15 und, im Gegensatz zum Osten, das Verbot der entschädigungslosen Enteignung. Dabei liegt es ja nicht so, wie Herr Flume es in allzu starker Vereinfachung sieht, als sei Sozialisierung nur in der östlichen Form der Vollsozialisierung mit totaler Wirtschaftsplanung möglich. Diese Form sollte allerdings wohl durch das Nebeneinander der Art. 14 und 15 ausgeschlossen werden. Aber wir wissen doch heute, daß man, wie das in England und Frankreich geschehen ist, auf einzelnen Gebieten sozialisieren kann, ohne deshalb die ganze Wirtschaftsverfassung umzugestalten.

Die beiden Bestimmungen entstammen also verschiedenen geistigen Welten und dürfen nur mit großer Vorsicht dogmatisch auf einen Nenner gebracht werden. Trotzdem möchte auch ich einen Schritt zum Versuch einer Harmonisierung machen. Ich gehe dabei davon aus, daß Eigentum je nach der Wirtschafts- und Sozialverfassung, in die es hineingestellt ist, etwas ganz verschiedenes bedeutet. Nun hat sich das Grundgesetz auf keine bestimmte Wirtschafts- und Sozialverfassung festlegen wollen. Ich lasse dahingestellt, ob das richtig war, und wieweit das überhaupt gelungen ist. Herr Krüger hat, wenn ich ihn richtig verstanden habe, kürzlich in seiner Schrift zur Kartellfrage sogar behauptet, das Grundgesetz habe sich auf das System des Laissez-faire festgelegt. Das halte ich für unrichtig. Vielmehr hat das Gesetz in dieser Frage einen weiten Spielraum für verschiedene Möglichkeiten lassen wollen und gelassen. Dem sollte auch die Auslegung Rechnung tragen und nicht mehr Bindungen in das Gesetz hineintragen, als notwendig ist. Man sollte seinen provisorischen Charakter stärker betonen, wie das schon Herr v. Mangoldt vorgeschlagen hat. Dies vorausgeschickt wird man vielleicht sagen können: Die Eigentumsgarantie des Art. 14 gilt der Verteidigung des politisch ungefährlichen, ja höchst erwünschten Eigentums in der Hand des einfachen Bürgers, dessen Unabhängigkeit damit gesichert wird. In diesem Rahmen hat die Garantie nach wie vor einen guten, politisch berechtigten Sinn. Eigentum kann aber auch eine andere, aggressive Bedeutung haben, nämlich da, wo es ökonomische und dann auch politische Macht über Andere verschafft. Hier wird das Eigentum aus einer privaten zu einer öffentlichen Angelegenheit, und daraus folgt das in der Verfassung ermöglichte Recht des Staates, die Herrschaftsbefugnisse des Eigentümers stärker zu beschränken. Wer heute Produktionsmittel in ein Unternehmen hineinsteckt, muß sich darauf gefaßt machen, daß er über sie nur in den Grenzen verfügen kann, die heutzutage der Führung eines Unternehmens gesteckt sind, daß er diese Herrschaft also teilen muß, sei es mit dem Staat, der wirtschaftslenkende Maßnahmen ergreift, sei es mit politischen oder sonstigen Machtgruppen, die bei der Unternehmensführung mitzureden verlangen. Für solche Beschränkungen der Macht des Eigentümers schafft Art. 15 die Grundlage. Art. 14 gilt also mehr dem Schutz des konsumtiven Eigentums und seiner defensiven Funktion; Art. 15 bezieht sich auf das Eigentum, das einen öffentlichen Charakter angenommen hat. Art. 15 ermöglicht Wirtschaftslenkungs- und Mitbestimmungs-Maßnahmen. Darin stimme ich Herrn Ipsen zu. Das sind auch keine Enteignungsmaßnahmen, für die ein Anspruch auf Entschädigung bestünde.

Kaufmann-Bonn: Zunächst möchte ich Worte des Dankes sagen an die Herren Referenten und Korreferenten. Ich habe außerordentlich wertvolle Anregungen empfangen, ohne daß ich freilich mit den Problemen meinerseits fertig geworden bin.

Es wird Sie vielleicht interessieren, daß die Fragen nicht nur, wie hier, auf der Ebene der nationalen Grundrechte eine Rolle spielen, sondern auch sehr lebhaft auf internationaler Ebene erörtert worden sind und erörtert werden. Da sind zunächst die Grundrechte des Europarates. Man hat sich in der konsultativen Versammlung des Europarates zunächst auf die klassischen Grundrechte unter Ausschluß de. Eigentumsgarantie beschränken wollen, hat dann aber gesehen, daß das nicht recht geht, und daher beschlossen, eine Zusatzkonvention zu schaffen, in die noch drei weitere Grundrechte aufgenommen werden sollten. Uns interessiert hier die Eigentumsfrage. Es ist für die heutige Zeit bezeichnend, daß eine lebhafte Diskussion sogar über die Frage geführt worden ist, ob zur Eigentumsgarantie auch zumindest das Prinzip der Entschädigung gehört. Das ist sogar von einigen westeuropäischen Staaten abgelehnt worden. Dann hat man sich aber darauf besonnen, daß gerade auch diese Staaten internationalrechtlich entschieden auf dem Schutz des Privateigentums bestehen und für Eingriffe in das Privateigentum Entschädigung verlangen. Wir brauchen nur an den britisch-persischen und den amerikanisch-mexikanischen Ölkonflikt zu denken; auch die Franzosen haben in keiner Weise unterlassen, gegenüber den polnischen Nationalisierungen Ansprüche auf Entschädigung geltend zu machen. Den Versuch, der gemacht wurde, zwischen dem Innen- und Außenverhältnis zu scheiden, kann man nicht mitmachen. Im Ergebnis hat man in der Redaktion eine Tür jedenfalls für internationale Entschädigung offengelassen, aber da nur, soweit die Entschädigungspflicht völkerrechtlich anerkannt ist.

Sie wissen, daß außerdem die Probleme der Grundrechte auf dem Boden der Vereinigten Nationen diskutiert werden. Beim Eigentumsschutz hat man sich darauf beschränkt, zu sagen, daß das Eigentum nicht willkürlich entzogen werden dürfe. Offenbar hat man geglaubt, mit dem Wort „willkürlich" irgendwie auch das Entschädigungsprinzip anzuerkennen und zum Ausdruck zu bringen, daß eine Enteignung nur im Interesse bestimmter hoher Werte gerechtfertigt ist.

Auch das Problem der Sozialisierung steht auf dem Boden des internationalen Rechts im Institut de Droit international zur Diskussion. Es liegt bereits ein Bericht von de La Pradelle vor. Offenbar macht de La Pradelle ähnliche Unterscheidungen wie unsere Referenten und Korreferenten, indem auch er von der klassischen Enteignung die Fälle ausscheidet, in denen Massenenteignungen zwecks Nationalisierung oder zwecks wirtschaftlicher und politischer Strukturänderungen beabsichtigt sind.

Herr Scheuner hat mit Recht auf die Agrarreform in Rumänien hingewiesen. Bei dieser Gelegenheit ist das Problem zum erstenmal aufgeworfen worden. Das ungarisch-rumänische Schiedsgericht hat damals den Standpunkt vertreten, daß auch eine Bodenreform wie eine klassische Enteignung zu beurteilen sei und Anspruch auf volle Entschädigung gewähre. Der rumänische Richter hat sich daraufhin von Gericht zurückgezogen, und der Völkerbund wußte nicht, was er tun sollte, weil er sich in dieser delikaten Frage unsicher fühlte. Später ist es zu einem Kompromiß gekommen.

Ich habe noch ein paar Fragen: Bei dem preußischen Enteignungsgesetz von 1908 handelte es sich um eine Bodenreform nicht aus sozialen Gesichtspunkten, sondern aus nationalpolitischen. Damals hat man sehr ernst darüber diskutiert, ob das mit der Verfassung vereinbar ist, obwohl es keine Instanz gab, der ein Nachprüfungsrecht zustand. Die erste Frage war: wie verhält sich das Gesetz zu Art. 4 der preußischen Verfassung über die Gleichheit vor dem Gesetz. Im Herrenhaus hat man außerdem die Frage nach der Vereinbarkeit mit Art. 9 über die Eigentumsgarantie gestellt, da es sich noch um eine Enteignung zugunsten eines bestimmten öffentlichen Unternehmens handelte, die Art. 9 allein im Auge habe. Ich frage mich: Wie würden wir heute die Frage einer Bodenreform beurteilen? Sie wissen, daß das Reichssiedlungsgesetz auf dem Standpunkt einer Entschädigung stand, und, daß daran die Durchführung des Siedlungsgesetzes gescheitert ist. Eine weitere Frage: Wie ist es bei der Entflechtungsgesetzgebung, die eine ökonomisch-politische Strukturveränderung der deutschen Großindustrie im Auge hat? Besteht hier ein Anspruch auf Entschädigung im Sinne der Enteignungsentschädigung? oder aber nur eine Entschädigung aus Billigkeitsgründen? Ich habe für diese Fragen keine Lösung. Ich will nur an einigen Beispielen zeigen, wie problematisch die Dinge sind; und ich weiß nicht, ob es eine zu starke Zumutung an die Referenten und Korreferenten bedeuten würde, wenn sie beim Schlußwort noch auf diese sehr delikaten Fragen eingehen könnten.

v. Mangoldt-Kiel: Gestatten Sie mir nur einige kurze, ergänzende Worte zu dem bereits von mir Ausgeführten. Zunächst zu Herrn Raiser. Er hat mit Recht die Eigentumsgewähr des Art. 14 als ein im wesentlichen unter Gesichtspunkten der Freiheitssicherung eingefügtes Grundrecht bezeichnet. Nur bei dieser Schau paßte der Artikel in den Rahmen des Grundrechtsteils.

Ferner darf ich — nachdem ich mir inzwischen wieder etwas klarer über die damaligen Vorgänge geworden bin — zu der Frage der „Überführung in die Gemeinwirtschaft" einiges Ergänzende sagen. Man hat dabei an Formen der Vergesellschaftung gedacht, bei denen auch öffentlich-rechtliche Körperschaften, wie die Gemeinden und Gemeindeverbände und Private, an den vergesellschafteten Unternehmen beteiligt sein können. Dagegen ist — das darf ich Herrn Ipsen sagen — bei „Überführung in Gemeineigentum" an eine Beteiligung von Privaten nicht gedacht worden.

Nun zu der wichtigen Frage, ob Art. 14 und Art. 15 als eine Einheit, d. h. Art. 15 als Unterfall des Art. 14, oder als zwei scharf von einander zu trennende Vorschriften zu behandeln sind, eine Frage, die auch hier stark im Vordergrund gestanden hat. Ich darf dazu vielleicht darauf hinweisen, daß vom Standpunkt des

Grundsatzausschusses aus, wie ich schon andeuten konnte, Art. 15 in noch höherem Maße als Art. 14 im Rahmen seiner Konzeption des Grundrechtsteiles ein Fremdkörper war; umso mehr wird es verständlich sein, wenn der Freiheitsschutz in ihm in einigen Klauseln eine betonte Sicherung erfahren hat. Die Gründe für die Einfügung dieses Artikels sind mir noch in lebhafter Erinnerung. Veranlaßt wurde sie vor allem durch die Verhältnisse im Ruhrgebiet. Es ist für mich sehr eindrucksvoll gewesen, als bereits in den Vorberatungen der CDU in Düsseldorf (Einwurf Nawiasky: „Und in Herrenchiemsee") im Mai 1948 die Rede davon war, daß bei der Situation, die im Ruhrgebiet gegeben sei, es aus finanziellen Gründen gar nicht mehr möglich sein würde, daß die bisherigen Eigentümer ihre Werke wieder übernähmen. Unter diesem Eindruck hat damals auch die CDU an der Vergesellschaftung im Grundgesetz nicht vorbeigehen zu können geglaubt. In das System des Grundrechtkataloges paßte der Artikel aber nicht recht hinein. Daher dann die aus der Idee des Freiheitsschutzes zu verstehende besondere Betonung der Entschädigungsvorschriften. Es ist also hier der Versuch gemacht worden, eine nicht in das System passende Vorschrift doch irgendwie in dieses hineinzubauen. Damit wird im Grunde aber die von den beiden Herren Referenten vertretene Ansicht bestätigt, daß es sich bei Art. 14 und 15 um zwei selbständig nebeneinander stehende Vorschriften handelt. — Vielleicht trägt das zur Klärung der ganzen Frage bei.

Jellinek-Heidelberg: Zunächst einiges zu den Ausführungen von Herrn Ipsen. Das Wort „Dulde und liquidiere!" stammt, wie ich wohl nicht erst zu sagen brauche, nicht von mir, sondern von Otto Mayer, und da ich gerade beim Zitieren bin, möchte ich auf die Prägung eines jungen Juristen, Robert Schilling, aus dem Jahre 1930 hinweisen, der für eine Beschränkung des Eigentums, die nicht Enteignung ist, den Ausdruck „Eigentumsbegrenzung" vorgeschlagen hat. Dies scheint mir die beste Bezeichnung für das zu sein, was Art. 14 Abs. 1 Satz 2 des Grundgesetzes meint, wenn es dort vom Eigentum heißt: „Inhalt und Schranken werden durch die Gesetze bestimmt."

Zu den Ausführungen von Herrn Kaufmann kann ich ergänzend bemerken: Wenn ich den Ausführungen der beiden Herren Berichterstatter richtig gefolgt bin, so ist auf das Verhältnis der Ländersozialisierungsgesetze zum Grundgesetz nur nebenbei eingegangen worden. Ich meine aber, daß hier eine ganze Reihe von Problemen vorhanden ist, die einer wissenschaftlichen Durchdringung bedürfen.

Nun etwas, was vielleicht praktisch keine allzugroße Bedeutung hat, aber ideengeschichtlich ganz interessant zu sein scheint.

Es heißt im Art. 14 Abs. 3 des Grundgesetzes, daß die Enteignung nur „durch Gesetz oder auf Grund eines Gesetzes" erfolgen darf, und diese Wendung ist heute so gedeutet worden, daß man damit jene Streitfrage entscheiden wollte, ob auch die durch ein allgemeines Gesetz herbeigeführten Enteignungen eine Entschädigungspflicht zur Folge haben können. Wenn man der Frage ideengeschichtlich nachgeht, könnte man aber auch darauf stoßen, daß die genannte Wendung eine Spitze gegen eine Kritik von Carl Schmitt hat, der einmal ausführt, es gehe nicht an, daß ein Gesetz unmittelbar enteigne, da es doch heiße „auf Grund eines Gesetzes"; eine andere Deutung ginge gegen den Grundsatz der Gewaltenteilung.

Zu Art. 15 übergehend, meine ich, daß man bei Vergleichung der Art. 14 und 15 zu einer, wie mir scheint, nicht ganz unwichtigen Erkenntnis gelangt. Die Enteignung des Art. 14 kann durch Gesetz oder auf Grund eines Gesetzes erfolgen, die Sozialisierung dagegen nur durch ein Gesetz. Es scheint beabsichtigt zu sein, daß die Sozialisierung als eine große, allgemeine Angelegenheit nur unmittelbar durch Gesetz in die Wege geleitet werden darf, und nicht etwa im Wege der Ermächtigung an eine nachgeordnete Stelle, hier oder dort eine Sozialisierung durchzuführen. Dies bedeutet aber, daß der Rechtsschutz bei einer Sozialisierung ein anderer ist als bei der Enteignung. Vielleicht wird mich da Herr Klein eines Besseren belehren. Ich persönlich würde aber annehmen daß die Enteignung, die bis vor kurzem nicht vor ein Verwaltungsgericht gebracht werden konnte, mit Ausnahme von Bayern mit seinem Aufzählungsprinzip der Enteignungsfälle, heute, weil sie doch ein Verwaltungsakt ist, dem Verwaltungsgericht unterbreitet werden kann nach Art. 19 Abs. 4 des Grundgesetzes, dagegen nicht die Sozialisierung. Bei dieser ist nur die Verfassungsbeschwerde möglich, also nicht die Anrufung eines Verwaltungsgerichts, nach dessen Zuständigkeitsbestimmungen ja die unmittelbare Anfechtung gesetzgeberischer Akte nicht gegeben ist.

Und nun noch ein letztes. Bei dem Otto Mayer'schen Zitat hat Herr Ipsen hingewiesen auf meine Besprechung eines Hamburger Urteils. Da war es so, daß die zuständige Behörde eine Baugenehmigung mit Rücksicht auf eine, durch Polizeiverordnung angeordnete Baubeschränkung versagte. Bei der Anfechtung der Versagung hat sich das OVG. den Kopf zerbrochen, ob hier eine Enteignung oder nur eine Eigentumsbegrenzung vorlag; denn davon hing es nach Meinung des OVG. ab, ob die Baubeschränkung gültig war oder nicht. Wenn es eine Enteignung war, dann hätte nach Ansicht des OVG. in dieser Polizeiverordnung eine Entschädigungsklausel stehen müssen, wollte man dem Wortlaut des Art. 14 Abs. 3 des Grundgesetzes Genüge tun, wonach eine Enteignung nur dann zulässig ist, wenn das ermächtigende Gesetz

„Art und Ausmaß der Entschädigung regelt". Diese Ansicht des OVG. besticht ja auf den ersten Blick, aber ich meine, die Folgerung ist praktisch unerträglich, und man muß in solchen Fällen auf das alte Recht zurückgreifen, das man als Gewohnheitsrecht ansehen kann, um dem Wortlaut des Grundgesetzes Genüge zu tun. Mit anderen Worten, in Zweifelsfällen, ob etwas Enteignung oder Eigentumsbegrenzung ist, muß man bei dem alten Grundsatz bleiben, daß die Verwaltungsbehörden oder die Verwaltungsgerichte bei Erörterung der Gültigkeit eines polizeilichen Eingriffs diese Frage gar nicht zu entscheiden haben, sondern erst nachher, wenn die Befugnis der Polizei zu der Beschränkung bejaht worden ist, ist im ordentlichen Rechtsweg zu entscheiden, ob dafür eine Entschädigung zu zahlen ist oder nicht. Die Bestimmung des Grundgesetzes kann wörtlich im Sinne der Notwendigkeit eines geschriebenen Gesetzes für die Entschädigungsfrage m. E. nur Anwendung finden bei der klassischen Enteignung, also bei der Enteignung auf Grund eines Enteignungsgesetzes, wenn es sich um Grundeigentum handelt und dieses Eigentum genommen oder mit einer Dienstbarkeit belastet wird. Sie läßt sich auch anwenden, wenn bewegliche Sachen genommen oder übereignet werden. Auf dem schwierigen Grenzgebiet zwischen Eigentumsbegrenzung und enteignungsmäßiger Beschränkung aber, wo es nicht ohne weiteres klar ist, ob eine entschädigungspflichtige Enteignung oder eine entschädigungslose Eigentumsbegrenzung vorliegt, darf man den Bogen nicht überspannen. In diesem Falle müßte es bei dem alten Satze bleiben: „Dulde und liquidiere!", d. h., der Bürger ist verpflichtet, eine Beschränkung des Eigentums über sich ergehen zu lassen; es ist aber später Sache des ordentlichen Gerichts festzustellen, ob eine Entschädigung gezahlt werden muß oder nicht.

Weber-Göttingen: In den Ausführungen der Herren Kollegen Flume und Raiser sind soeben sehr betonte Gegensätzlichkeiten hervorgetreten, von denen ich glaube, daß sie nicht unvermittelt bestehen bleiben können. Es ist richtig, daß Herr Flume seine These sehr pointiert vorgetragen hat. Auf der anderen Seite hat Herr Raiser dazu in einer besonders zugespitzten Form Stellung genommen. Nun will Herr Raiser wohl selbst nicht ganz beim Worte genommen werden, wenn er gesagt hat, daß der Eigentumsschutz des Bonner Grundgesetzes nur für das „konsumtive Eigentum" gelte. Das wäre nämlich akkurat der Rechtszustand, den wir in den Verfassungen des Sowjetsystems verwirklicht finden, die ebenfalls das „konsumtive Eigentum", und zwar dieses durchaus ehrlich, schützen. Im Gegensatz zu diesen Verfassungen garantiert Art. 14 GG. gerade nicht nur das „konsumtive Eigentum", sondern auch — um in der Terminologie zu bleiben — das

„produktive Eigentum". Der ganze rechtsstaatliche Zusammenhang des Grundgesetzes kann nur vollzogen werden, wenn der Eigentumsschutz dieser Verfassung auf beide Eigentumsarten bezogen wird. Insoweit möchte ich den rechtsstaatlichen Charakter des Grundgesetzes doch deutlich unterstreichen.

Dabei möchte ich gleichwohl keinesfalls einer Auslegung des Art. 15 GG. das Wort reden, die praktisch die Sozialisierung verhindert. Die von mir in meinem vorjährigen Aufsatz in der NJW vorgeschlagene und von den beiden Herren Referenten gebilligte differenzielle Entschädigungsbemessung in den Fällen der Artikel 14 und 15 zeigt das deutlich genug. Ich will nicht die Bezugnahme des Art. 15 auf die Entschädigungsregelung des Art. 14 dahin verstanden wissen, daß bei der Sozialisierung immer eine volle Entschädigung geleistet werden muß, wie sie bei der Enteignung angemessen ist. Dann würde es praktisch nie zu einer Sozialisierung kommen können, und Art. 15 wäre in diesem Falle eine Klausel, die die Sozialisierung ausschließt, statt sie zu ermöglichen. Auf der anderen Seite möchte ich ebenso ausgeschlossen wissen, daß sich der Entschädigungsbegriff an dem bei der Sozialisierung Angemessenen orientiert und daß er von hier aus kraft der „Junctim-Klausel" des Art. 15 Satz 2 die andersartigen Entschädigungsvorstellungen bei der Enteignung des Art. 14 auflöst und zerstört, um damit auch die Eigentumsgarantie des Art. 14 überhaupt unwirksam zu machen.

Abgesehen hiervon muß ich Herrn Flume ganz darin beipflichten, daß Art. 15 seiner ganzen Anlage nach einen Schutz gegen uferlosen Mißbrauch nur darin enthält, daß er eine Entschädigung vorschreibt. Denn der Kreis der Güter, die der Sozialisierung offenstehen, ist durch Art. 15 außerordentlich weit gezogen. Die einzige Begrenzung liegt demgegenüber in dem Entschädigungserfordernis. Diese Garantie ist freilich unvollkommen, weil die Entschädigung hier nicht im Sinne eines vollen Äquivalents verstanden werden kann. Aber man darf den Garantiecharakter der Entschädigungspflicht in diesem Zusammenhang, gerade auch als vom Grundgesetz so gewollt, keinesfalls übersehen. — Was schließlich das erwähnte Problem der Wirtschaftslenkung anbelangt, so meine ich, daß diese Dinge nicht in Art. 15 GG. hineingelegt werden sollten, sondern sich aus den allgemeinen Grundsätzen der „Eigentumsbindung" ableiten.

Herrn Scheuner möchte ich entgegnen, daß ich seine Behauptung, die Enteignungsentschädigung sei schon deshalb immer nur partiell, weil der Staat mit selbstgedrucktem Geld zahle, für überspitzt halte. So einfach ist das wohl nicht. Zugunsten des Staates selbst wird verhältnismäßig selten enteignet; meist sind die Träger von Versorgungs- und Verkehrsbetrieben sowie Bergwerken usw., ferner Gemeinden die Begünstigten. Diese müssen immerhin, normale Währungsverhältnisse vorausgesetzt, aus ihrem Vermögen gute DM an den Enteigneten zahlen. Auch wollen mir die Einwendungen, die Herr Scheuner gegen eine scharfe Begriffsbildung in diesen Fragen vorgebracht hat, nicht gefallen. Ich räume gern ein, daß der im Völkerrecht gebräuchliche Begriff der Konfiskation sich schlechthin mit entschädigungsloser Enteignung decken mag. Aber wir sind nicht verpflichtet, diese Begriffsbildung in unsere innerstaatlichen Verhältnisse zu übernehmen. Wir kommen für unsere Probleme nur weiter, wenn wir die Konfiskation vom Sachgegenstand her bestimmen und überhaupt die verschiedenen Institute, die im Fragenbereich von Enteignung und Sozialisierung auftauchen, mit klaren gegenständlichen Begriffsinhalten gegeneinander abheben. Ich habe das in meinem schon zitierten Aufsatz versucht, und ich freue mich, darin von den beiden Herren Referenten verstanden worden zu sein.

Gegenüber den Ausführungen von Herrn Jellinek möchte ich meinen, daß das frühere „dulde und liquidiere" nach den Artikeln 14 und 15 GG. in der Tat in etwas anderem Licht erscheint. Das Grundgesetz will die entschädigungslose Enteignung überhaupt ausschließen. Gesetze, die dem widersprechen, indem sie eine entschädigungslose Enteignung vorsehen, können nicht wirksam sein. Es wäre m. E. nicht richtig, sie als gültig zu behandeln und ihnen nur die Entschädigungspflicht als weitere Folge anzuhängen. Ein solches Verfahren würde sich weder mit dem Wortlaut des Grundgesetzes vereinbaren noch mit der rechtspolitischen Absicht der Regelung in Einklang bringen lassen. Denn man muß mit der naheliegenden Möglichkeit rechnen, daß der Gesetzgeber seine Regelung gar nicht getroffen hätte, wenn ihm die später ermittelte Entschädigungsfolge vor Augen gestanden hätte. Und das Grundgesetz will den Gesetzgeber gerade dazu zwingen, sich von vornherein den Gesamtkomplex seiner Regelung gründlich zu überlegen; es ermächtigt ihn zu Enteignungen nur insoweit, als er gleichzeitig die Entschädigung in seine Erwägungen und seine Normierungen einbezieht.

Nawiasky-München:— St. Gallen: Ich möchte unterstreichen, was Herr Kollege Jellinek gesagt hat im Hinblick auf die Entstehungsgeschichte, d. h. darüber, wie die Dinge in das Grundgesetz hineingekommen sind. Ursprünglich hat man gemeint, man solle nur die klassischen Grundrechte einführen. Dann aber tauchte im Zusammenhang mit dem Schutz des Eigentums die Frage der Sozialisierung auf, und dabei wurde ausdrücklich betont, diese Sozialisierung dürfe nur für Einzelfälle durch formelles Gesetz erfolgen. Das, was Sie hervorgehoben haben, war der ganz entschiedene Wille des Gesetzgebers. Der Antrag wurde von Professor Brill gestellt. Diese in Herrenchiemsee getroffene Vorentscheidung ist dann in das Bonner Gesetz übernommen worden.

Raiser-Göttingen: Die Ausführungen Herrn Webers zeigen mir, daß ich mich schlecht ausgedrückt habe, denn so will ich von ihm nicht beim Wort genommen werden. Ich habe nicht gemeint, daß nur das Konsumtiveigentum geschützt, das Produktiveigentum dagegen gewissermaßen vogelfrei sei. Der Schutz des Produktiveigentums ist nur schwächer, und Art. 15 läßt diese Schwächung zu, weil es nicht mehr der rein privaten, sondern der öffentlichen Sphäre angehört, in der neben und über dem privaten auch das Gemeininteresse zu beachten ist. Damit ist zugleich gesagt, daß die geschichtlich abgeleitete These von Herrn Flume, die alles Eigentum streng in die private Sphäre einbeziehen und unterschiedslos geschützt wissen will, jedenfalls nicht die Auffassung des Grundgesetzes ist. Vielmehr läßt die Aufnahme des Art. 15 in das Grundgesetz erkennen, daß sich der Verfassungsgesetzgeber darüber klar war, daß die Frage, welche Wirtschafts- und Sozialordnung als die gerechtere anzusehen sei, noch nicht ausgekämpft war.

Stödter-Hamburg: Da ich vor langen Jahren einmal etwas über die Frage der öffentlich-rechtlichen Entschädigung geschrieben habe, bin ich den Ausführungen meines Freundes Ipsen mit besonderem Interesse gefolgt. Ich habe freilich das Gefühl, daß er teilweise nicht nur, wie er sagt, zum Blitzlicht, sondern zum Sprengpulver gegriffen hat. Die Frage ist: durfte er zu diesem Sprengpulver greifen? Fand er es innerhalb des Rahmens der Art. 14 und 15 des Grundgesetzes oder hat er es von außen an das Grundgesetz herangetragen?

Ausgangspunkt für die Beschäftigung mit dem ganzen Fragenkreis muß heute wie nach dem ersten Weltkrieg die soziale und wirtschaftliche Lage Deutschlands sein. Heute wie damals haben Krieg und Kriegsfolgen zu besonderen Beanspruchungen und Gefährdungen des Eigentums geführt. Nach dem ersten Weltkrieg hat Anschütz aus dieser Eigentumssituation gefolgert, daß man das Eigentumsrecht in Art. 153 der Weimarer Verfassung besonders habe schützen wollen. Ende der zwanziger Jahre ist Kirchheimer — wie mir scheint, nicht ganz zu Unrecht — gegen diese Folgerung angegangen und hat aus den besonderen Nachkriegsverhältnissen im Gegenteil gefolgert, daß der Inhaber von Eigentumsrechten eine größere Schmälerung seiner Rechtsposition als früher entschädigungslos dulden müsse. Unter dem Eindruck der Verhältnisse, wie wir sie im heutigen Nachkriegs-Deutschland zu beobachten haben, wird man sich dieser von Kirchheimer schon damals vertretenen Ansicht schwerlich entziehen können. Freilich sind die sozialstaatlichen Elemente im Grundgesetz nicht so stark entwickelt wie es nach den Referaten, die wir heute gehört haben, den Anschein haben kann. Ich erinnere insoweit an die Untersuchungen von Herrn Klein und an die Andeutungen von Herrn Ipsen in seiner Hamburger Rede. Sozialstaatliche Gesichtspunkte finden sich im Grundgesetz sogar in weniger starkem Maße als in der Weimarer Verfassung. Man weiß, worauf diese bedauerliche Tatsache zurückzuführen ist: man hat sich damals in Bonn nicht einigen können. So ist das Ergebnis denn ein Kompromiß. Wir sind kaum in der Lage, in die Kompromißformeln mehr hineinzulesen als in ihnen tatsächlich enthalten ist und enthalten sein sollte.

Auch heute haben wir, wie ich glaube sagen zu sollen, keine Klarheit über das eigentliche Unterscheidungsmerkmal zwischen Enteignung und Eigentumsbegrenzung erhalten. Ich habe seinerzeit im Anschluß an Walter Jellinek die Ansicht vertreten, daß es darauf ankäme, ob ein substantiell tiefgehender Eingriff vorliege. Auf ein solches materielles Unterscheidungsmerkmal sollte man sich auch jetzt einigen. Sie kennen die Rechtsprechung der letzten Jahre zu diesem Fragenkreis. Sie neigt in weitaus überwiegendem Maße dazu, sich von der lediglich formalen Einzeleingriffslehre abzuwenden und auf substantielle Merkmale abzustellen. Sicherlich wird man zum klassischen Enteignungsbegriff angesichts der eingetretenen Wendungen der Eigentums- und Sozialverfassung nicht zurückkehren können, und ich stimme Herrn Scheuner insoweit durchaus zu. Ein Enteignungsbegriff in der von mir gemeinten materiellen Weise ist keineswegs liberalstaatlich fundiert. Gerade er erlaubt es, die sozialstaatlichen Elemente zur Auswirkung zu bringen, die das Grundgesetz enthält. Die große Bedeutung des ganzen Fragenkreises zeigt sich auf Schritt und Tritt in der Praxis. Man braucht nur etwa an die Mitbestimmungsfrage zu denken. Die Dinge sind viel zu schwierig, als daß wir sie heute und hier auf einen Nenner bringen könnten. Jedenfalls sind wir den Referenten für die mannigfaltigen Anregungen zu Dank verbunden, die wir heute von ihnen erhalten haben.

Scheuner-Bonn: Um nicht mißverstanden zu werden, möchte ich kurz auf zwei Punkte noch einmal eingehen. Ich bin mir darüber klar, daß der Enteignungsbegriff des Völkerrechts nicht ohne weiteres für das interne Recht verbindlich sein kann. Aber das Völkerrecht hat doch gewisse Maßstäbe entwickelt, die man nicht übersehen sollte. Es sieht mehr auf das praktische Ergebnis einer Beeinträchtigung als auf die Rechtsformen. Daher können auch Maßnahmen der Besteuerung, wenn sie das Eigentum bewußt aufzehren, eine Enteignung darstellen. Ich weise etwa hin auf die Widerstände der Ausländer gegen ihre Beteiligung am Lastenausgleich, der freilich mehr den Charakter einer langjährigen Zusatzbesteuerung angenommen hat. Für die internationalen Maßstäbe ist die Frage: Wann liegt Konfiskation vor, nicht immer leicht zu beantworten. Die Tschechoslowakei hat bei ihren Nationalisierungen gewisse Teilentschädigungen zugesagt. Man hat daher Zweifel geäußert, ob in einem solchen Falle Konfiskation vorliegt. Auch sonstige staatliche Eingriffe können mittelbare Enteignungen darstellen. Die amerikanische Lehre meint, Maßnahmen der police power seien nicht Enteignung; aus unseren Erfahrungen heraus werden wir kaum diesen arglosen Satz unterschreiben. Das Völkerrecht hat für uns vor allem eine wichtige Bedeutung im Hinblick auf die Ausländer. Eine allzu lockere Definition des Eigentums in Deutschland würde international die Folge haben können, daß Maßnahmen, die wir als Eigentumsbeschränkungen auffassen, für den Ausländer Enteignung darstellen, oder daß bei zu geringer Bemessung des Ausgleichs der Ausländer eine höhere Summe fordern dürfte als der Inländer, weil er völkerrechtlich geschützt ist. Wir haben auch daran zu denken, daß wir für deutsches Eigentum in anderen Ländern einzutreten haben. Man kann nicht national und international auf verschiedenen Ebenen denken. Wir müssen daher innerhalb der europäischen und westlichen Gemeinschaft einen gewissen gemeinsamen Standard der Eigentumsgarantie wahren.

In einem weiteren Punkt, bei der Frage des Maßes der Entschädigung, möchte ich noch hinzufügen. Niemals ist eine Geldentschädigung der volle Gegenwert produktiver Objekte. Auf die Dauer bleibt wegen der geringeren Erhaltung des Wertes die Geldabfindung stets im Werte zurück. Ein Beispiel hierfür liegt in der bekannten Wegnahme der Kirchengüter, der Säkularisation Anfang des 19. Jahrhunderts. Das Problem des wirklichen Gegenwertes ist hier der älteren Lehre durchaus gegenwärtig gewesen. Heute begegnen wir etwa ähnlichen Fragen bei der Wiedergutmachung. Im Ganzen jedenfalls möchte ich betonen, wenn schon gewisse Tendenzen unserer Zeit sich gegen das Eigentum richten, so sollten wir nicht die Schranken, die der Gesetzgeber in erhaltender Absicht gezogen hat, einreißen und beiseiteräumen.

I p s e n - Hamburg (Schlußwort): Ich bin in einer Zeit wissenschaftlich flügge geworden, in der die Staatsrechtslehrervereinigung nicht aktiv war. Infolgedessen habe ich als Privatdozent nie vor der Aufgabe gestanden, ein Korreferat in diesem Kreise halten zu sollen. Gleichwohl kann ich mir vorstellen, wie schwer eine solche Aufgabe ist, weil der erste Redner, der Referent, den Vorzug der weiten Aufgeschlossenheit der Zuhörer besitzt und zunächst einmal auch imstande ist, über die Zeit zu disponieren. Nachdem ich das Korreferat meines Kollegen Ridder gehört habe, kann ich nur einen Ausdruck der Beglückung darüber äußern, daß Herr Ridder, nachdem ich Sie gedanklich und zeitlich so in Anspruch genommen habe, mit einer solchen Geschlossenheit die Korrelationen zu meinem Vortrag hergestellt hat. Ich fühle mich bereichert davon und darf dafür meinen Dank aussprechen. Der gleiche Dank gilt den Rednern der Diskussion, denen zu antworten ich nur teilweise imstande bin, da nicht alles, was mich angeht, mir sogleich im Kopf haften geblieben ist.

Zunächst ein Wort zu der Methode, mit der man an die Dinge herangehen kann. Herr v. Mangoldt hat betont, man habe vom Parlamentarischen Rat verlangt, er hätte mit dem Grundgesetz nur ein Provisorium herstellen sollen. Anderseits werde von der gleichen Kritik gefragt, wo der Sozialstaat geblieben sei. Das trifft aber ins Graue und nicht ins Schwarze, nachdem wir festgestellt haben, daß das Grundgesetz diese Forderung, die gestellt wurde, nämlich nur Provisorium zu sein, nicht erfüllt hat. Hier fehlt heute ein Stück im Grundgesetz. Ich fühle mich daher immer wieder verpflichtet — obwohl ich selbst stets den Provisoriumsgedanken als Forderung unterstrichen habe —, nachdem er nicht zustande gekommen ist, doch der Ausgestaltung des Themas vom Sozialstaat das Wort zu reden.

Die andere methodische Beanstandung, die Herr Scheuner mir sehr nachdrücklich entgegengehalten hat, trifft zweifellos zu. Natürlich habe ich eine soziologische Vorstellung von dem, was ich juristisch zu fassen versucht habe. Andererseits habe ich expressis verbis davon nicht gesprochen, und es ist richtig, daß das Korreferat in diese Richtung sehr tief hineingeleuchtet hat. Das entsprach aber einer Abrede mit Herrn Ridder.

Ich hatte heute morgen den „Slang" gebraucht, daß ich nur einige Blitzlichter aufsetzen würde. Daß es darauf bei Herrn Scheuner gedonnert hat, überrascht mich nun nicht, und der Vorwurf, den er mir macht und der insbesondere in seiner zweiten Äußerung erkennbar ist, geht dahin, ich redete mit meinen Thesen einer „Knochenerweichung" das Wort und wolle den Rechtsstaat zugunsten des Sozialstaats abbauen. Die internationalen Folgerungen, die sich daraus ergeben können, sind sicherlich nicht zu verkennen. Auf der anderen Seite scheint mir: wir dürfen doch nicht vergessen, daß Güter, die Art. 15 im Auge hat, die Produktionsgüter, wie von Herrn Raiser so präzis formuliert, bei mir aber nicht immer genug zum Ausdruck gekommen ist, in öffentlichrechtlicher Funktion stehen; ebensowenig dürfen wir vergessen, ob man heute die ganze Sozialisierung überhaupt beim Eigentum im ursprünglichen Sinne ansetzen kann und ob sie nicht auf Einzelfunktionen des Eigentums zielt, z. B. die Direktionsbefugnis. Meine ganzen Bemühungen gingen dahin, zwischen der expropriativen Enteignung, die das ganze Eigentum nimmt, und der

Überführung in andere Formen der Gemeinwirtschaft zum Zwecke der Vergesellschaftung zu unterscheiden.

Zu der Bemerkung von Herrn Scheuner, daß die Formulierungen, die das Grundgesetz heute in Art. 14 Abs. 2 kennt, und die gleichen Worte der WRV. nicht mehr notwendig dasselbe bedeuten, und daß Herr Smend Gleiches bereits zu den staatskirchenrechtlichen Artikeln des GG. und der WRV. festgestellt habe, möchte ich erwidern: es trifft zu, daß mein dahingehender Gedanke demjenigen von Herrn Smend entspricht. Ich habe nicht darauf hingewiesen, weil dieser Gedanke irgendwie unbewußt in mir gewirkt hat. Es ist mit nicht gegenwärtig gewesen, daß ich in Parallele zu Herrn Smend gesprochen habe.

Was den Unterschied zwischen Enteignung und Sozialisierung angeht, so sehe ich mich durch das Korreferat in meiner Auffassung bestätigt, daß der Sozialisierungsbegriff nicht rechtlich gefaßt werden kann und daß er Vorgänge vorsieht, die außerhalb der rechtlichen Normierbarkeit liegen. Ich stimme Herrn Ridder völlig darin zu, daß die Zweckbestimmung bei Enteignung und Sozialisierung eine verschiedenartige ist. Auch halte ich den Ausdruck „Förderung des Verwaltungsvorhabens" für die Enteignung für durchaus fruchtbar, um damit Abgrenzungen zur Sozialisierung zu gewinnen.

Wenn Herr Scheuner mich nicht mit Donner, sondern mit Sonnenstrahlen bedacht hat, als er meinte, ich hätte mit Recht nicht der Rückkehr zum klassischen Enteignungsbegriff das Wort geredet, und wenn auch Herr Stödter mich aus gleichem Anlaß besonnt, so bin ich da wahrscheinlich, wie die genauere Lektüre meiner Leitsätze ergibt, ein wenig zu Unrecht belobt worden. Ich habe (mit Vorbehalten) doch mindestens die Alternative gestellt, ob man nicht zum klassischen Enteignungsbegriff zurückkehren müsse, und angenommen, daß das in der heutigen Situation vielleicht sogar geboten sei. Vielleicht hilft dieser Gedanke, wenn auch entgegen der Absicht der Väter des Grundgesetzes, über die Schwierigkeiten hinwegzukommen, die der Wortlaut des Art. 14 Abs. 3 und auch des Art. 15 uns aufgibt. Daß wir dabei in der Frage der Begrenzungsfähigkeit des Eigentums für den Gesetzgeber irgendwie geartete Bindungen annehmen müssen, ist richtig. Sie liegen einmal wohl in Art. 19 Abs. 2, aber auch in der justizmäßigen Überprüfung solcher Vorgänge. Es ist sicherlich richtig, daß hierbei eine gewisse Vorsicht am Platze ist, was ich an einer Stelle unter Hinweis auf Art. 19 Abs. 2 GG. betont habe.

In der Frage des Begriffs der Konfiskation hat Herr Weber Herrn Scheuner bereits repliziert, und zwar in einer Weise, der ich mich nur anschließen kann.

Die von Herrn Ridder gebrauchte Formulierung, eine Entschädigung nach Art. 15 sei eine Billigkeitsentschädigung, kann ich im Ergebnis durchaus akzeptieren, obwohl sich damit auch Herr Ridder den Vorwurf einer „Erweichung" wahrscheinlich zuziehen müßte. Ob der Ausdruck „Billigkeitsentschädigung" für die Entschädigung des Gesetzgebers nach Art. 15 prägnant und zutreffend ist, will ich nicht entscheiden. Aber es ist doch richtig, daß der Maßstab der Angemessenheit des Art. 14 für die Entschädigungen aus Art. 15 nicht geboten ist, und damit komme ich zu Bemerkungen, die die Herren v. Mangoldt und Scheuner gemacht haben. Ich hätte mich nicht zu der Entschädigungsfrage geäußert, wurde mir entgegengehalten. In der Tat habe ich meine Darlegungen zur Entschädigungsfrage ausgelassen. Sie finden sie in meinen Leitsätzen wieder. Art. 14 verlangt angemessene Entschädigung, die nicht nur eine bloße Nominalentschädigung sein darf. Art. 14 wird also immer unter dem Maßstab dieser Angemessenheit anzuwenden sein.

Die von Herrn Kaufmann aufgeworfenen Fragen zu beantworten, fällt mir im Augenblick außerordentlich schwer. Die Bodenreformfragen von 1908 sind ja in der ausgezeichneten Monographie von Kirchheimer gründlich untersucht worden. Die Fragen der Entflechtung des Eigentums werden all' den Generalantworten unterstehen müssen, die ich zu geben versucht habe. Es tut mir leid, hierzu nur diesen Generalhinweis geben zu können.

Die Junctim-Klausel hängt in ihren praktischen Auswirkungen von der Frage ab, ob wir zu einem engeren Enteignungsbegriff zurückkehren wollen oder nicht. Sie ist praktisch umso bedeutungsvoller in allen Konsequenzen, je weiter wir den Enteignungsbegriff fassen und umso einfacher, je mehr wir ihn reduzieren. Daß der Parlamentarische Rat die juristische Bedeutung dieser Klausel doch wohl, wie Herr v. Mangoldt anführte, gesehen und ernster genommen hat, als ich es für möglich hielt, bestätigt die Bedeutung dieser Auslegungsfrage. Ich darf hier einfügen, was Herr Schätzel mir beim Mittagessen sagte, daß nämlich einige seiner tüchtigen Schüler der Junctim-Klausel dadurch beizukommen versucht haben, daß sie mit der Kommasetzung in Art. 14 Abs. 3 Satz 2 jonglierten. Ihrer Meinung nach müßte es nämlich heißen: Enteignung „darf nur durch Gesetz, (hier: Komma!) oder auf Grund eines Gesetzes erfolgen, das Art und Ausmaß der Entschädigung regelt". Dafür finde ich aber schwerlich eine Stütze.

Nun zur Sozialisierungsfrage. Ich darf noch einmal betonen, daß ich die Ausweitung des Sozialisierungsbegriffs über den Rechtsbegriff hinaus zu einem Begriff der Rechtsreform für außerordentlich glücklich halte, und ich fühle mich in vielem, was ich in meiner primitiven positivistischen Methode der Exegese darzulegen versuchte, von Herrn Ridder geistes- und entwicklungsgeschichtlich bestätigt, aber auch übertroffen. Die Frage, die Herr Ridder zu Art. 15 aufwarf und die ich nur en passant beantwortet habe, ob nämlich die Ermächtigung aus Art. 15 sich einmal temporär verzehrt, ob die Chance der Sozialisierung einmal durch Zeitablauf konsumiert wird, halte ich für außerordentlich bedeutsam, und diesen Gedanken erachte ich für einen der wertvollsten, der zu dieser Exegese beigetragen worden ist.

Die Wendung „andere Formen der Gemeinwirtschaft" in Art. 15 ist also, wie Herr v. Mangoldt aus der Kenntnis der Entstehungsvorgänge dargelegt hat, planmäßig eingefügt worden und so auch verständlich. Wir hörten, daß sie in Herrenchiemsee und im Frühjahr 1948 ihren Standort im Sozialisierungsartikel bereits gefunden hatte, und wir stehen damit vor der entscheidenden Frage, die mir in der Diskussion entgegengehalten worden ist, ob Sozialisierung in der Art und Weise, wie ich sie aus dieser Wendung zu deuten versucht habe, eine Erweichung rechtsstaatlicher Gewährleistungen und Postulate bedeutet und auf diese Weise abbaut, was die Verfassung uns vielleicht in die Hand gegeben hat. Das eine ist sicherlich richtig: Der Unterschied von Art. 14 und Art. 15 liegt darin, daß Art. 15 das große Produktionseigentum trifft, die Großeigentümer und ihre Herrschaft in Frage stellt. Wenn unter Bemühung romanistischer Begriffe und Voraussetzungen entgegengehalten worden ist, daß man damit die Eigentumsgarantie zu Grabe tragen würde, darf ich noch einmal betonen: Wir sind über die Zeiten hinweg, in denen das große Produktiveigentum ohne diese öffentlich-rechtlichen Bindungen gesehen werden kann, und darin, glaube ich, liegt der Schlüssel dafür, daß Art. 15 in dem Sinn und mit dem Ergebnis gedeutet werden müßte, wie ich es versucht habe darzulegen. Ob man dem ganz dadurch gerecht wird, daß man die politischen Kräfte, die sich um die Realisierung des Art. 15 bemühen, als bloße Herrschaftsbestrebungen charakterisiert, etwa die Gewerkschaften nur als Mächte sieht, die die Herrschaft anstelle anderer innehaben möchten, ist mir zweifelhaft. Ich fürchte, daß darin eine Vergröberung und Vereinfachung der Probleme liegt, und meine, daß wir auch dann, wenn man das Eindringen politischer Stände in bestehende Ordnungen nicht begrüßt, aus der Methode ihrer Bemühungen nicht einfach eine sachliche Bewertung ihrer Zielsetzungen herleiten darf.

Schließlich die Frage der „Überführung" i. S. des Art. 15, bei der es sich — so Herr Flume — nur um eine Abschaltung von Privatinteressen handele, die Entschädigung verlange. Ich glaube nicht, daß die Möglichkeit einer solchen Rettung des Art. 14 durch Art. 15 besteht, weil die „Überführung" in Art. 15 in der Tat nur einen ganz untechnischen Sinn besitzt. Was die Frage der Rechtsform der Sozialisierung im übrigen angeht, so glaube ich nicht ausgeführt zu haben, daß Sozialisierung nach Art. 15 in anderer Weise als durch Gesetz stattfinden könne. Wenn mir unter Berufung auf Herrenchiemsee entgegengehalten wird, daß Sozialisierung nicht exekutiv stattfinden dürfe, so ist das sicherlich richtig. Die Art. 14 und 15 haben es sich wohl überlegt, daß in Art. 15 die Legislative allein, in Art. 14 aber beide Formen des Eingriffs, legale und exekutive, vorgesehen sind. Daß gegen den gesetzlichen Sozialisierungsakt eine Verwaltungsgerichtsbarkeit nicht stattfindet, trifft zu.

Zum Schluß noch eine Entgegnung zu den Ausführungen von Herrn Weber in der Frage, wieweit Art. 15 gestatte, die Entschädigung nach anderen Maßstäben als denen des Art. 14 zu umschreiben. Sicherlich darf hier Äquivalenzvorstellungen kein Raum gegeben werden. Ich glaube, daß wir Art. 15 in der Bemessung der Entschädigung nach anderen Gesichtspunkten als denen der in Art. 14 vorgesehenen Angemessenheit und Abwägung zwischen Einzel- und Allgemein-Interesse auslegen müssen.

Ridder-Frankfurt (Schlußwort): Da die Diskussion, deren Teilnehmern ich ebenfalls meinen wärmsten Dank aussprechen möchte, mich durchweg nur mit mildem Zephirsäuseln bedacht hat, darf ich mir erlauben, im Schlußwort das zeitliche Verhältnis zu Herrn Ipsen vom heutigen Vormittag wiederherzustellen.

Eines ganz klarzustellen liegt mir sehr am Herzen: Es hat mir nichts ferner gelegen, als Kritik an dem Gesetzgebungswerk des Grundgesetzes und an der unter schwersten Bedingungen geleisteten Arbeit seiner Verfasser zu üben. Ich habe lediglich versucht, aus dem Grundgesetz das herauszulesen, was in ihm drin steckt.

In einem Punkt muß ich entschiedenen Widerspruch erheben: Die soziale Gerechtigkeit von Herrn Flume ist nicht meine soziale Gerechtigkeit. Ich glaube, daß wir uns da auf zwei einander gar nicht berührenden Gedankenbahnen bewegen. Ich habe doch an keiner Stelle behauptet, in meiner Offizin ein Tränklein nach Rezepten auf die absolute und objektive soziale Gerechtigkeit bereiten zu können. Würde ich mich in einem solchen Endstadium des Erlöstseins befinden, so hätte ich die heutige Versammlung gar nicht zu besuchen brauchen und dürfte alle weitere Bemühung für sinnlos, weil überflüssig, halten.

Zu den Anregungen unseres verehrten Herrn Ersten Vorsitzenden, die die Diskussion auf die internationalrechtliche Ebene ausdehnen wollten, kann auch ich leider kaum etwas beitragen. Vielleicht darf ich aber in anderer Weise noch einmal den Blick über unseren nationalen Rechtsbereich hinaus tun: Unsere Diskussion, wie auch beide Referate, litten unter dem Fehlen der Vergleichung mit dem ausländischen Recht, für das vielerorts ähnliche Probleme zur Lösung anstehen. Ich wollte ursprünglich versuchen — und hatte das in meiner Abrede mit Herrn Ipsen diesem auch so gut wie fest versprochen —, wenigstens zu einem Vergleich mit den wichtigsten europäischen Verfassungen zu kommen, mußte aber feststellen, daß das aus zeitlichen Gründen einfach nicht möglich ist. Denn ich hätte so viele Grund- und Vorfragen mit anschneiden müssen, daß das Korreferat mindestens 5 Stunden beansprucht hätte. Erlauben Sie mir aber, daß ich das, was ich am Schluß meiner Ausführungen anklingen ließ, noch durch ein paar Worte ergänze.

In Deutschland und Italien (auch dort kann das „salvo indennizzo" der Art. 42 Abs. 2 und Art. 43 hinsichtlich des Entschädigungsmaßstabs irreführen) hat man, wie ich sagte, die neugeschriebene Verfassungsurkunde bemüht — wahrscheinlich nicht sehr zum Nutzen des inneren Friedens. In einer weitaus glücklicheren Lage befinden sich Frankreich und England, die beiden einzigen nicht östlich orientierten Länder, in denen der intervenierende Staat in großem Stil sozialisiert hat. Am einfachsten liegen die Dinge in England, dessen politisches und soziales Leben sich im Rahmen der Gesetze und des common law, weder von übergesetzeskräftigem Verfassungsrecht im allgemeinen, noch von übergesetzeskräftigen Grundrechten im besonderen beschwert, entfalten kann. Obwohl formalrechtlich der „supreme" parlamentarische Gesetzgeber und die gesetzlich ermächtigte Exekutive in private Eigentumsrechte ohne Beschränkung nach Art und Umfang eingreifen können und der Gesetzgeber auch in der Bestimmung des „ob" und „inwieweit" einer Entschädigung völlig frei ist, hat die englische Enteignungspraxis, die, wie die deutsche „klassische Enteignung", lange Zeit auf die Wegnahme von Grund und Boden für Verwaltungsanliegen im öffentlichen Interesse beschränkt gewesen ist (Generalermächtigung und Verfahrensvorschriften jetzt in sec. 168 des Local Government Act, 1933), sich nicht in Widerspruch zum „Rule of Law" gesetzt, das die Rechtsprechung auch für „Freedom of Person and Property" bis in feinste Verästelungen ausgebaut hat. Das „Rule of Law" — „general principles laid down beforehand to enable individuals to foresee how the coercive apparatus of the state will be used . . ." (Hayek) — verträgt sich aber etwa mit einer aus der insoweit rechtlich nicht beschnittenen Kronprärogative fließenden Legalitätsreserve der Exekutive für Enteignungseingriffe zu Zwecken der Landesverteidigung „in time of danger". — Die Dogmatik der Enteignung verharrt bis heute bei der „Zwangskauf"-Konstruktion („compulsory purchase"), die grundsätzlich den „Kaufpreis" als „Entschädigung" verlangt; es ist also, soweit der Gesetzgeber über die Höhe der Entschädigung nichts anordnet, die Entschädigung immer so anzusetzen, als ob der betreffende Gegenstand frei verkauft worden wäre. — Die „Verstaatlichungen" der Labour-Regierung nach 1945 sind samt und sonders Sozialisierungen, die bis auf die wenigen „freiwilligen" Fälle mit Sozialentwährungen verbunden waren; als neue Rechtsträger sind zahlreiche „Public Corporations" ins Leben getreten, und in der Entschädigungsregelung hat der Gesetzgeber, ohne sich dem Zwangskaufgedanken verpflichtet zu fühlen, von Fall zu Fall das ihm gerecht und billig Erscheinende angeordnet.

In Frankreich hat man, nachdem das Plebiszit den ersten Verfassungsentwurf verworfen hat, die Grundrechte mitsamt den neuen Sozialpflichten wieder aus dem eigentlichen Verfassungstext hinausgewiesen und in die Präambel verbannt und dadurch die Gefahr der Juridifizierung politischer Streitigkeiten über zukünftige Sozialisierungen wahrscheinlich beseitigt. —

Ein Wort noch zu dem von mir gebrauchten Ausdruck „Billigkeitsentschädigung". Ich will mich auf diese Bezeichnung nicht festbeißen; es ist offenbar der Eindruck entstanden, als ob ich den Sozialentwährten ad personam diskriminieren wollte. Wenn nicht deutlich geworden sein sollte, daß sein „gewisser Unrechtszustand" nicht im Sinne moralischer Vorwerfbarkeit zu verstehen ist, so darf ich mich hier ausdrücklich in diesem Sinne korrigieren; und an die Stelle der „Billigkeitsentschädigung" will ich gern, wenn wir uns in der Sache einig bleiben, eine weniger „demütigende" Bezeichnung treten lassen.

Landesverwaltungsgerichtspräsident Dr. Klinger-Hannover: Ich möchte diesen Saal nicht verlassen, ohne der Vereinigung der Deutschen Staatsrechtslehrer und den Herren ihres Vorstandes im Namen der anwesenden Verwaltungsgerichtspräsidenten für die Einladung zur Teilnahme an dieser Tagung zu danken. Die Verwaltungsgerichtsbarkeit wäre auch ohne uns in diesem Kreise stattlich vertreten. Eine nicht unerhebliche Anzahl der Teilnehmer dieser Tagung ist in der Verwaltungsgerichtsbarkeit tätig. Soweit mir bekannt ist: unser allverehrter Altmeister, Herr Professor Jellinek in Karlsruhe, die Herren Professor Wolff in Münster, Professor Naumann in Hamburg, Professor Ule als Vizepräsident in Lüneburg und Privatdozent Bachof in Stuttgart. Diese Verzahnung der Praxis und der Wissenschaft — wenn ich dieses Bild gebrauchen darf — ist außerordentlich zu begrüßen.

Meine Herren! Ein Urteil soll ja nicht so fabriziert werden — ich sage absichtlich fabriziert werden —, daß der Richter aus einer riesigen Kassette einen Paragraphen herauszieht und den ihm vorliegenden Rechtsfall an Hand dieses Paragraphen entscheidet. Ein Urteil muß auf dem Boden einer umfassenden wissenschaftlichen Bildung und Kenntnis wachsen. Das Fundament der geistigen Bildung und des Wissens, das der Richter früher vielleicht einmal gelegt hat, zu erhalten und den Fortschritten der Wissenschaft entsprechend zu erweitern, ist dem heutigen Verwaltungsrichter unmöglich. Er ist so von der täglichen Arbeit in Anspruch genommen, daß er gar nicht die Zeit findet, sich wissenschaftlich weiterzubilden. Er muß seine Aufgabe darin erblicken, seine Prozesse möglichst bald zu Ende zu bringen; nicht zuletzt, um der Meinung den Boden zu entziehen, daß der Aufbau einer Verwaltungsgerichtsbarkeit mit der Generalklausel als ein Fehlgriff angesehen werden müsse, wenn die Verwaltungsgerichte nicht in der Lage seien, den verwaltungsgerichtlichen Rechtsschutz mit der erforderlichen Schnelligkeit zu gewähren. Aber selbst wenn der Verwaltungsrichter die Zeit hätte, sich wissenschaftlich weiterzubilden, so hätte er bei der unzureichenden Besoldung nicht das Geld, um Zeitschriften und Literatur anzuschaffen. Es ist — glaube ich — heute kaum möglich, bei einem Richter noch eine Hausbibliothek zu finden. Diese Lücke wird dankenswerterweise von den bei der Rechtsprechung mitwirkenden Wissenschaftlern ausgefüllt, und das kann der Verwaltungsgerichtsbarkeit nur von großem Nutzen sein.

Die Referate, die wir gehört haben, und nicht zuletzt die Diskussionen waren für uns sehr interessant und außerordentlich belehrend. Wir haben unser bescheidenes Fundament — jedenfalls was die wissenschaftliche Bildung angeht — in diesen beiden Tagen erheblich erweitert. Aber nicht nur in diesem Saal haben wir reiche Belehrung empfangen, die Unterhaltungen während der geselligen Veranstaltungen haben uns Gelegenheit zu einem regen Austausch der Erfahrungen und Gedanken gegeben. Es ist mir deshalb ein tiefempfundenes Bedürfnis, den Herren des Vorstandes für ihre Einladung unseren ebenso aufrichtigen wie herzlichen Dank auszusprechen.

Ende der Tagung.

III. Verzeichnis der Redner

Bachof S. 64.
Bilfinger S. 49.
Flume S. 156.
Herrfahrdt S. 55.
von der Heydte S. 53.
von Hippel S. 1, 69.
Hugelmann S. 51.
Ipsen S. 74, 169.
Jellinek S. 66, 73, 162.
Kaufmann S. 159.
Klein S. 66.
Klinger S. 176.
Krüger S. 62.
von Mangoldt S. 56, 150, 161.
Nawiasky S. 54, 166.
Raiser S. 158, 167.
Ridder S. 124, 174.
Schätzel S. 49.
Scheuner S. 46, 153, 168.
Spanner S. 65.
Stödter S. 167.
Voigt S. 33, 72.
Weber S 61, 164.
Wolgast S. 59.

IV. Verzeichnis der Mitglieder der Vereinigung der Deutschen Staatsrechtslehrer

Wiedergegründet am 21. Oktober 1949

Lebenslänglicher Ehrenpräsident

Thoma, Dr. Richard, Professor, Geh. Hofrat, Bonn, Zitelmannstr. 24

Vorstand

1. Wolff, Dr. Hans Julius, Professor, Münster i. Westf., Wichernstr. 13/I.
2. Ipsen, Dr. Hans Peter, Professor, Hamburg 13, Hallerstr. 79.
3. Abendroth, Dr. Wolfgang, Professor, Marburg a. d. L., Georg-Voigt-Str. 7a.

Mitglieder

1. Abendroth, Dr. Wolfgang, Professor, Marburg a. d. Lahn, Georg-Voigt-Str. 7a.
2. Adamovich, Dr. Ludwig, Professor, Präsident des Verfassungsgerichtshofes, Wien I, Wipplingerstr. 7.
3. Apelt, Dr. Willibalt, Professor, Geh. Regierungsrat, Staatsminister a. D., München 23, Monsalvatstr. 1.
4. Armbruster, Dr. Hubert, Professor, Mainz, Kaiserstr. 66.
5. Bachof, Dr. Otto, Professor, Stuttgart 13, Anemonenweg 10.
6. Becker, Dr. iur., Dr. phil. Erich, Professor, Speyer, Schwerdstr. 59.
7. Bilfinger, Dr. Karl, Professor, Heidelberg, Philosophenweg 13.
8. Böhmert, Dr. Viktor, Professor, Kiel, Feldstr. 91.
9. Brill, Dr. Hermann Louis, Professor, Staatssekretär a. D., M. d. B., Wiesbaden, Weinbergstr. 14.
10. Bühler, Dr. Ottmar, Professor, Bonn, Poppelsdorfer Allee 45.
11. Draht, Dr. Martin, Professor, Bundesverfassungsrichter, Berlin-Zehlendorf, Hüningerstr. 20.

12. Ebers, Dr. Godehard Josef, Professor, Innsbruck-Igls 47.
13. Erler, Dr. Georg, Professor, Göttingen, Calsowstraße 71.
14. Forsthoff, Dr. Ernst, Professor, Heidelberg-Schlierbach, Wolfsbrunnenweg 13.
15. Friesenhahn, Dr. Ernst, Professor, Bundesverfassungsrichter, Bonn, Koblenzer Str. 129.
16. Genzmer, Dr. iur., Dr. phil. h. c. Felix, Professor, Tübingen, Ob dem Viehweidle 8.
17. Gerber, Dr. Hans, Professor, Freiburg i. Br., Sonnhalde 93.
18. Giese, Dr., Dr. h. c. Friedrich, Professor, Falkenstein über Königstein i. T., Am Bornacker.
19. Glum, Dr. Friedrich, Professor, München, Äußere Prinz regentenstr. 10.
20. Gönnenwein Dr. iur., Dr. phil. Otto, Professor, M. d. L., Heidelberg, Bergstraße 50.
21. Grewe, Dr. Wilhelm, Professor, Freiburg i. Br., Beethovenstraße 9.
22. Hamel, Dr. Walter, Professor, Marburg a. d. L., Rotenberg 1a.
23. Heckel, D. Dr. Johannes, Professor, Feldkirchen bei München, Bahnhofstr. 4.
24. Held, Dr. Hermann, Professor, Malente, Lindenallee 35.
25. Helfritz, Dr. iur., Dr. phil. Hans, Professor, Geh. Regierungsrat, Erlangen, Hofmannstr. 62.
26. Henrich, Dr. iur., Dr. rer. pol., Dr. phil. Walter, Professor, Würzburg, Ottostr. 16.
27. Herrfahrdt, Dr. Heinrich, Professor, Marburg a. d. L., Am Weinberg 8.
28. Hettlage, Dr. Karl Maria, Professor, Hamburg-Blankenese, Kösterbergstr. 84.
29. Frhr. v. d. Heydte, Dr. August, Professor, Bodenheim b. Mainz, Rheinstr. 2.
30. Heyer, Dr. Friedrich, Professor, Bonn, Humboldtstr. 35.
31. v. Hippel, Dr. Ernst, Professor, Godesberg-Mehlem, Mainzer Straße 119.
32. Hoegner, Wilhelm, Staatsrat, Staatsminister, München, Miesbacher Platz 15.
33. Hollós Dr. Franz Tibor, Professor, Würzburg, Höchberger Straße 24.
34. Hugelmann, Dr. Karl, Professor, Göttingen, Herzberger Landstr. 52.

35. Ipsen, Dr. Hans Peter, Professor, Hamburg 13, Hallerstr. 79.
36. Jacobi, Dr. Erwin, Professor, Leipzig S 3, Meusdorfer Str. 5.
37. Jahrreiß, Dr. Hermann, Professor, Köln, Brüsseler Str. 85.
38. Jellinek, Dr. Walter, Professor, Heidelberg, Mozartstr. 15.
39. Jerusalem, Dr. Franz, Professor, Frankfurt a. M., Wolfgangstraße 137.
40. Kaufmann, Dr. iur., Dr. phil. h. c. Erich, Professor, Bonn, Dahlmannstr. 5.
41. Klein, Dr. Friedrich, Professor, Münster i. W., Prozessionsweg 409.
42. von Köhler, Dr. rer. pol., Dr. iur. h. c., Professor, Staatsminister a. D., Ludwigsburg, Moserstr. 5.
43. Kordt, Dr. Erich, Privatdozent, München 19, Walter-Flex-Straße 10.
44. Köttgen, Dr. Arnold, Professor, Köln, Eupener Str. 37.
45. Kraus, Dr. Herbert, Professor, Göttingen, Calsowstr. 18.
46. Krüger, Dr. Herbert, Professor, Hamburg-Gr. Flottbeck, Elbchaussee 184.
47. Küchenhoff, Dr. Günther, Professor, Werl i. W., Grafenstraße 11.
48. Laforet, Dr. Wilhelm, Professor, Geh. Justizrat, M. d. B. Würzburg, Frauenlandstr. 12.
49. Laun, Dr. Rudolf, Professor, Ahrensburg b. Hamburg, Voßberg 10.
50. Leibholz, Dr. Gerhard, Professor, Bundesverfassungsrichter, Göttingen, Dahlmannstr. 6.
51. Liermann, Dr. Hans, Professor, Erlangen, Loewenichstr. 21.
52. von Mangoldt, Dr. Hermann, Professor, Minister a. D., Kiel, Graf Spee-Str. 9.
53. Maunz, Dr. Theodor, Professor, Freiburg i. Br., Lugostr. 10.
54. Meder, Dr. Walter, Privatdozent, Marburg, Calvinstr. 12.
55. Meinzolt, Dr. Hans, Staatsrat, München, Karl-Freytag-Straße 29.
56. Menzel, Dr. Eberhard, Professor, Hamburg-Rübenkamp, Waßmannstr. 27 III.
57. Merk, Dr. Wilhelm, Professor, Tübingen, Wildermuthstr. 6.
58. Merkl, Dr. Adolf Julius, Professor, Wien XIX, Pfarrplatz 1.
59. Meyer, Dr. Ernst Wilhelm, Professor, Frankfurt a. M., Gustav-Freytag-Str. 48.
60. Mirbt, Dr. Hermann, Professor, Senatsdirektor, Berlin-Schlachtensee, Spanische Allee 51.

61. Mosler, Dr. Hermann, Professor, Bonn, Lessingstr. 26.
62. Naumann, Dr. Richard, Professor, Senatspräsident, Hamburg 39, Leinpfad 73.
63. Nawiasky, Dr. Hans, Professor an der Universität München, St. Gallen, Hebelstr. 12.
64. Peters, Dr. Hans, Professor, Köln-Lindenthal, Bitburgerstraße 6.
65. Ridder, Dr. Helmut, Professor, Frankfurt a. M., Eckenheimer Landstr. 11 II.
66. Rühland, Dr. Curt, Professor, Braunschweig, Walter Flex-Str. 16.
67. Rumpf, Dr. H., Privatdozent, Dublin/Ireland, 41 Ailesbury Road.
68. Schack, Dr. Friedrich, Professor, Hamburg 13, Alte Rabenstraße 21.
69. Schätzel, Dr. Walter, Professor, Bonn, Fürstenstr. 1.
70. Scheuner, Dr. Ulrich, Professor, Bad Godesberg, Beethovenstraße 77.
71. Schlochauer, Dr. Hans-Jürgen, Professor, Köln-Braunsfeld, Friedrich-Schmidt-Str. 60a.
72. Schmid, Dr. Karl, Professor, Staatsrat, M. d. B., Tübingen, Goethestr. 17.
73. Schneider, Dr. Hans, Professor, Tübingen, Autenriethstraße 16.
74. Schoenborn, Dr. Walther, Professor, Kiel, Düppelstr. 73.
75. Schranil, Dr. Rudolf, Professor, Dudweiler/Saar, Trierer Straße 16.
76. Schüle, Dr. Adolf, Professor, Heidelberg, Mozartstr. 22.
77. Schwinge, Dr. Erich, Professor, Marburg a. d. L., Gutenbergstraße 18.
78. Scupin, Dr. Hans Ulrich, Professor, Roxel i. W.
79. Smend, D. Dr. Rudolf, Professor, Göttingen, Am Goldgraben 13.
80. Spanner, Dr. Hans, Professor, Graz, Mandellstr. 22.
81. Stanka, Dr. iur., Dr. phil. Rudolf, Professor, Wien IV, Goldegg 32.
82. Stödter, Dr. Rolf, Professor, Hamburg 21, Adolphstr. 29.
83. Thoma, Dr. Richard, Professor, Geh. Hofrat, Bonn, Zitelmannstraße 24.
84. Ule, Dr. Carl-Hermann, Professor, Vizepräsident, Lüneburg, Ülzener Str. 40.

85. Voigt, Dr. Alfred, Professor, Erlangen, Universitätsstr. 15.
86. Wacke, Dr. Gerhard, Professor, Marburg a. d. L., Gutenbergstraße 18.
87. Warncke, Dr. Friedrich, Privatdozent, Rechtsanwalt, Köln-Nippes, Mauenheimer Str. 45.
88. Weber, Dr. Werner, Professor, Göttingen, Am Goldgraben 10.
89. Wengler, Dr. iur., Dr. rer. pol. Wilhelm, Professor, Berlin-Hermsdorf, Ringstr. 32.
90. Wenzel, Dr. Max, Professor, Erlangen, Löhestr. 21.
91. Wolff, Dr. Hans Julius, Professor, Münster i. W., Wichernstraße 13.
92. Wolgast, Dr. Ernst, Professor, Nürnberg, Chamer Str. 13.

V. Satzung

(Nach den Beschlüssen vom 21. Oktober 1949
und 19. Oktober 1951)

§ 1

Die Vereinigung der Deutschen Staatsrechtslehrer stellt sich die Aufgabe:

1. wissenschaftliche und Gesetzgebungsfragen aus dem Gebiete des öffentlichen Rechts durch Aussprache in Versammlungen der Mitglieder zu klären;
2. auf die ausreichende Berücksichtigung des öffentlichen Rechts im Hochschulunterricht und bei staatlichen und akademischen Prüfungen hinzuwirken;
3. in wichtigen Fällen zu Fragen des öffentlichen Rechts durch Eingaben an Regierungen oder Volksvertretungen oder durch öffentliche Kundgebungen Stellung zu nehmen.

§ 2

Mitglied der Vereinigung kann werden, wer an einer deutschen Universität oder sonstigen Hochschule als Lehrer des Staats- und Verwaltungsrechts tätig ist oder gewesen ist und sich der wissenschaftlichen Forschung auf dem Gesamtgebiete dieser Wissenschaften gewidmet hat.

Die zur Heidelberger Tagung eingeladenen Staatsrechtslehrer werden ohne weiteres als Mitglieder geführt, es sei denn, daß sie ihre Streichung verlangen. Über die Aufnahme neuer Mitglieder beschließt die Mitgliederversammlung. Eines Beschlusses bedarf es nicht, wenn der Vorstand in einem Rundschreiben die Mitglieder von seiner Absicht, einem Staatsrechtslehrer die Mitgliedschaft anzutragen, verständigt und nicht mindestens fünf Mitglieder binnen Monatsfrist gegen die Aufnahme des Vorgeschlagenen Einspruch erheben oder mündliche Erörterung beantragen. Von jeder außerhalb einer Mitgliederversammlung erfolgten Neuaufnahme sind die Mitglieder zu unterrichten.

Gegenwärtige oder frühere deutschsprachige Staatsrechtslehrer an ausländischen Universitäten oder Hochschulen können auf ihren Antrag als Mitglieder aufgenommen werden.

§ 3

Eine Mitgliederversammlung soll regelmäßig einmal in jedem Jahre an einem vom Vorstande zu bestimmenden Orte stattfinden. In dringenden Fällen können außerordentliche Versammlungen einberufen werden. Die Tagesordnung wird durch den Vorstand bestimmt.

Auf jeder ordentlichen Mitgliederversammlung muß mindestens ein wissenschaftlicher Vortrag mit anschließender Aussprache gehalten werden.

§ 4

Der Vorstand der Vereinigung besteht aus einem Vorsitzenden, seinem Stellvertreter und einem Schriftführer, der auch die Kasse führt. Der Vorstand wird am Schlusse jeder ordentlichen Mitgliederversammlung neu gewählt.

Zur Vorbereitung der Mitgliederversammlung kann sich der Vorstand durch Zuwahl anderer Mitglieder verstärken. Auch ist Selbstergänzung zulässig, wenn ein Mitglied des Vorstandes in der Zeit zwischen zwei Mitgliederversammlungen ausscheidet.

§ 5

Zur Vorbereitung ihrer Beratungen kann die Mitgliederversammlung, in eiligen Fällen auch der Vorstand, besondere Ausschüsse bestellen.

§ 6

Über Eingaben in den Fällen des § 1 Ziffer 2 und 3 und über öffentliche Kundgebungen kann nach Vorbereitung durch den Vorstand oder einen Ausschuß im Wege schriftlicher Abstimmung der Mitglieder beschlossen werden. Ein solcher Beschluß bedarf der Zustimmung von zwei Dritteln der Mitgliederzahl; die Namen der Zustimmenden müssen unter das Schriftstück gesetzt werden.

§ 7

Der Mitgliedsbeitrag beträgt fünf Deutsche Mark für das Kalenderjahr. Der Vorstand kann den Beitrag aus Billigkeitsgründen erlassen.

Bei Fragen zur Produktsicherheit wenden Sie sich bitte an:
If you have any questions regarding product safety,
please contact:

Walter de Gruyter GmbH
Genthiner Straße 13
10785 Berlin
productsafety@degruyterbrill.com